JN014837

やわらかアカデミズム
〈わかる〉シリーズ

よくわかる
政治思想

野口雅弘/山本 圭/髙山裕二

|編著|

ミネルヴァ書房

　コロナ禍でオンライン講義が普及しました。これにともなって学生の皆さんも，ちょっとしたレポートなどを書く機会が多くなったのではないでしょうか。

　こんなとき，調べ物はどうしますか。インターネットと答える人が多いかもしれません。実際，オンラインで簡単に，かつ無料で読める Wikipedia などは，本当に便利です。私もときどき原稿を執筆しながら，これらのサイトを覗いたり，場合によってはかなり重要なことを教わったりしています。しかし，すでに何度も聞かされてきたことだとは思いますが，ネットの情報は必ずしも正しいとはかぎりません。どのような人がどのような意図で書いたのかわからない情報源をみるときには，疑う姿勢と，中身を見極める眼力が求められます。なかでも政治，そして政治思想についての情報をみるときには，とくに注意が必要です。

　大学の教員をしていると，期末試験の答案，課題レポート，卒論，推薦入試・AO 入試の課題文など，たくさんの文章を読むことになります。そのとき，とても困るのが，インターネット検索をすると上位に出てくるが，専門家からすると明らかに誤っている，それでいてもっともらしいネット上の文章です。これらをもとにして書かれたレポートには，もちろん，きびしい点数を付けざるをえません。「F」（不可）評価をもらう学生にとっても，そうしたレポートを何枚も読まされる教員にとっても，これはたいへん不幸なことです。

　しかしそうはいっても，ちょっとしたレポートを書くために，何冊も専門書を読むのは，現実的に難しいということもわかっています。こんなときに——手前味噌にはなりますが——信頼できる書き手による「道案内」となる本書はとても有益だと思います。人物や用語など，1項目が見開き2頁で，コンパクトにまとめられています。しかしコンパクトとはいっても，電子辞書に入っている辞典の説明のように短すぎて味気ないということもなく，それなりにストーリーのある読み物としても読んでいただける内容になっています。

　編者が想定している本書の読者は，まずはもちろん大学で政治学，現代政治理論，（西洋）政治思想史，日本政治思想史，その他の関連科目を履修している学生です。本書は講義の予習・復習やレポート執筆のときに役に立つはずです。ただ，大学生だけでなく，発展的な学習のための手引きを探している，やる気のある中学生や高校生にもお勧めしたいと思います。例えばルソーの「一

般意志」についてなど，教科書や用語集に出てくる記述はあまりに簡潔すぎて，「覚える」以上のことができなかった，という経験をした人も少なくないでしょう。『社会契約論』を読むまではできなくても，本書の該当するページをめくれば，教科書とは違う，はるかに豊かな世界に触れることができます。また，小中高の先生方にも，授業準備のお供として本書をお使いいただければ幸いです。学校教育とアカデミズムの関係はもっと密であってよいと思います。

　今日，政治思想の守備範囲はますます広がっています。フェミニズムなどの問題提起を受け，「政治」として理解されるものは，以前であれば「私的」とされてきた領域にも及んでいます。「思想」についても，プラトンやホッブズらの「古典」だけが対象ではありません。SNSなどで表出されるさまざまな情念についての考察がなければ，ポピュリズムなどの現象を論じることはもはやできないでしょう。さらに，ロールズ以後の現代政治理論の展開と蓄積は，「政治思想」という分野を豊かにするとともに，旧来の研究との亀裂も生んでいます。こうしたなかで今日の「政治思想」をバランスよく，約100項目にまとめることはかなり困難な作業であり，編者として迷うことがたくさんありました。

　項目の選定に困ったとき，編者のミーティングでは「この項目は10年後にも存在するか」という基準で議論をしました。また，執筆者についても，複数の候補者が挙がったときには，基本的に若手の研究者にお願いすることにしました。政治思想はすでにでき上がった知識の集積ではありません。政治思想は〈いま〉と格闘し，過去の書物と対話することで，つねに書き換えられ，上書きされつつある生成物です。

　本書は上記のようなことを思い，また願いながら，「よくわかる」シリーズ史上，最多の62名の研究者に執筆してもらって，でき上がった本です。執筆者が多くなったのは，編集上の負担をまったく顧慮せず，「このテーマはこの先生にお願いしたい」という編者の希望を押し通した結果です。ミネルヴァ書房の前田有美さんには，本当にご苦労をおかけしました。この場をお借りして，心より御礼申し上げます。

2020年11月

編者を代表して　野口雅弘

もくじ

やわらかアカデミズム・〈わかる〉シリーズ

よくわかる
政 治 思 想

政治思想とは何か

1　政治思想の1階と2階

　政治思想は，政治的な出来事や行為に関して，過去に考えられ，そして現在考えられていることのすべてである。具体的な政治状況における政治のアクター（石橋湛山，メルケル，京都市民など）が，一定の時代背景において敵対勢力との関係の中で考えたことも，当然これに含まれる。さらに，多くの研究者にとっては疑問でしかないが，インターネットなどを通じて広く流通し，それなりに政治的影響力をもっている言説（歴史修正主義など）も，この定義からすれば政治思想である。

　こうした広義の政治思想に対して，狭義の政治思想（学としての政治思想）は，政治について考えられてきたことについて反省的に考えるという作業を指す。建物に喩えるならば，1階で政治のアクターが考え，判断し，行為したこと，および現在していることを，2階にいて上から吟味するようなものである。

　共同的な意思決定，支配・服従関係，多様性の中の自由，あるいは抗争性など，政治の定義ないし特徴づけには論争がつきまとってきたが，こうした「政治とは何か」についての考察は，2階における政治思想の一部である。またプラトンやフーコーなどの思想家や古典的な著作についての研究，リベラリズムやコミュニズムなどの主義（イデオロギー），歴史的・具体的な状況で使用される言葉や概念（寛容やポピュリズムなど）の分析や吟味，あるいは決め方のルールや制度の原則についての研究なども，政治思想に含まれる。

　職業的な政治家でなくても，「よい市民」であるためには，1階での自分の判断や行為を，一定の距離をとりながら反省的に考える必要がある。1階の「現実」に埋没せず，これとは異なる可能性を模索するには，そうした「現実」を評価したり，批判したりする基準についての考察が不可欠となる。問題設定や方法は多様であるが，政治思想研究は何らかの仕方でこうした課題に取り組んできた。

　もちろん，1階と2階といっても，この区分は流動的である。よきアクターは2階における反省的な思考によって，1階での言動を修正する。また，2階の水準における，現実政治とは距離をとった研究が1階で影響力をもつこともあるし，反知性主義のように，2階の議論の「上から目線」や権力性を告発することで，1階における政治的な動員がなされることもある。

▷1　アリストテレス（⇨ Ⅰ-3 ）の『政治学』，ウェーバー（⇨ Ⅲ-4 ）『仕事としての政治』（『職業としての政治』），シュミット（⇨ Ⅲ-5 ）の『政治的なものの概念』など。
▷2　⇨ Ⅰ-2 「プラトン」
▷3　⇨ Ⅲ-12 「フーコー」
▷4　⇨ Ⅴ-2 「リベラリズム・ニューリベラリズム・ネオリベラリズム」
▷5　⇨ Ⅴ-8 「コミュニズム」
▷6　⇨ Ⅲ-6 「マンハイム」
▷7　⇨ Ⅴ-20 「寛容」
▷8　⇨ Ⅴ-16 「ポピュリズム」
▷9　⇨ 序-2 「政治思想の方法」，Ⅴ-12 「ケンブリッジ学派」
▷10　歴史的コンテクストを重視するとはいっても，スキナーは「事実をして語らしめる」というような単純な実証主義者ではない。また，ポスト・スキナー世代の方法論の探究も進んでいる（犬塚元「ケンブリッジ学派以後の政治思想史方法論」『思想』2019年7月号）。

② 政治思想と歴史

　1階の政治現象を2階から検討するというのは，政治学全般に当てはまることかもしれない。ただし，経験科学的・実証的な政治学者が経済学や自然科学の方法を導入することで2階の考察をするのに対して，政治思想の研究者は歴史（学）と密接な関係を保持してきた。自分の専門を「政治思想史」と名乗る研究者には，とりわけこうした志向が強い。

　この路線の代表がケンブリッジ学派である。スキナーらはテクストが書かれた歴史的コンテクストを復元し，そのコンテクストの中でテクストを読み直そうとする。彼らが標的にするのは，テクスト中心主義である。テクスト中心主義は，「古典」として読み継がれている偉大なテクストに真摯に向き合うことを重視する。しかしそうすると，現在の読み手の基準がテクスト読解に持ち込まれ，書かれた時代とは異なる時代の前提を押し付けるという「アナクロニズム」（日付の錯誤）に陥る危険が生じる。こうした読み方では，過去（他者）を過去（他者）として理解できなくなり，現在の自分が考えていることを，過去の政治思想に照らして批判的に問い直すことも困難になってしまう。

　しかし，現在を過去に持ち込むべきではないとはいっても，思想には時代や地域を超えた何らかの「普遍性」があることも否定できないだろう。そして読み手の主観的なバイアスをすべて捨象して，特定のテクストを読み，理解することがそもそも可能なのか，あるいは政治思想研究の有意性はどこにあるのか，という疑問や批判も出されることになる。

③ 政治哲学

　歴史学とともに政治思想と親密な関係にあるのが哲学である。しかし，政治と哲学には固有の緊張関係がある。アーレントは複数のオピニオン（意見）を抑圧する，「真理」の専制的な性格に注意を促した。

　その一方で，近年，自分の専門を「政治哲学」とする研究者が多くなってきたが，この語も多義的に用いられている。意識的に「政治哲学」を名乗ったのは，シュトラウスだった。彼は巷で流通しているオピニオンと真の「知識」を明確に分け，哲学の下位部門である政治哲学を「正しい，ないし善き秩序を真に知ろうとする試み」だとした。

　近年ではロールズ以後の規範的政治理論の研究者が自分の専門を「政治哲学」とすることが多い。「**精神史**」としての政治思想研究が歴史，哲学，あるいは文学など，広範囲の対象を含む時代の全体を大きく摑むことを目指していたのに対して，規範とその正当化の論理に関心をもつ政治理論の研究者は，権力，抗争，情況などのノイズに満ちた1階の議論から距離をとり，理想状態の2階で議論を精緻化し，論証を厳密化しようとする傾向にある。（野口雅弘）

▷11　『真理と方法』でガダマーは，テクスト解釈に先立つ解釈者の「先入観」を除去することはできないとし，テクストの地平と解釈者の地平の融合のプロセスに注目している。

▷12　⇨ Ⅲ-9 「アーレント」

▷13　2014年に刊行された『岩波講座 政治哲学』（全6巻）では，政治思想史と規範的政治理論の双方を含む意味で「政治哲学」という名称が用いられている。

▷14　⇨ Ⅲ-8 「シュトラウス」

▷15　⇨ Ⅳ-1「ロールズ」

▷16　**精神史**
歴史的・文化的な現象は，その時代の精神の現れである，と理解するのが，ディルタイらの精神史（Geistesgeschichte）である。藤田省三『精神史的考察』みすず書房，1997年。小野紀明『西洋政治思想史講義』岩波書店，2015年など。

（**参考文献**）
福田歓一『政治学史』東京大学出版会，1985年。S. ウォーリン（尾形典男ほか訳）『政治とヴィジョン』福村出版，2007年。半澤孝麿『回想のケンブリッジ』みすず書房，2019年。L. シュトラウス（飯島昇蔵ほか訳）『政治哲学とは何であるか？とその他の諸研究』早稲田大学出版部，2014年。森政稔「政治思想と〈政治的なもの〉」『〈政治的なもの〉の遍歴と帰結』青土社，2014年。

政治思想の方法

➊ 「方法」の意義

　自然科学をはじめとして，方法論は多くの学問分野の基礎をなしている。統一的な方法によって学問の手続きが明確になり，検証や批判が可能になるからである。それゆえ，方法は，しばしば学問分野の統合の要にもなる。例えば経済学では，経済学的方法によって，狭義の経済に留まらない社会現象を解明する研究が盛んだが，これも，経済学が経済という対象でなく方法によって規定されているからであろう。さらに，方法論には，学問分野を誰にでもアクセス可能な，公共的なものにするという役割も存在する。方法による公共性の確保は，政治という，誰にも関わりうる公共的な現象を対象とする政治思想にとっては，いっそう重要である。

➋ 政治思想史におけるケンブリッジ学派

▷1　⇨[V-12]「ケンブリッジ学派」

　政治思想史の領域で方法論の整備を牽引してきたのは，クエンティン・スキナー，ジョン・ダン，J. G. A. ポーコックらを中心とした，ケンブリッジ学派[1]の研究者たちである。

　彼らは過去の（著作だけでなく，書簡や演説などを含む）テクストについて，そのテクストが記された文脈のもとで，作者（話者）の意図に即して理解する必要性を説く。彼らが退けるのは，現在の文脈や問題関心を過去に当てはめた解釈である。例えば，社会契約論と人権概念を柱とする近代西欧への憧憬や反発から，ルネサンス以降を近代西欧政治への歩みとしてのみ理解するような図式がそれにあたるだろう。ケンブリッジ学派が重視するのは，歴史学としての政治思想史が，時代の文脈のありのままを明らかにすることである。

➌ 政治思想研究における分析哲学の方法

▷2　分析哲学
分析哲学の起源をどこに置くかは諸説あるものの，概ね，20世紀前半の論理実証主義およびそれに影響を受けた英語圏中心の哲学の系譜を指す。古典的文献の解釈にかわり，論理的な分析を柱とし，しばしば自然科学を範とする。論理学や言語分析が重視されるが，世界の本性をめぐる形而上学的な考察など，扱う範囲は広範に及ぶ。

　歴史学におけるケンブリッジ学派は過去のテクストに現代への直接的な規範的提言を求めることを戒める。対して，規範的なアプローチを取る領域で影響力があるのは**分析哲学**[2]の方法である。

　20世紀初頭に端を発する分析哲学の潮流では，過去の哲学の著作の解釈は周辺に退き，かわって，論理的な論証手続きに従った分析が中心的な方法として重視される。

もっとも，分析哲学の方法が政治思想研究に導入されるには，しばらくの時間を要した。初期の分析哲学では，価値に関わる問題は扱えないとする見解が影響力をもっていたからである。その見解に抗して，分析哲学の方法に則った政治哲学の構想を大々的に展開し，圧倒的な影響を与えたのが，ジョン・ロールズの『正義論』（1971年）である。『正義論』は，「無知のヴェール」や「反照的均衡」といった仕組みを用いることで，多くの人々の価値が関わる政治的な規範の問題について，合理的な論証を可能にしたのであった。

▷ 3 ⇨ Ⅳ-1「ロールズ」

なお，分析的なアプローチには，合理性の追求に加えてもう一つ，問題解決志向という特徴が備わっている。難民はどのような権利を有するのかといった具体的な問題から，望ましい政治制度はいかなるものか，といった抽象的なものまで，扱われるテーマは多種多様である。

④ 政治理論における折衷主義？

こうしてみると，歴史的事実を明らかにする領域についてはケンブリッジ学派，価値に関する問題を解決する領域では分析哲学という形で，政治思想の方法は整備され，領域の分業が成立しているようにみえる。だが，事情はそれほど簡単ではない。第一に，ケンブリッジ学派に対しては，客観的かつ一義的に文脈を再現することは可能なのかが問われており，また，分析哲学に対しては，その合理性重視への批判がなされている（むろん，これらの批判への再反論も行われている）。第二に，政治思想の課題は，歴史的事実の解明と問題解決に尽きない。例えば，ナチス・ドイツのホロコーストという事例を論じる場合，「いかにホロコーストが起きたのか」という歴史的な事実を解明したり，人種主義という問題を解決するために人種主義の不当性を明確に論証するのは重要であろう。他方「ホロコーストは私たちにとってどのような意味を有するのか」といった，事実や問題解決のいずれかにすっきりとは収まりにくい性質の問いも存在する。

事実と問題解決のどちらにも収まらないような領域の問いは，政治理論と呼ばれる分野でしばしば論じられてきた。政治理論の中で，こうした問いを重視する論者は，**マルティン・ハイデガー**やミシェル・フーコーなど，（分析哲学と対置されて）大陸哲学と呼ばれる潮流の影響をしばしば強く受けている。彼らは過去のテクストの解釈を重視しつつ，歴史学的な問題関心は相対的に低い。それゆえ，ケンブリッジ学派や分析哲学に比して方法論的な統一性や洗練は低いといえる。では，政治理論にとり，主張の検証や公共性の担保が欠如しているかというと，そうとは言い切れない。過去からの政治思想の作品という伝統などが，かわって論証の適切さや公共性を担保しているといえる。

（乙部延剛）

▷ 4 ハイデガー（Martin Heidegger, 1889-1976）ドイツの哲学者。フッサールの現象学から大きな影響を受けつつ，存在論（モノや人の性質や認識ではなく，それらが存在していることを問題にする）に依拠したい哲学を展開。主著『存在と時間』。ハンナ・アーレントやジャック・デリダをはじめ，20世紀後半の哲学と政治思想に多大な影響を及ぼす一方で，一時期ナチズムに関与したことが問題視されている。

▷ 5 ⇨ Ⅲ-12「フーコー」，Ⅴ-25「現代思想と政治思想」

参考文献

デイヴィッド・レオポルド／マーク・スティアーズ編（山岡龍一・松元雅和監訳）『政治理論入門』慶應義塾大学出版会，2011年。
井上彰・田村哲樹編『政治理論とは何か』風行社，2011年。松元雅和『応用政治哲学』風行社，2015年。

トゥキュディデス

▷1 トゥキュディデス
（Thoukūdidēs, 前460頃‐
前399頃）

アテナイの名家出身で自身も将軍になるが、スパルタの名将ブラシダスに要所の占領を許し、追放処分となる。トラキアの金鉱から得た財を活用しながら各地を回り、情報を収集したらしい。著作からは、終戦を知りながらも、そこまで書き切らなかったことがうかがえるため、戦後まもなく死去したと推測される。数人の者が著作を書き継いだが、完全に残っているのはクセノフォン『ヘレニカ』のみ。

▷2 ペロポンネソス戦争
（前431～前404）
スパルタとアテナイを中心に、それぞれの同盟諸都市を巻き込んだ大戦争。

1 『戦史』の特徴

アテナイ人**トゥキュディデス**は、**ペロポンネソス戦争**が勃発すると、それが過去に類のない大戦争になることを予測し、開戦当初からその経過を記録し続けた。全8巻に及ぶ『**戦史**』には、主として、27年にわたる戦争の21年目までの出来事が、1年を夏と冬に分ける編年体で記述されている。

トゥキュディデスの**歴史**叙述の方法は、**ホメロス**に代表される詩人や**ヘロドトス**に代表される著述家の批判的発展である。彼らの著作は耳を喜ばせるために綴られており、そこには神話や伝承が歴史的事実と区別されないまま無批判に混在している。これに対してトゥキュディデスの叙述は、収集した情報の真実性を公平な立場から徹底的に吟味した上でなされる、人間事象の分析と説明である。『戦史』には40篇近い政治演説も含まれている。これは、資料と記憶の限界から彼が自らの手で再構成せざるをえなかったものではあるが、戦闘に臨む政治指導者たちの事実認識や対立関係、動機や期待などを臨場感あふれる仕方で描写しており、戦争の経過を心理的側面から辿ることを可能にしている。

彼はソクラテス等を生み出したアテナイの新しい知的風土と無縁ではなく、叙述には**ヒポクラテス**派の医術やソフィストの弁論術の影響がみられる。

2 人間本性論

『戦史』の目的は、「永遠の財産」として未来の人々に貢献することである。特定地域の一つの戦争の記録が人類全体への有用性をもつのは、それが戦争の原動力となる恒久的な人間本性を顕にしたからである。スパルタで発言したアテナイの使節によると、人間は名誉心・恐怖・利益に突き動かされており、強者が弱者を征服するのは世の常である。他を支配する力を得たときに正義を持ち出して侵略を控える者などいない。メロス島対談ではアテナイの使節が、メロス人に対して、正義は対等な力をもつ者同士の間でしか成立せず、強者による力の行使と弱者の服従こそ自然の摂理であると主張して降伏勧告を突き付けた。戦闘の末、アテナイは実際にメロスを屈服させると、拘束した男性市民を全員処刑し、子どもと女性を奴隷にした。

こうした自然本性論は、アテナイの暴虐な対外政策の正当化や説明を超えて適用されている。あらゆる種類の死が猛威を振るったというケルキュラの内乱

の根底にあったのも党派争いに伴う名誉心や利得への欲求と解されているし，そもそも，トゥキュディデスがペロポンネソス戦争の原因とみなすのは，アテナイの勢力拡張に対するスパルタ人の恐怖であった。トゥキュディデスは，人間本性が同一である限りこのような出来事は再び起こるという。ただしこれは単純な歴史循環論ではない。『戦史』は，将来類似の事件が起こった際，それを理解し対処するための参照点として有用なのである。

3　国政観

　抽象的な哲学的議論を行わないトゥキュディデスの叙述から，古代の政治思想を特徴づける「最善の国政」論を引き出すことは難しい。それでも，絶頂期のアテナイ民主政を経験したトゥキュディデスの政治的嗜好は，まずは民主政に傾いているようにみえる。彼は，**ペリクレス**の政治的能力を称え，海軍に専心し戦時中に支配を拡大しなければ勝利を得るだろうとの彼の予測を先見の明があったと紹介している。トゥキュディデスが唯一収録した葬送演説であるペリクレスのそれは，アテナイ帝国の偉大さを誇り，その力の源をギリシア人の教育機関たるアテナイ民主政に結びつける国政賛美でもある。とはいえトゥキュディデスは，民衆の一時的な感情に左右される民主政の欠点に盲目ではなかったし，ペリクレスの支配を事実上の一人支配と解していた。

　トゥキュディデスが自らの言葉で明確に評価したのは，前411年にアテナイで短期的に成立した5千人会議を中心とした国政である。そこでは少数の有力者と多数の民衆との適度な混合が実現した。この点で彼の国政観はプラトンやアリストテレスのそれに近い点があるかもしれない。しかしこの国政は，彼が生きた時代のアテナイで優れていたといわれているにすぎず，都市を劣悪な状況から救い出すというその時局に特有の役割を担っていた。

4　後世への影響

　古代ローマや東ローマ（ビザンティン）帝国ではトゥキュディデスは歴史叙述の模範であり続けた。ルネサンス期には翻訳を介して人文主義者に読まれるようになる。17世紀になると，ホッブズが「最も政治的な歴史家」と評価し英訳した。19世紀ドイツでは，彼の厳密かつ客観的な方法論が注目され，事実の因果性を解明する科学的歴史学の先駆者として再評価された。20世紀後半には国際関係論に取り入れられ，リアリズムの祖としての地位が固められた。

　近年では，国際関係論においてトゥキュディデスの再解釈が新たな理論構築に貢献している。さらには，客観的な歴史的真実の成立を疑うポストモダニズムの観点から『戦史』に読者を説得するレトリックを見出す研究や，リアルな残虐性よりも彼のヒューマニティを強調する研究などが登場している。

（近藤和貴）

▷3　『戦史』
トゥキュディデスは著作にタイトルをつけていない。邦訳では『歴史』とされる場合もある。本書では，ヘロドトスの『歴史』と区別するため『戦史』を採用した。

▷4　歴史（historiā）
「すでに起こった事柄の叙述」としての歴史概念の成立は，アリストテレス（⇨ I-3 ）『詩学』を待たねばならない。ヘロドトスは「調査」や「探求」の意味でこの語を用いている。なお，トゥキュディデスはこの語を用いていない。

▷5　⇨ I-2 「プラトン」

▷6　ヘロドトス
（Hērodotos, 前482頃-前425頃）
ペルシア戦争を描いた『歴史』で知られる。

▷7　ヒポクラテス
（Hippokratēs, 前460頃-前375頃）
イオニア地方出身の医学者。「誓い」は彼の死後作られたものだが，現代の医療倫理にも影響。

▷8　ペリクレス
（Periklēs, 前495頃-前429）
アテナイの政治家・将軍。

▷9　⇨ I-2 「プラトン」

▷10　⇨ II-3 「ホッブズ」

▷11　⇨ V-30 「リアリズム」

（参考文献）

トゥキュディデス（藤縄謙三・城江良和訳）『歴史』1・2，京都大学学術出版会，2000・2003年。桜井万里子『ヘロドトスとトゥキュディデス』山川出版社，2006年。土山實男『安全保障の国際政治学』有斐閣，2014年。

② プラトン

▷1　プラトン（Platōn,
前428/7-前348/7）

古代ギリシアの哲学者。学
園アカデメイアを設立し,
そこではアリストテレスも
学んだ。シチリアに赴き,
支配者に政治的助言を与え
た。

▷2　ソ ク ラ テ ス
（Sōkratēs,　前469-前399）

古代ギリシアの哲学者。自
身は書物を著すことが一切
なかったため, その思想や
行動はプラトン等の著作を
通じてのみ知られる。

① ソクラテス裁判と魂への配慮

　プラトン[1]は, 古代ギリシアの都市国家（ポリス）アテナイで, 紀元前4世紀
に活躍した哲学者である。アテナイは民主的な政治体制を整え, 栄華を極めた
ポリスとして知られているが, プラトンが活躍した時代にはすでに衰退が始ま
っていた。そのような時期に執筆された彼の作品のほとんどは対話形式をとり,
その多くにプラトンの敬愛した**ソクラテス**[2]が主要な話し手として登場する。歴
史上の人物ソクラテスは, プラトンがおよそ28歳の頃に裁判にかけられ死刑に
処せられた。この裁判は, プラトンがその後の思想を構築していく上での決定
的事件であり, 裁判の様子が描かれた『ソクラテスの弁明』には, プラトンの
政治思想を理解する上で重要な要素が詰まっている。

　『弁明』によれば, ソクラテスに対する告訴内容の一つは, 彼が「若者たち
を堕落させた」というものであった。これは, 誰がどのようにして将来ポリス
の一翼を担う若者を教育するべきかという政治的問題として, 晩年までプラト
ンの中心的課題であり続けた。プラトンの政治思想の大きな特徴は, その最大
の関心が個人の魂を導く方法と知を獲得するプロセスに置かれながら, そのた
めにはポリスのあり方の見直しが必要だと考えている点である。『弁明』は,
財産や名誉ではなく, 自己自身に目を向けること, すなわち「魂への配慮」を
説く。これには「無知の自覚」という, 自らが知らないことをそのまま知らな
いと認識する態度の要求が含まれる。自らの無知に対して自覚のない人々, す
なわち臆見にとらわれた状態にある人々にソクラテスは対話を通じて挑み, そ
の状態からの解放を試みた。プラトンはこのソクラテスの意志を引き継いで著
作活動を行った。

② 正義をめぐる問い

　「魂への配慮」が政治的問題として顕在化するのが, プラトンの代表的対話
篇『国家（ポリテイア）』である。『国家』の中心をなすのは正義をめぐる議論
だが, プラトンはここで, 個人の魂とポリスという二つの観点から正義の概念
を考察する。なぜ二つの観点が必要なのか。それは, 個人が抱いている正義に
ついての構想は, 共同体内部で規定される正義の土台となり, 他方でまた, 個
人は社会が提示する正義のイメージに幼少期から親しむことで, それを規範と

して内面化するからである。こうして内面化された正義は，再び社会規範として次の世代へと受け継がれる。正義をめぐるポリスと個人のこうした不可分の関係ゆえに，正義は市民，特に若者の教育という『弁明』の問いと深く関係する。なぜなら，誰が正義とは何であるかを知り，さらにそれをポリスの共通規範として教育することができるのかという問題がここで立ち現れるからである。

　『国家』において，一見すると政治的な議論とは無関係にみえる詩人批判に多くの紙幅が割かれるのはそのためである。詩人は，神話や物語を通じて正義のイメージの醸成と浸透に貢献し，当時の教育の材料である叙事詩や劇作品を世に送り出していた。それゆえ**ホメロス**は，ギリシア人にとって最大の詩人かつ教育者とみなされていたが，『弁明』によれば，詩人は無知でありながら人々に知者と思われている人物である。『国家』で理想的な政治体制として提示される，真の哲学者が統治する体制，あるいは真に「哲学した」統治者が支配する体制は，自らの無知を自覚していない見かけだけの知者から，権力を真の知者の手に取り戻し，新たな社会規範を作り出すための一つの方法と読むことができる。

　もう一点プラトンの政治思想の特徴を挙げるなら，それは政治思想と形而上学（特にイデア論）の密接なつながりである。プラトンのイデア論は，可視的なモノとは別に，知性によってのみ捉えられる存在，例えば「正しい」行為を成り立たせている「正しさ」それ自体，つまりイデアが，「正しい」行為から離れて存在することを主張する議論である。このイデアは，先述の統治者が学ぶべき最大のものとして示される。真実在であるイデアを観るための眼は，真実を装いながら社会規範の基盤となる物語と，本当に共同体のために必要な物語を区別するためにも要求されるのである。

　ただし最晩年の作品『法律』では，政治的権力は不完全な人間よりも法に委ねられるほうが良いとされ，そこではイデアへの言及もみられない。

③　プラトン哲学の後世への影響

　西洋哲学はプラトンへの脚注であるとさえいわれるように，プラトン以降の哲学はすべて，その影響下にあるといっても過言ではない。ニーチェは，『悲劇の誕生』でプラトンおよびそれ以前の詩人たちの作品の文献学的読解を通じてプラトンと対峙した。彼はイデアを頂点とするプラトン的な世界観を転倒させ，20世紀以降の哲学への扉を開いた。ニーチェの影響を受けたフーコーは晩年の講義で，ニーチェとは異なる観点からプラトンの対話篇をたびたび取り上げている。他方で，世界大戦期にプラトンの政治思想は全体主義と重ねられ，否定的な議論が展開されたため，今なおプラトンを政治思想や政治理論の文脈で積極的に取り上げる思想家は少ない。

（隠岐‐須賀麻衣）

▷3　**ホメロス**（Homēros，前8世紀頃）

古代ギリシアの詩人で，トロイア戦争を描いた『イリアス』とその後日譚を描いた『オデュッセイア』の作者とされるが，実在の人物であったかどうかは今なお論争がある。

▷4　⇨Ⅲ-1「ニーチェ」

▷5　⇨Ⅲ-12「フーコー」

（参考文献）

プラトン（納富信留訳）『ソクラテスの弁明』光文社，2012年。プラトン（藤沢令夫訳）『国家』岩波書店，1979年。佐々木毅『プラトンの呪縛』講談社，2005年。

3 アリストテレス

1 政治学の位置づけ

　アリストテレスは，政治学を諸々の学問と技術の中で，生物学や天文学などの理論的な学問は別として，最も上位の学問として位置づけている。というのも政治学は社会でどのような学問と技術が必要とされ，各人がどのような学問と技術をどの程度まで学ぶ必要があるかを定めるからである。政治学は戦争術や家政術や弁論術といった技術をどのように活用すべきかを定めるものである。

　アリストテレスは政治学の目的を人間にとっての善，人々の幸福，いい人生の実現として捉えている。すべての**学問と技術**は何らかのよいことの実現を目指している。医術であれば健康，建築術であれば建物の建設，弁論術であれば人々の説得といったよいことの実現を目的としている。政治学はそういった特定の目的の実現をはかるだけではなく，いい人生全体に関わる事柄を配慮する。目的の包含関係の観点からも政治学は他の技術の上位に位置づけられる。

　そこでアリストテレスの政治学全体の構想（広義の政治学）は，倫理学と政治学（狭義の政治学）から構成されている。倫理学では人間にとっての善とは何かを明確にする課題に取り組んでいる。その基本的な答えは，学問などの知性的な活動を行い，勇気や節度や気前のよさなどの性格のよさに基づいて活動することとされる。狭義の政治学では人々がいい人生を送るために必要な政治制度や社会の条件はどのようなものかを探究する。倫理学は『エウデモス倫理学』と『ニコマコス倫理学』，狭義の政治学は『政治学』が主な資料となる。もちろん彼の政治学は論理学や自然学や生物学から影響を受けており，さらにプラトンを批判していながらも実際はプラトンの考えを活用しているので，そういった背景も知る必要がある。

2 ポリス

　「政治学」は古典ギリシャ語で ta politika と表記され，これを直訳すれば「ポリスに関する諸々の事柄」となる。つまり政治学はポリスと呼ばれる古典期ギリシャの政治的コミュニティに関わる事柄を扱う学問を意味している。ポリスは都市国家と翻訳されることもあり，概ね当時のポリスは，市場や議会などがある街の中心部と周辺の農村部から成り立っている。人口は成年男子の市民の数で数百人から，アテナイでも最大数万人程度である。他に女性，子ども，

▷1　アリストテレス
（Aristotelēs, 前384-前322）

プラトンの学園アカデメイアで学び，マケドニアのアレクサンドロス大王の家庭教師を務める。リュケイオンに自身の学園を開き，論理学，生物学，弁論術など様々な学問の基盤を作り上げ，万学の祖といわれた。

▷2　学問と技術
『ニコマコス倫理学』第6巻での区分が後世の政治思想に影響を与えたが，他の箇所で学問（epistēmē）と技術（technē）は必ずしも明確に分けられていない。

在留外国人，奴隷が存在した。アリストテレスは市民同士が知り合いとなって適切な人を政治の役職者に選出できる程度の規模のポリスが望ましいと考えた。

アリストテレスは『政治学』第１巻を中心としてポリスがどのような人間関係から組織されているのかを分析している。はじめに男女が結婚すれば夫婦関係が成立し，そこに子どもが生まれれば親子関係が成立する。日常生活の雑用を処理する存在として奴隷を抱えれば主人奴隷関係が成立し，この三つの関係で家が構成される。家が拡張して村となり，最後に自足的な生活を送るのに十分な規模にまで達したコミュニティがポリスである。ポリスは生きるために生じたものであるが，その目的は人々がよく生きることだと定められる。

ポリスで成立する市民同士の関係は「政治的支配」の関係として，主人的支配や家父長的支配の関係とは対比される。政治的支配では，平等な自由人同士の関係のため，支配者の利益だけではなく，市民に共通な利益を配慮する。また市民同士は交代で統治することと統治されることの関係を築く。

③ 六政体論

アリストテレスは様々な政治体制を六つに分類する基準を提示している。はじめに支配者の人数に着目し，一人，少数，多数という三形態を指摘する。そのうち，前述の政治的支配の理解に基づいて，市民に共通の利益を配慮する政体は正しく，それぞれ王政，貴族政，共和政と呼ばれる。支配者の利益だけを配慮する政体は逸脱しており，それぞれ僭主政，寡頭政，民主政と呼ばれる。民主政が逸脱した政体に分類されるのは，富裕な人の利益を配慮せずに支配者の貧しい人々の利益だけを配慮する政体だからである。これに対し共和政は富裕者と貧困者双方の市民に共通な利益を配慮するので正しい政体と分類される。

ただしアリストテレスは支配者の数よりも統治に参加する根拠が分類には重要だとしている。寡頭政とは富を根拠にして富裕な人にだけ政治権力を分配する政体であり，民主政とは自由人という地位を根拠にして自由人誰にでも平等に権力を分配する政体である。これに対し，知性や性格に優れている人に政治権力を分配する政体が王政や貴族政である。アリストテレスは王政や貴族政を理想的な政体と考えるが，富裕者や多数者を政体から排除すると国家が不安定になるので，そうした人々を権力に参加させた**混合政体**，特に共和政の要素のある貴族政が現実的に望ましい政体と考えている。

アリストテレスは六政体をさらに細かく分類し，それぞれの政体ごとに様々な形態があることを指摘している。例えば，どれだけ民主政に特徴的な要素があるかに応じて民主政にも程度があると考える。民主政的な要素とは支配者をくじ引きで選ぶこと，候補者に財産要件を課さないこと，役職の任期を短くすることなどである。民主政や寡頭政など逸脱した政体の場合，様々な要素を混合させて中間の形態になるのがよいとされている。 （稲村一隆）

▷3　混合政体
アリストテレスの混合政体には多様な人々が参加する政体，あるいは多様な制度の要素を混ぜ合わせた政体という側面がある。術語としては，共和政とは寡頭政と民主政の「混合」という表記が見られる（『政治学』第４巻第８章）。ポリュビオスは『歴史』第６巻で古代ローマの政体を混合政体として分析した。

(参考文献)

桜井万里子『古代ギリシアの女たち』中公新書，1992年。佐々木毅『よみがえる古代思想』講談社学術文庫，2012年。

4 キケロ

▷１　キケロ（Marcus Tullius Cicero，前106-前43）

弁論家として名声を得たのち政界に入り活躍したが，マルクス・アントニウスと敵対し暗殺される。執筆と翻訳を通じてギリシアの思想をローマに普及させた。（図版：Bertel Thorvaldsen, *Cicero*, 1799-1800, Copy of an antique bust, Thorvaldsens Museum, www.thorvaldsensmuseum.dk（cc0）.）

▷２　懐疑主義
プラトンのアカデメイアは，第６代学頭アルケシラオスの下で懐疑主義が主流になった。絶対的な真理の把握は不可能であり，事柄の賛否両面からの検討を通じて最も確実らしいと判断されたことに実生活上必要な範囲で従うというその教えは，弁論と元老院での審議を重視するキケロの政治的態度とも一致する。

１　時代背景

　ローマは最初王政だったが，伝承によると前509年に最後の王が追放され，共和政へ移行した。後に王の権限の多くは「執政官（コンスル）」と呼ばれる１年任期の２名の政務官に引き継がれた。また，元老院（かつては王へ助言を与える貴族たちの議会だった）に加え，成人男性市民からなる様々な民会が徐々に組織され，政治的な力を獲得した。元老院を中心とする共和政の下でローマは領土拡張を続けたが，そのため地方の軍隊と指揮官を首都の議会で制御するのは困難になった。前１世紀には，軍隊の指揮官同士の抗争が激しくなった結果，マリウスとスッラの内戦が起こり，以降も内戦が繰り返された。

　このような野心的な個人たちの競争による共和政の動揺に対して，**キケロ**[41]は伝統的な共和政こそが最善の国制であり，支配層が父祖に倣って有徳に生き，国家に真に貢献することでローマを再建できると主張した。高慢かつ愚かな懐古主義のようにもみえるが，キケロの分析は，ギリシアの政治哲学の深い理解とローマの弁論家・政治家としての実務経験に支えられている。ローマ社会で哲学は実践と対比される余暇活動とみなされがちだったが，キケロはギリシアの理論を現実に活かそうと試みた。彼の著作は後世に読み継がれ，特に混合政体，自然法，義務というギリシア由来の考えはキケロを経由して普及した。

２　弁論術と政治家

　キケロは幼少からギリシアの学問を学び，特にアカデメイア派のラリッサのピロンの穏健な**懐疑主義**[42]に影響を受けた。哲学と弁論術を同等に重んじるピロンの態度をキケロは支持し，『弁論家について』（前55年）では，英知と雄弁の両方をもつ指導者こそが国家の安定を守ると述べている。キケロによると，プラトンの描くソクラテスはソフィスト的弁論術を批判し哲学を真の政治術だとして「舌と心の乖離」を引き起こしたが，現実の国家においてはただ哲学的な知識をもつだけでは不十分で，修辞的に美しく構成された言葉や感情を動かす言葉によって聴衆を説得する技術が必要だという。もちろん哲学の与える知識を欠いた雄弁は国家にとって害悪だが，知識の習得に多くの時間を費やすべきではなく，必要に応じて，政治や裁判に役立てるために学ぶべきなのである。

③ 最善の国制，国民，法律

　プラトンに倣って，キケロは『国家について』で最善の国制と国民について論じ，『法律について』で最善の法律について論じた。『国家について』（前51年）において，国家，すなわち公共のもの（res publica）とは国民のもの（res populi）であり，国民とは「法についての合意と利益の共有によって互いに結びついた民衆の集合体」であると定義される。国家は国民の所有物であり，国民は全体の善のために政務官に自分の所有物を信託しているということである。それゆえ支配者の私益を追求する腐敗した体制は，たとえ民衆の支配によるものでも，「国家」とはいえない。キケロはアリストテレス，ポリュビオスなどの伝統を汲み，最も腐敗しにくい国制は王政，貴族政，民主政が均衡を保つ混合政体だとして，これはローマの共和政において実現されたと主張する（執政官＝王，元老院＝貴族，民衆）。最善の国民について論じた箇所は，欠損が多いが，国民の幸福は富，名声，徳からなり，最善の国民は同胞たちに恥の心を教えることで彼らの幸福を実現すると論じたようである。

　同時期に執筆された『法律について』では，人間と神々の正しい理性こそが法の根源となる「**自然の法**」であり，人間は神々と同じ共同体に属し，悪習によって堕落させられない限り理性に導かれて正義に向かうという，ストア派的な主張が述べられる。したがって，正義に違反する法は法ではなく，また，たとえ成文化されなくとも，共和政ローマという最善の国制を維持してきた父祖の慣習は法である。さらに，「国民の安全が最高の法でなければならない」として，危機に際しての政務官による通常の法の超越が認められたようである。

④ 政治家の義務

　キケロの最後の著作『**義務**について』（前44年）は，指導的な市民のための実践倫理を提供する。第1巻で「立派なこと」，第2巻で「有益なこと」が考察され，第3巻は両者が衝突するようにみえる事例を扱う。立派なことは知恵，**正義**（社会維持の徳），勇気（精神の高邁さ），節度（適正さ）の四徳からなるが，特に正義（狭義の正義と善意の二部分をもつ）は「徳の女王」であり，正義を欠いた義務はありえない。狭義の正義の分析において，正当防衛以外の加害の禁止と，私有財産と公共の財産の区別という二原則が示され，また戦争に関しては，平和を目的とし，事前の通告を行い，敗北者を寛大に扱うべきだとされる。ローマで伝統的に重視される武勇でさえ，それが世俗的な名声への欲望によるもので正義を欠くならば悪徳だと批判される。『義務について』はストア派のパナイティオスに多くを負うが，キケロは国家と，国家を支える正義の中心性を強調し，エリートたちの野心を愛国的な徳へと転換させようとしている。

（川本　愛）

5 アウグスティヌス

▷1　アウグスティヌス
（Aurelius Augustinus,
354-430）

▷2　マニ教
3世紀にササン朝ペルシア
で生まれた宗教で，「光」
と「闇」という語で指示さ
れる善悪の二元論を特徴と
する。4世紀にはローマ帝
国内で広く信奉者を得た。

▷3　新プラトン主義
万物を発出させた「一者」
を想定する古代哲学の学派。
この立場からアウグスティ
ヌスはマニ教を克服しよう
とした，ともいわれる。

▷4　アンブロシウス
（Ambrosius, 339?-397）
もともとはローマ帝国の地
方高官。キリスト教を国教
化したテオドシウス帝を，
その軍事行動の過酷さのゆ
えに公衆の面前で叱責した
ことでも名高い。

1 地中海を往来した思想家

　西ヨーロッパ世界の思想に刻印を残す**アウレリウス・アウグスティヌス**[1]が生まれたのは，北アフリカはヌミディア地方（今日のアルジェリア北東部）の都市タガステである。父は市会議員でローマ伝統の宗教に親しんでいたが，母モニカは敬虔なキリスト教徒であった。

　自身の半生を語った『告白』（400年頃完成）によると，キケロによって哲学に目覚めたアウグスティヌスは，青年時代には**マニ教**[2]に傾倒している。地中海を渡りイタリアで学んだ彼は，大都会のミラノで修辞学の教職を得るに至った。この間にも彼は**新プラトン主義**[3]に親しむことになるが，かの地の教会指導者である司教**アンブロシウス**[4]に導かれて，387年，キリスト教徒となる。

　390年代に入ると，アウグスティヌスは北アフリカに戻り，港町ヒッポで司教となった。教会指導者としての彼の働きで注目したいのは，ペラギウス派およびドナトゥス派との論争である。救済における人間の側の努力を重視するペラギウス派に対してアウグスティヌスは，救済が神の側からの恩寵によるものであることを強調した。また，個々の指導者の聖性と教会それ自体の聖性とを直結させて考えるドナトゥス派に対しては，キリストの体とされた教会の客観的聖性を訴えた。つまり，これら二つの論争を通じてアウグスティヌスは，宗教生活に占める客観的な共同体の意義を説いたのである。

2 罪に由来する政治

　410年，都市ローマが西ゴート族によって破壊された。いわゆる「ゲルマン民族の大移動」から生じた出来事である[5]。こうした混乱の中で，その原因を，キリスト教が公認・国教化されてローマ伝統の宗教が軽んじられたことに求める声が高まった。これに対してアウグスティヌスの展開した護教論が『神の国』（426年完成）である。そして，この大著において彼は，壮大なキリスト教的歴史哲学に基づく，政治共同体をめぐる新たな規定と評価を遂行した。

　アウグスティヌスの歴史哲学は，聖書の記事に即して，神による世界と人類の創造から開始される。最初の人アダムは楽園に置かれたが，そこで神の命に逆らい，罪を背負う存在となった。アダムから生まれる人類もみな原罪を背負っている。そうした罪人が成り立たせている以上，現世も汚れており，そのこ

とを端的に示すのが，人間の世界にみられる支配・服従関係である。

　他者を意のままにしたいとする動機が罪人には強い。こうした邪さの集成が奴隷制度にほかならず，政治生活もこれと無縁ではない。事実，通常君主と呼ばれる支配者が行う統治にしても，アウグスティヌスはこれを冷ややかにみつめる。つまり，彼によると，支配・服従関係という視点で捉えるなら，国家と呼ばれる政治共同体も犯罪集団との間には，規模以外に違いはないのである。この点を彼は，キケロが言及した故事を引用しつつ，アレクサンドロス大王に捕らえられた海賊に語らせている。海賊は，自身の行為の理由をたずねる大王に対して，ふてぶてしく答える。「あなたが全世界を荒らし回っているのと同じ了見です。わたしはそれをちっぽけな船舶でしているから海賊と呼ばれているのですが，あなたは大艦隊でやっているから，皇帝と呼ばれているのです」。

③　「必要悪」としての政治

　しかし，まさに人間の罪深さを重んじるからこそ，政治権力とそれを組織化した国家をアウグスティヌスが全否定することも，またありえなかった。罪を放置しておくなら世界は混沌に陥るほかない。それゆえ，人間と世界の保持に配慮する神は，政治権力や国家による，罪が跋扈することの抑制を良しとされた。つまりヒッポの司教は，「必要悪」として政治をみるのである。かくして，古代地中海世界に生きた多くの思想家たちが，人間性の開花に必要なものとみなした政治的営為にしても国家にしても，それらは宗教の視点から倫理性を剝ぎ取られることとなり，悪人に対する処罰を旨とする「罪に対する矯正装置」というべき評価を下された。

　また，『神の国』が描く政治共同体は，歴史の中でも相対化されている。人間と世界の創造を述べる聖書は，現世の終わりと世界の完成をも物語るが，アウグスティヌスによると，創造から終末に向かう過程にダイナミズムをもたらしているのは，神の国と地の国との相克である。このとき，前者は，神に対する愛によって結ばれた人々の集団であり，後者は，自分自身に対する愛によって，すなわちエゴイズムによって結ばれたそれだ，とされる。そして，これら二つの集団は，現世にあっては，はっきりと区別されて人々の目に映ずることはない。両者が分かたれ，神の国が地の国を完全に滅ぼし，前者がすべてを覆い尽くすときこそ，終末であり世界の完成なのである。

　ところで，神の国と教会とを，地の国と世俗国家とを，少なくともアウグスティヌスは同一視していない。しかし，その存在の客観性がほかならぬ彼によって神学的に弁証された教会は，西ローマ帝国が崩壊する際にも古典文化を守り人々を保護したことに由来する名声を得，社会的存在感を増すことになる。そして，そこから生じる教会と国家の相克は，**「政治的アウグスティヌス主義」**など，西欧中世に独特な理念を紡ぎ出していくこととなる。　　　（田上雅徳）

▷5　アウグスティヌスその人も，ゲルマンの一派であるヴァンダル族が北アフリカに進出し，ヒッポの街を包囲する中で，息を引き取ることになる。

▷6　アウグスティヌス（金子晴勇ほか訳）『神の国』上，教文館，2014年，182頁。

▷7　政治的アウグスティヌス主義
現世にあっては，神の国を体現する宗教共同体が，地の国を体現している政治共同体を指導するべきだと主張する立場。

（参考文献）
柴田平三郎『アウグスティヌスの政治思想』未来社，1985年。出村和彦『アウグスティヌス——「心」の哲学者』岩波新書，2017年。金子晴勇『アウグスティヌス『神の国』を読む——その構想と神学』教文館，2019年。

6 トマス・アクィナス

▶1　トマス・アクィナス
(Thomas Aquinas, 1224 ?
-74)

▶2　アルベルトゥス・マ
グ ヌ ス（Albertus Mag-
nus, 1193-1280）
ドイツ出身のスコラ学者。
神学にとっても人間の理性
の働きは重要だと認め，ア
リストテレス研究の意義を
説いた。

▶3　トマス・アクィナス
（柴田平三郎訳）『君主の統
治について』岩波文庫，
2009年，23-24頁。

1　新興の托鉢修道会から大学へ

　イタリア半島南部の貴族アクィノ伯の子として，**トマス**[1]は誕生した。ナポリの大学に進んだトマスは，かの地で家族の反対を押し切り，ドミニコ修道会に入る。この新しい托鉢修道会で彼は学才を発揮し，ケルンやパリで研究に勤しんだ。**アルベルトゥス・マグヌス**[2]といった当代一流の学者からも評価されたトマスは，ついには神学研究の中心であるパリ大学の教授となる。研究の集大成である『神学大全』は最晩年に至るまで書き続けられている。伝統的な立場からは批判されがちだった托鉢修道会の弁護にも挺身したトマスではあったが，教皇からの信頼は総じて厚く，彼が亡くなったのは，教皇に請われて公会議に出席すべく，リヨンに向かう途上においてであった。

2　アリストテレス復興を受けて

　師アルベルトゥスは，1260年代にアリストテレス『政治学』の注解書を完成させている。したがって弟子の思想にも，古代ギリシア的な政治観・社会観が刻印されることは免れえなかった。例えば，小品『君主の統治について』（1267年頃）の第1章でトマスは，自足性の度合いに基づく共同体の格付けとでもいうべき議論を展開している[3]。生きるのに必要なものを充足すべく人間は自然本性的に共同体を形成するが，日常生活で求められる物資から始まり，敵に対する防衛の点でも自足性を図ろうとするなら，家族よりは都市，そして都市よりは国家の方が共同体として高く評価されるべきである。このように説くトマスに，人は容易にアリストテレスの影響を見て取ることができるであろう。

　しかし，いまだキリスト教が成立していない時代のギリシア哲学者に依拠して思想を展開することは，西ヨーロッパ世界の中世盛期にあって，議論を引き起こさないではおかなかった。例えば，アリストテレス／トマスによって，共同体形成が人間の自然本性に基づくとされていたことを考えてみても，これは，世界に存在する共同体についてはキリスト教の教説を介さなくても説明可能だ，とする議論を多分に導きやすいのである。

　また，トマスにあっては，国家などの政治共同体にしても，そこでの前提となっている支配・服従関係はこれまた自然のもので，しかもこの関係は人間の堕落以前から存在していた，とされる。もちろん奴隷制のような支配・服従関

係にトマスも無知ではなく，こうした悲惨な関係は人間が罪に陥ってから地上に現れた，と認める。だが，家長による家族の，そして為政者による人々の支配は，治める者が治められる者を共通善に向けて導くものとして正当化された。したがってトマスに，「罪に対する矯正装置」としての政治権力であるとか，「必要悪」としての国家とかいった認識を求めることは難しい。その意味では，アウグスティヌス的な政治思想の改変を，トマスは果たしたわけである。

　このように，人間離れした博識のゆえに「天使博士（Doctor Angelicus）」と呼ばれ，13世紀というキリスト教世界の最盛期に生きた敬虔な修道士は，非宗教的な政治の自律性という近代的な理念の産婆役を担ったともいえる。だからこそトマスの思想は少なくとも生前，カトリック教会の神学の本流にはなりえなかった。古代ギリシア的な「知」とキリスト教的な「信」との緊張関係は持続していたのである。それでも，トマス没後半世紀が経過すると，北イタリアのパドヴァで生まれた**マルシリウス**が，アリストテレス的な枠組みで，宗教から切り離された政治のあり方を大胆に論じるようになる。

　「恩寵は自然を破壊せず，これを完成させる」とはトマスの思想を集約した言葉だといわれるが，彼の思想には，非キリスト教的な物事や営為をも「自然（本性）」という語で取り込み，これらを正当化する機能があったのである。

③ 中世盛期の思想家

　しかし，やはりトマスは，西欧中世というキリスト教世界に生きる人でもあった。その自足性の高さから完全共同体と称された国家にしても，トマスによれば，ここでの自足性は「現世を生きるに際して」という限定を伴っている。ところで，彼の考えるところ，人間は現世での生を享受するだけの存在ではなかった。永遠の生命に与るべきなのが人間であるならば，こうした人間にとっての自足性は時空を越えたものでなくてはならない。ここからトマスは，永遠の生命に必要な手段をも提供できる宗教共同体，すなわちカトリック教会を，言葉本来の意味での「完全共同体」だとみなすことになる。

　政治共同体と宗教共同体がそれぞれ「完全」だとされる点で，トマスにおける教会と国家の優劣関係が問題になる所以であるが，今日に至るまで全世界に影響力を保持するカトリック教会の壮大な世界観とそれに由来する政治観の形成に，13世紀のドミニコ会士は大きな貢献を果たしたといえる。

　最後に，この文脈で法思想に触れておく。トマスによると，現世の政治共同体を律する人定法は自然法に適う限りで共通善を達成できる。ただし，ここで想定される自然法は，人間が理性を駆使して認識できた永遠法の一部であり，その永遠法は全宇宙を秩序づける神の理性に等しい。このように，人々の日常生活を律する規則にしても，その背景にトマスは神的な宇宙をみていたのである。

（田上雅徳）

▷4　マルシリウス（Marsilius de Padua, 1275?-1342?）
もともとは医学を修める。教皇と対立したバイエルン公ルートヴィヒの保護を受けて，教皇批判の書でもある『平和の擁護者』を著した。

▷5　人間を含む万物の存在や営みは善なる神を目指しているとする目的論も，トマスがアリストテレスから継承し，キリスト教的なアレンジを加えた考え方の一つである。

▷6　例えば，共同体主義の立場からリベラリズム批判を行うアラスデア・マッキンタイア（1929-）やチャールズ・テイラー（1931-）の思想の背景として，カトリシズムの影響が指摘される。

（参考文献）
柴田平三郎『トマス・アクィナスの政治思想』岩波書店，2014年。将基面貴巳『ヨーロッパ政治思想の誕生』名古屋大学出版会，2013年。稲垣良典『トマス・アクィナス『神学大全』』講談社学術文庫，2019年。

7 サラマンカ学派

▷1 ⇨ [I-6]「トマス・アクィナス」

▷2 15世紀（A. フェルナンデス・デ・マドゥリガル，J. デ・セゴビア）や17～18世紀（A. デ・ラ・マドレ・デ・ディオス，I. デ・ロス・アンヘレス）の神学者を含む解釈もある。

▷3 **普遍論争**
11～12世紀に興隆した「普遍」の実在をめぐる論争。肯定的立場をとる実在論に対し，実在するのは（普遍概念ではなく）個物のみと主張する唯名論が対立した。トマスと彼に続くトマス主義は，実在論の立場から両者の調停を試みた。

▷4 ビトリア（Francisco de Vitoria, 1492頃-1546）

サラマンカ大学神学第一講座教授。パリ大学においてペトルス・クロッカエルトの下で神学を修めた。著名な講義録に，『インディオについて』（1539年），『戦争法について』（1539年）。

1 トマスの再評価と後期スコラ学

サラマンカ学派（Escuela de Salamanca）とは，スペインのサラマンカ大学を拠点として，トマス・アクィナスに範をとるトマス主義の伝統を受け継いだ16～17世紀の神学者，法学者たちの総称である。この呼称は19世紀後半に経済学の分野で使われはじめ，やがて国際法，神学，哲学の分野で普及した。その政治思想が本格的な考察対象になるのは，1940年代末以降である。

普遍論争の一翼を担っていたトマス主義は，14世紀以降，唯名論や人文主義の興隆に伴い，勢いを失っていった。理性が自己完結的として信仰から切り離されるにしたがって，あらゆる考察を神学体系の中に位置づけようとする試みは退けられ，普遍概念よりも個々の事物が重視されるようになったのである。

そのような中，トマスを再評価したのが，サラマンカ学派の創始者 **F. デ・ビトリア**であった。彼は講義において，それまで神学の正統テクストとされていたペトルス・ロンバルドゥスの『命題集』に加えてトマスの『神学大全』を用い，後期スコラ学とも称されるサラマンカ学派の理論的基礎を築いた。そして，唯名論やスコトゥス主義からは，抽象的概念よりも実践的現実に目を向ける視座を，人文主義からは，宗教や慣習の別を超えて人間本性を追究する姿勢をそれぞれ取り入れ，時代に適合したトマス主義を再構築しようと試みた。

その思想は以後，講義を通じて弟子たちに継承され，サラマンカ，アルカラ・デ・エナレス，コインブラ，エボラは，神学，法学の中心地となった。

2 構成員と世代区分

サラマンカ学派は，第1世代（1526～60年：ビトリア，D. デ・ソトなど），第2世代（1561～81年：P. デ・ソトマヨル，B. デ・メディナなど）から成る前期サラマンカ学派と，第3世代（1581～1615年：L. デ・モリナ，F. スアレスなど）から成る後期サラマンカ学派に大別できる。これは年代による区分だが，同時に，影響力をもった思想家の属する修道会がドミニコ会（サラマンカ大学）からイエズス会（コインブラ大学）へとシフトしてゆく経緯とも重なっている。

その思想形成は，周辺の思想家，例えば第1世代では T. カイェタヌスや B. デ・ラス・カサス，第2世代では A. サルメロンや P. デ・リバデネイラ，第3世代では J. デ・マリアナや R. ベラルミーノの動向と密接に関連する。

③ 時代の課題に対する応答と後世への影響

　サラマンカ学派の思想家は，ビトリアの姿勢を受け継ぎ，積極的に時代の課題に取り組んだ。とりわけ注目されるのは，以下の四点である。

　第一に，「新たに発見」された**インディアス**をめぐる諸議論を通じて，長らくキリスト教世界の人間と同じ秩序を共有する主体とはみなされなかった「野蛮人」をも含む世界秩序を模索したことである。その際，理性，権力，所有権，裁治権，返還，万民法，正戦といった伝統的な概念を再検討しながら精緻化することによって，H.グロティウスへと連なる近代自然法論や国際法理論の基礎を築いた。この点については，普遍的秩序創出の先駆と評価される一方で，後のコロニアリズム興隆のきっかけを提供したとして批判の的にもなってきたが，中世（教会法，神学論）においても，近代以降（主権国家論）においても，本格的な考察対象にならなかった問題に焦点をあてた意義は大きい。

　第二に，プロテスタンティズムによる宗教改革とは別の形で，硬直化した教義や規律の緩んだ教会制度を修正しようとするカトリック改革を進め，その過程で，人間の理性，自由，判断力を神の意志からより自律させたことである。すなわち，インディアス問題や恩寵論争を通じて，人間は自らの力で善行をなしえないとするプロテスタンティズムの教義（信仰義認説，救霊予定説）に異議を唱え，人間は自らの行為を主体的に決定できると主張した。その際，自然，神，人間がコントロールできる領域を明確に区別したのである。

　第三に，**王権神授説**や**マキアヴェリズム**を批判し，人民の意志，法，道徳に従う「キリスト教君主」を統治者のあるべき姿として示したことである。すなわち王権は，神によって国家全体に授けられた権力の一部を人民が委譲したものであり，存続には人民の支持が必要となる。王は支持を維持するために，法や宗教的道徳に従い，委譲された範囲内で権限を行使しなければならない。これに反する王は，不服従（消極的抵抗）や暴君放伐（積極的抵抗）の対象となる。この点はしばしば，ロックやルソーに代表される人民主権論や立憲主義への重要な貢献と位置づけられる。

　第四に，インディアス征服やヨーロッパ諸国家間戦争によって活発化した国際経済，金融活動の倫理性をキリスト教教義に基づいて正当化し，資本主義の基礎となる自由主義経済思想を生み出した点である。その際，適正価格は自然的な取引を通じて決まること，為替取引や利子付き貸付は宗教倫理に反しないことを理論づけ，商業・金融活動による利益獲得を禁じていたスコラ学を刷新した。この点については，J.A.シュンペーターやF.ハイエクが言及して以来，ボダンに先立つ貨幣数量説，購買力平価説として評価されている。その影響は，プーフェンドルフ，H.ハチソン，アダム・スミスを通じて古典派へ，また方法論の継承という形でオーストリア学派へと及んでいる。　　　　（松森奈津子）

▷5　インディアス
古典古代，中世ヨーロッパの世界観を受け継ぎ，現在のインド以東を広く含む半ば想像上のアジアを指す呼称。太平洋が認知されていなかったため，アメリカ大陸も一部とみなされた。

▷6　王権神授説
王の権力は神に由来する絶対的なものであり，他から制約を受けないとする理論。

▷7　マキアヴェリズム
国家存続などの政治的有用性のためには，信仰や道徳は看過されるべきとする立場。マキアヴェッリ（⇨Ⅱ-1）が象徴とされたが，必ずしもその言説と合致するわけではない。

▷8　⇨Ⅱ-5「ロック」
▷9　⇨Ⅱ-9「ルソー」
▷10　⇨Ⅱ-2「ボダン」
▷11　⇨Ⅱ-6「プーフェンドルフ」
▷12　⇨Ⅱ-12「アダム・スミス」

（参考文献）
伊藤不二男『ビトリアの国際法理論』有斐閣，1965年。松森奈津子『野蛮から秩序へ』名古屋大学出版会，2009年。同「バロック期スペインから啓蒙へ」田中秀夫編『野蛮と啓蒙』京都大学学術出版会，2014年。

1 マキアヴェッリ

▷1　ルネサンス時代のイタリアはまだ統一されておらず、そこでは多数の都市国家が割拠していた。その主要な勢力はフィレンツェ、ヴェネツィア、ミラノ、ローマ教皇領、ナポリである。15世紀末まではこれらの勢力が均衡し、イタリアは比較的平和な状態であった。しかし、フランス王シャルル8世がイタリアに侵攻すると、この安定的状態は一変した。イタリアはフランス、ドイツ、スペインといった外部列強の干渉の場となったのである。

▷2　マキアヴェッリ
(Niccolò Machiavelli, 1469 -1527)

著作に『君主論』、『ディスコルシ』(『ローマ史論』ないし『リウィウス論』)、『フィレンツェ政体改革論』、『戦術論』、『マンドラゴラ』、『フィレンツェ史』などがある。

1 都市国家フィレンツェ

　フランス王シャルル8世は1494年、イタリアに侵攻した。メディチ家はそれ以前の約60年間フィレンツェ共和国を事実上支配していたが、市民たちはメディチ家を追放し、「大評議会」を設立した。この政体は、かつてないほど多数の市民を政治に参加させる民主政であった。その設立に大きな影響力をふるった修道士ジローラモ・サヴォナローラは、市民に腐敗堕落を正すよう説教したが、1498年に処刑された。**ニッコロ・マキアヴェッリ**は、まさにこの年にフィレンツェ共和国の書記官となった。

　1502年に有力市民ピエロ・ソデリーニが終身の執政長官となるが、民衆寄りの政体である大評議会体制は維持された。ソデリーニは国内的には貴族派の強い反発に直面し、対外的には教皇の力を背景としたチェーザレ・ボルジアや、ヨーロッパ列強への対応に追われた。ソデリーニから厚い信頼を受けたマキアヴェッリは、外国の君主たちと交渉し、市民軍を創設するなど、彼を補佐した。

　ところが、1512年、メディチ家と結びついたスペイン軍がフィレンツェ近郊の都市まで迫ると、反ソデリーニ派の貴族たちがこの執政長官に退陣を迫り、ソデリーニ体制は崩壊した。メディチ家がフィレンツェの支配者として復帰するとともに、翌年にはその家長ジョヴァンニが教皇レオ10世に就任した。

2 『君主論』

　マキアヴェッリは、前政権との結びつきが強かったため、自らの職を失った。しかし彼は、『君主論』を執筆し、メディチ家に有益な統治術を提供することで同家から何らかの政治職を獲得しようとした。

　マキアヴェッリは、『君主論』で君主一般を論じているわけではない。彼はまず、血統に基づいて君主の地位を受け継いだ「世襲君主」と対比させる形で、「新君主」という特殊な類型の君主へと議論の対象を絞り込んでいる。新君主とは、外国を征服した場合のように、従前の支配者から政治権力を力で奪い取った人物である。したがって、マキアヴェッリによれば、その人物は、君主としての正当な資格や権利をもたない。新君主の支配には正統性が欠如しているため、臣民は君主への忠誠心をもたず、彼に自発的に服従することはない。それどころか、臣民は新君主に積極的に抵抗し、その地位を奪おうとするだろう。

この状況を念頭に置きながら提供される主要な助言は，第一に，君主が軍事力を確保すること，第二に，悪徳を行使する覚悟をもつことである。後者についていえば，君主は，気前良くあるよりもけちでなければならない，愛されるよりも恐れられなければならない，慈悲深いよりも残酷でなければならない，約束を常に守る必要はない。マキアヴェッリがこのような特異な助言を提供したのは，新君主国という例外的な政治状況を想定したことと深く関係している。

マキアヴェッリが『君主論』で新君主に焦点を合わせた実践的理由は，メディチ家のメンバーがまさにそうした君主になろうとしていた点にある。すなわち，教皇レオ10世は，名目的には教皇領であるロマーニャ地方の諸国を事実上支配していた従前の君主たちを追い払い，それらを弟のジュリアーノや甥のロレンツォに与えようとしていた。同著は，基本的にはイタリア北中部のロマーニャ地方の諸国を征服した場合を想定しているのである。

❸ 『ディスコルシ』

しかし，マキアヴェッリは，彼の祖国フィレンツェについても『君主論』で一つの章を設け，「市民的君主国」という類型を示しながらその統治術に触れている。彼によれば，君主が絶対的な体制を目指すことは危険である。マキアヴェッリはこの君主類型については，もう一つの著作『ディスコルシ』へと読者を誘導し，共和国の理想的な姿をそこで提示している。

マキアヴェッリは『ディスコルシ』で，少数者のみが統治に参与すべきだという貴族派の当時の主張に対し，民主政が望ましいと論じており，その政体は，サヴォナローラやソデリーニの下で採用されていたものに近い。彼の描く理想的な共和国とは，古代ローマのような共和国，すなわち，広範な市民の政治参加を許容するとともに，その市民を軍事的に利用して対外拡張政策を採る民主政である。マキアヴェッリは，ローマ型共和政の採用こそフィレンツェが自由を維持し，国際政治で生き残る唯一の方策だと主張しているのである。

『君主論』で想定されていたような，君主政ないし専制的支配が不可避的である諸国とは異なり，フィレンツェでは，その社会的・慣習的条件を考慮すれば，民主政の採用が望ましい。彼が祖国でメディチ家に期待したのは，後年の著作からも明らかなように，共和政，特に民主政の実現であった。彼が『ディスコルシ』を執筆した理由の一つは，この政治理念の実現のための歴史的・理論的根拠を提供することであった。彼は生涯，フィレンツェの自由ないし共和政を追求し続けた思想家だったといえよう。

1520年頃になると，マキアヴェッリとメディチ家との関係は好転した。しかし，同家は1527年に再びフィレンツェから追放された。そこで彼は，元の職に復帰しようとしたが，おそらくメディチ家との関係が深くなっていたため，その願いはかなわず，同年に死去した。　　　　　　　　　　　（鹿子生浩輝）

▷3　マキアヴェッリの理想とする宗教は，市民たちが共和国に貢献する教義をもつ宗教である。こうした国家宗教は，来世での魂の救済を目指すキリスト教の教えと対立する。しかし，彼にとって市民が栄光や名誉のような現世的価値を重視しなければ，祖国の自由を維持することはできない。この世俗的な側面でも彼は，フィレンツェが古代ローマのような共和国になることを期待している。

▷4　マキアヴェッリが当時対抗しようとしていた政治的理解は，政治的現象を神の摂理とする立場や，それを単に運によるものとみなす立場である。彼は『ディスコルシ』でこの立場に対抗し，人間の行為が具体的にどのような政治的帰結をもたらすかを解明しようとしている。その意味では彼の政治理論は，近代的・世俗的である。

（参考文献）

鹿子生浩輝『マキアヴェッリ『君主論』をよむ』岩波新書，2019年。

2 ボダン

1 時代背景：フランス王権を中心とした国家形成

　中世末のフランス，カペー朝王権は帝権および教権という二つの普遍的権力と対峙しつつ，王国領内において中央集権的な諸政策を成功裏に推し進め，王権を中心とした統一国家の輪郭を整えていった。しかし，「国家」なるものの形成という観点において16世紀は一時代を画する。なぜなら，このルネサンスと宗教内乱の時代，初めて抽象的な「主権」という観念が公権力の唯一の源泉として王権の基底に据えられたからである。王はもはやかつてのように大権の一つとしてではなく，主権の核心として立法権力を独占し，自らの意思に法律の形を与えて命令を国家構成員全体に貫徹することが可能になる。**ジャン・ボダン**[1]は，宗教内乱が激化の一途を辿る只中，『国家論六篇』（1576年）において主権を「国家の絶対的かつ永続的な権力」と定義し，フランス王国を近代主権国家へと変貌させるのに決定的な理論的貢献を行った人物として知られる。

　しかし，王国を揺るがす危機的な政治情勢を前に俗語（フランス語）で書かれたこの著作が必ずしも主権論の理論的背景を明らかにするとは限らない。彼の主権論の原型は1550年代のトゥールーズ大学法学部時代に形作られ，パリ高等法院での弁護士活動を経て後に執筆された『歴史を容易に理解するための方法』（1566年）にて初めて日の目をみる。ここでは，当時の学術言語ラテン語で執筆された理論的色彩の濃いこちらの著作に現れる主権論に光を当てよう。

2 人文主義法学における刷新：インペリウム論と主権論の黎明

　ボダンの主権論は「人文主義法学」と呼ばれる当時の知的潮流に棹差す。この潮流は，古典テクストに対する**人文主義**[2]的な態度がローマ法学を支えるテクスト群に向けられたことで生じたもので，とりわけ16世紀のフランスで花開いた。人文主義法学者は，「法」や「政治」そのものを問い直し，法学や政治学を根底から刷新することに寄与した。ボダンのインペリウム論もこの潮流の中で彫琢され，初期近代における政治権力再構築の土台となった。

　古典古代，インペリウムは，ローマの民会を通じて政務官に付与された公権力，とりわけ命令権を意味した。中世法学は，ローマ法のテクスト断片を手がかりにこれを自らの政治的現実に当てはめ，イタリア都市国家の相対的に自律的な政治権力を支える理論的根拠とした。人文主義法学は，中世法学を批判し，

あくまで歴史学的にローマの民会の決定（法律）と政務官の命令権行使の関係を把握し直そうとした。ボダンはその延長に位置づけられる。彼によれば，ローマ国民は，一方で，民会で政務官に命令権，つまり刑事罰の執行権を寄託し，政治的決定（法律）の施行を徹底しようとした。他方で，各国民に民会への**人民抗告**[43]を認め，政務官による命令権濫用（法律から逸脱した執行権の濫用）を防ごうとしたという。ボダンは，このようにローマ国民が民会を通じて政務官を統制し，決定（法律）を一義的に施行しようとしたことに着目し，ここに「主権（至高の命令権）」を見出した。しかし，彼の最大の独創は，これをあらゆる国制に適用可能な一般モデルに昇華させたことである。主権は，絶対かつ不可分一体な命令権の源泉として，王政では王に，貴族政や民主政では元老院や民会といった合議体に帰属するものとされた。

③　主権論の帰趨：神法・自然法論との関係

　しかし，実務家ボダンの理論的関心は，共和政ローマへの透徹した理解から抽出した主権をフランス王権に装塡し，王と被治者との間に一義的で垂直的な関係を作り出すことにあった。当時，その桎梏となったのが，王国の最高司法機関に属する**高等法院**[44]判事の存在であった。なぜなら，彼らは王の命令（法律）が神法・自然法の表現する「正義」に則っているかを判断する権限をもつと考えられていたからである。しかし，ボダンにとってかかる事態は，命令権を寄託され王の命令（法律）を施行するにすぎないはずの行政官が，神法・自然法を盾に命令の被治者に対する一義的な貫徹を妨げているように映る。高等法院判事の「正義」の理解が主権の絶対不可分性の試金石となった。

　ボダンは，王のみが神の意思の解釈者であると考える伝統に与し，王が有すると想定される真の「正義」の認識へと高等法院判事を導こうと考えた。『歴史を容易に理解するための方法』はその認識への第一歩を示す。つまり，この著作は，直接には神や自然の領分には触れず，神法・自然法の支配する秩序の写像を現世の秩序，すなわち諸国家間における調和（正義）に求めるのである。ボダンの提示する歴史の特殊な読解方法は，この調和をいかに認識し，いかに実現するかを示す実践的なものである。調和は，万民法秩序を構成する諸国家が共通に有すべき普遍的な統治──民事法分野における配分的正義と刑事法分野における矯正的正義の調和を目指す統治──がもたらす。重要なのは，この調和を達成するため，ボダンが高等法院判事に民事裁判での自由裁量を認めるのとは対照的に，刑事裁判での法律の字義通りの適用を求める点である。この限りで，判事は主権者たる王の命令（法律）を絶対のものとし，被治者に命令を貫徹せねばならない。しかしこれは，いかにボダンが王の神法・自然法遵守義務を説いたところで，剝き出しの命令に他ならず，来たる「絶対主義」の時代を予告するものであった。

（秋元真吾）

▷3　**人民抗告**（provocatio ad populum）

古代ローマの刑事制度。政務官による被告の人身捕縛に対し，その執行を一時停止させ，護民官主導の合議体に異議申し立てを行うこと。ローマでは「自由の砦」として神聖視された。初期近代以降は政治権力の正当性を問う際にしばしば参照されたが，ボダンはこれを王権に人身の自由を保障させるために用いた。

▷4　**高等法院**（Parlement）

フランス旧体制下における最高司法機関。上訴機関としての司法権限に留まらず，王令の登記や建言といった立法的行政的権限をも担った。高等法院の判事や弁護士は外交活動にも参加した。高等法院は王権と協調しつつ，その権力行使の歯止めともなり，フランス近代政治思想の母胎となった。

（参考文献）

邦語文献は少なく，欧語文献の参照が請われる。佐々木毅『主権・抵抗権・寛容』岩波書店，1973年。清末尊大『ジャン・ボダンと危機の時代のフランス』木鐸社，1990年。川出良枝「ボダン──主権論と政体論」小野紀明ほか編集代表『岩波講座政治哲学1　主権と自由』岩波書店，2014年。

3 ホッブズ

▷1　ホッブズ（Thomas Hobbes, 1588-1679）

イギリスの哲学者。17世紀半ばの内戦期には10年ほどパリに亡命しており，そこで主著『リヴァイアサン』（1651年）を執筆した。この著作は以下の扉絵でも有名である。

▷2　⇨ Ⅱ-2 「ボダン」

▷3　⇨ Ⅰ-1 「トゥキュディデス」

▷4　⇨ Ⅰ-3 「アリストテレス」

1 思想背景

トマス・ホッブズ[1]は政治哲学の創始者と自称している。この言葉に誇張はあるにせよ，ホッブズが第一級の独創的な思想家なのは広く認められている。

とはいえ，ホッブズの思想も全くの無から生まれたのではなく，以下に挙げるような既存の学問の伝統を踏まえていた。第一が自然科学である。自然科学は当時発展が著しく，その最先端を行く研究者のサークルにホッブズは属していた。彼の政治哲学は物体論，人間論，市民論と続く哲学体系の一部であり，自然科学と密接な関係にある。第二が法学，特にその16世紀以降の新展開である。ホッブズはボダンの主権論[2]や国際法の父グロティウスの自然法論を踏まえている。第三が，古代ギリシア・ローマ社会の遺産を重視する人文主義の伝統である。ホッブズの政治哲学には，自身が翻訳したトゥキュディデス[3]の『戦史』に描かれる人間観や古代由来のレトリック（巧みな表現の技法）が反映されている。

このような知的伝統を踏まえながら，ホッブズは，ピューリタン革命を中心とした宗教戦争・内戦という当時の主要な政治的課題に応答した。そして人間が暴力に訴える仕組みや平和を築くための方策について新たな見通しを示した。

2 自然状態と国家

ホッブズによれば，人間は自己利益を追求する。とりわけ力と名誉を欲し，高い評価を求め他人と競争し対立する。このような人間は，アリストテレス[4]以来いわれてきたような，自然的に政治秩序を形成する生き物（政治的動物）ではない。政治秩序成立前の，人間が自然のあり方に従って行動する状態（自然状態）はむしろ無秩序なのである。自然状態ではすべての人間は互いに実力行使も辞さず，敵対している（万人の万人に対する戦争）。また，最弱の者でも他者と組めば最強の者を亡き者にできる以上，人間に実力の上で差はなく平等である。こうして誰にも安全保障がない。危険な状況に置かれた人間には，自己の生命を守るために，殺人を含むあらゆる行動を取る自然の権利がある。つまり人間には完全な自由がある。しかし安全保障がないため，この自由もまともに享受できない。自然状態における人間は孤独で貧しく辛く短い人生を送り，文明的な生活はない。

そこで，自己の安全を害さない限りで平和を築くために努力し，悲惨な自然状態から脱出すべきだとわかる。平和のためになすべきこの道徳的規範を自然法という。例えば，人間は互いに約束を交わして契約を結び，無制限な行動の自由（権利）を手放すべきである。また，結んだ契約は守るべきである。

しかし自然状態では，ただ道徳的規範を認識しただけでは人々がそれに従う保証はなく，不十分である。とりわけ，契約を結んでも相手が守るかわからないのが問題である。この問題を解決するには，圧倒的な実力を備えた主体を新たに設け，その主体に，契約違反者に対して刑罰を科してもらえばよい。そうすれば人々は刑罰への恐怖から契約違反しなくなる。刑罰を科すこの主体こそが国家である。国家を設立し自然状態を脱出するには，個々人が互いに契約を結び，自己の力と権利をすべて一つの主体（主権者）に譲り渡せばよい。

こうして設立された国家において，主権者は物理的強制力（実力）を独占し，絶対的な権力をもつ。法は主権者の命令であり，主権者が自由に改変できるため主権者自身を拘束することはない。市民には原則として主権者のあらゆる命令に従う義務がある。主権者の絶対的な権力は国家の維持に不可欠であり，国家がなければ人間は悲惨な自然状態に戻ってしまうのである。

最後にホッブズの宗教論（キリスト教論）にも付言したい。ホッブズによれば，主権者の絶対的権力は宗教にも及ぶ。たしかに神の命令が主権者の命令と食い違うときには神の命令が優位する。だが聖書を正しく読み解けば，神の命令とは結局のところ，主権者が公認する聖書解釈と宗教的教義を指すとわかる。主権者が認可する宗教的教義に従うことこそが救われるために必要である。ほかに救済に必要なのはイエス・キリストへの信仰だが，これはキリスト教徒なら皆が共有している。市民は主権者が公認する宗教の教えに従ってさえいればよいのである。

③ 影響と意義

ホッブズの特異な理論は反発も買ったが，影響力も大きかった。思想史上のホッブズの影響力を示す例としては，第一に，ホッブズからロック，ルソーに至る社会契約論の系譜がある。第二に，ホッブズはグロティウス以来の近代の自然法論の系譜にも位置づけられる。例えばプーフェンドルフに大きな影響を与えた。第三に宗教論において，スピノザやロック，ルソーらの思想家に影響を及ぼした。さらに政治思想史以外でもホッブズは言及される。現代の国際政治学においてはリアリズムの考えの先駆者とされ，法学では法実証主義の先駆者とされる。今日においても，実力（暴力）への対処や国家の役割といった政治学の基本的問題を考える際には，ホッブズを避けて通ることはできないといえよう。

（岡田拓也）

▷5　この主体が一人の人間であれば王政，参加制限のある会議体であれば貴族政，全員参加の会議体であれば民主政になる。

▷6　主著『リヴァイアサン』の実に半分が独特のキリスト教論と聖書解釈にあてられている。

▷7　⇨Ⅱ-5「ロック」

▷8　⇨Ⅱ-9「ルソー」

▷9　⇨Ⅱ-6「プーフェンドルフ」

▷10　⇨Ⅱ-4「スピノザ」

▷11　⇨Ⅴ-30「リアリズム」

（参考文献）

リチャード・タック（田中浩・重森臣広訳）『トマス・ホッブズ』未來社，1995年。藤原保信著，佐藤正志・的射場敬一編『藤原保信著作集 第1巻　ホッブズの政治哲学』新評論，2008年。

スピノザ

宗教迫害を逃れてアムステルダムに移住した，イベリア半島系ユダヤ人の家庭に生まれる。家業を継いで貿易商となるも，1656年，ユダヤ人共同体から破門。以後オランダ各地に居住。光学レンズの高度な研磨技術を身につけており，生計の一部はこれで立てていたらしい。肺疾患のためハーグで早世。（図版：Herzog August Bibliothek, Wolfenbüttel, Germany.）

1　17世紀オランダの宗教・政治事情

スピノザ[1]があまり長くない生涯を過ごした17世紀のオランダは，同時代の他の西欧諸国と比べて，思想・宗教上の統制がゆるかったとされる。こうした評価は間違いではないが，あくまで相対評価であることを忘れてはならない。

当時のオランダの政治は，総督派（総督という最高権力者を推戴したトップダウンの政治体制を志向）と議会派（議会の合議によるボトムアップの政治体制を志向）の緊張関係で成り立っており，後述する1672年の政変までは，やや議会派優位で推移していた。また，宗教面で圧倒的な力を保持していたのは，ルターではなくカルヴァンの流れを汲むプロテスタントたちであり，こちらも主流派と非主流派が争っていた。多数を占める主流派は，思想・宗教統制に好都合なトップダウンの政治体制を確立するため総督派と連携し，比較的リベラルな議会派主導の政治に対し，何かと圧力をかける傾向が強かった。

2　大炎上した『神学・政治論』

宗教（神学）問題と政治問題が微妙な癒着をみせるこうした状況下では，どうしても両者を抱き合わせて論じる必要がある。1670年，スピノザが匿名で出版した『神学・政治論』も，まさにそういう構成をとっていた。

全体の4分の3を占める前半部（1〜15章）で，スピノザは聖書の丹念な読解に努め，その書物としての性格を明らかにする。それによると，聖書の目的は人々を神の権威の下で平和に共存させることであり，人々に知的に検証可能な真理を教えることではない。したがって，真理を求める哲学は，平和な共存を求める宗教とは厳格に分離されなければならず，たとえ哲学する人（自分の頭でものを考える人）が結果的に聖書の記述と異なる「真理」を見出すことになったとしても，それは決して罪ではないのである。このようにスピノザは「哲学する自由」を聖書の権威から擁護してみせる。これは要するに，聖書を読んでも頭はよくならないということだから，もちろん大騒ぎになった。

後半部（16〜20章）では，こうした思想・言論・表現の自由としての「哲学する自由」が，人間のもつ自然権として強調される。ただし，自然権に自然状態でのみ認められる行動規範としての性格を付与したホッブズ[2]とは大きく異なり，スピノザの自然権概念にはしていいこと・いけないことという規範的な含

▷2　⇨Ⅱ-3「ホッブズ」

みは全くない。いいとかいけないとかいう以前に，それ本来の性質上，そうする・そうなることが絶対的に決まっていて他のあり方を取れない，そういう風に決まっているのがスピノザの自然権である。精度に個人差はあれ，人は誰でも自分なりの考えをもち，この考えを表明してしまうようにできているのだから，思想・言論・表現の自由を踏みにじる政治は人間の自然権を踏みにじる政治であり，人間に無理なことを求めている以上いずれ必ず破綻する。自由を踏まえない国づくりは決してうまくいかないという意味で，スピノザは「国というものは，実は自由のためにある」とまで言い切るのである（20章）。

３ 絶筆となった『政治論』

　1672年のクーデタで政権を奪った総督派の下，スピノザ晩年のオランダでは思想統制の強化が進む。『神学・政治論』は禁書とされ（1674年），哲学上の主著『エチカ』（1675年完成）出版の見通しは立たなくなってしまう。

　その『神学・政治論』への非難罵倒は，実はそもそも前半の宗教論に集中していた。大半の読者は前半部で怒り狂ってしまい，後半の政治論をろくに読まなかったらしい。また，一応通読していた友人たちの間でも後半部の理解は進まず，特にホッブズとの違いがなかなか分かってもらえなかったようである（書簡50）。そうした事情も手伝ってか，最晩年の手紙からは，もう一度政治論を書くよう友人に勧められていたことが読み取れる（書簡84）。

　こうして生まれたスピノザの生涯最後の著作が『政治論』（岩波文庫のタイトルでは『国家論』）である。まがりなりにもホッブズ的な社会契約説の議論構成を踏襲していた『神学・政治論』と異なり，ホッブズとの違いをいっそう際立たせるためなのか，『政治論』は社会契約に言及しない。そもそも，人が守りたいと思えないような契約は，破っていいとかいけないとかいう以前に必ず破られてしまう，とスピノザは考える。だとすると，そこに暮らす人たちの前向きな感情に下支えされない政治も必ず破綻するわけであり，そこで今さら社会契約に訴えても結果は変わらないのである。こうして『政治論』のスピノザは，あらゆる政治は「多数者の力」によって支えられるしかないという根源的民主政の思想を『神学・政治論』から継承しつつ，多数者の下支えを受けるための必要条件を政体別（君主政，貴族政，民主政）に考察していくことになる。

　『政治論』は，その政体別の考察が民主政に入ったところで途絶している。おそらく，ここでスピノザの命が尽きたのだろう。それは1677年の２月21日のことだった。残された友人たちは当局の監視を巧みにかいくぐり，遺稿を世に出すべく懸命の努力を続けた。未刊行の著作と書簡を整理編纂し，主な作品にはオランダ語訳まで用意して，ラテン語とオランダ語２種類の『遺稿集』刊行にこぎつけたのは，その年の終わり頃のことである。『エチカ』も『政治論』も，この『遺稿集』に収録されて後世に伝わることになった。　　　（吉田量彦）

▷３　書簡は研究者間の慣例に従い，ゲプハルト版スピノザ全集（1924-25年）の通し番号で引用・参照箇所を示す。

（参考文献）
スピノザ（吉田量彦訳）『神学・政治論』全２巻，光文社古典新訳文庫，2014年。同（畠中尚志訳）『国家論』岩波文庫，1976年。柴田寿子『スピノザの政治思想』未来社，2000年。吉田量彦「スピノザと政治的自由」『スピノザーナ』第８号，2007年。

ロック

▷1　ロック（John Locke, 1632–1704）

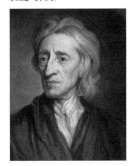

イギリスの哲学者。主著『人間知性論』（1689年）は近代認識論哲学の基礎を築いた。政治的危険から1683〜89年オランダに亡命し，名誉革命後帰国。ウィッグ体制の通商経済政策に関与した。政治思想の著作として1689年に匿名で出版された『統治二論』や『寛容についての手紙』がある。

▷2　王位排斥法案危機
1679年から81年にかけて三度の議会において，国王チャールズ2世の実弟ヨーク公（後のジェームズ2世）の王位継承権を剥奪する法案をウィッグ派が提出した。その理由はヨーク公がカトリック教徒であり，絶対君主であるフランス王と密接な関係があったからである。議会はすべて国王大権によって解散され法案は実現できず，ウィッグ派の中には革命的手段もやむをえないとする者もいた。このときトーリー派は内乱を恐れて国王の側についたが，ジェームズの親カトリック政策

1 絶対王政批判と自然的自由

　人間は何の知識もなしに生まれ，経験によってすべての知識を得るとする経験論を奉じた哲学者**ジョン・ロック**は，自らが侍医として仕えた政治家初代シャフツベリ伯のために，政治思想家になった。17世紀イギリスでは，印刷技術の発展もあり政治的パンフレットによる政治闘争が活発になる。シャフツベリがリーダーであるウィッグ派と対抗するトーリー派は，**王位排斥法案危機**のとき『パトリアーカ』その他の**フィルマー**の著作を出版した。絶対王政を正当化する彼の政治思想は，王権神授説と家父長制主義に基づく。つまり，神の直接的権威によって統治する君主には，家父長が家のメンバーに対してもつ絶対的で自然な支配権に相当する権力があるので，すべての臣民は君主に無条件で服従すべきとされた。ロックはこのフィルマー思想を論駁する必要があった。

　フィルマーの主張は三つの原理，つまり自然的自由，社会契約，抵抗権の否定である。人間は国王以外すべて，上位者に服従する存在として生まれるのであり，統治の正統性を被治者の意志に求める思想は歴史的・神学的に誤りであり，ゆえに君主に対する抵抗権など存在しない。ロックの『統治二論』はこの三原理を正当化するが，その際に論敵と異なる神学的前提に訴える。神の被造物である人間は，神の作品として神の意図に従うべく創造されており，理性と感覚とを与えられた人間は，それらを働かせて生きる義務がある。人間の間に絶対的な主従関係など，神により打ち立てられてはいない。そして神の所有物である人間は，自らの意志でその生命を自由にできない。各人は自分の生命を保存する義務があり，それゆえ各人は自分の生命を護る自由を互いに主張できる。ロックは神の意志が，自然法として人間に課せられているとしたが，その第一原理は，各人が自己保存に努めることであり，この義務が満たされる範囲で，すべての（無実な）人の保存に努めることであった。これはすべての人が生命，自由，財産の保全を内容とする自然権をもつことを意味する。

2 自由な統治

　すべての人が自然法の下で自由かつ平等であるという考えが，ロックの自然状態論の内容となる。自然状態では，他者の恣意的な意志の下にないという意味での自由を，各人が平等にもつ。自由とは，何でも好き勝手ができるという

放縦を意味せず，他者への危害を禁ずる自然法の範囲内で，各人が自分の意志で生きることを意味する。人は不完全な存在なので，自然法に違反する者もいる。すると自然状態には政府がないため，違反者を処罰する権利が各人にある。だが，この権利の執行には不都合が伴う。つまり，自分自身や自らと近しい人が危害を受けた際に，違反者への処罰が公平にならない可能性がある。かくして，裁判の不偏性を担保するために，国家政府が必要となる。

　人間はすべて自然的に平等に自由であるから，国家建設はその成員の同意に基づかなければならない。こうして国家の起源とその権威の正統性の説明は，社会契約論[44]によってなされる。全員一致の合意で各人の自然権が放棄され，一つの共同体が形成される。この共同体の多数決がその意志となり，共同体の統治を担う政府にその政治権力を信託し，国家が生まれる。かくして，国家権力は信託権力であり，すべての国民の自然権を護るという目的に従属する。ロックはこの目的を公共善と呼び，政府が信託を遵守するかどうかを判断する権利は，最終的には共同体としての国民にあると主張した。信託違反したと判断された政府は暴政とみなされ，国民にはそれに抵抗する権利がある。

　信頼に足る正統な政府を維持するため，立法権と執行権は分離されるべきとする主張はあるが，ロックは政府の形態について雄弁ではない。『統治二論』が目指すのは，絶対君主政が正統な統治ではありえないという論証であり，その他の統治形態は，実際に公共善を実現できているかどうかにより，その正統性が測られる。実際，同意による統治という原理を厳密に適用するなら，アナーキズム[45]になりかねない。ロックは抵抗権の実際の行使に関しては慎重な態度を取る。ただしこの可能性が公知されることが，暴政への牽制となる。

❸ 所有権と統治

　ロックは，国家の設立以前から私的所有権は成立していたという独創的な議論を展開する。これは事物の排他的所有への尊重を他者に義務づけるという所有権の要求を，他者の同意なしに確立できるという主張となる。所有権の正当化において彼が依拠したのは労働であった。自然の無主物に人間が労働を投下すると，私的所有権が生まれると彼は考えた。これは神への義務として人間は労働すべきであり，その労働の成果が文明社会の形成だという考えに結実した。この思想は勃興しつつある商業社会を正当化するものであり，暴政牽制論と合わせて，リベラリズムの源泉だとみなせる。しかし近年，これは文明社会を自認するヨーロッパが自らの植民地支配を正当化する議論ではないかという批判が，ポスト・コロニアリズム[46]という立場から提起されている。実際，ロックは公私に植民地経営に関わったし，彼の思想がそうした仕方で濫用された事例もある。しかし，人間知性は本来白紙だとしたロック自身には，人種やナショナリティによる本質的差異を人間に認める考えはなかった。　　　　（山岡龍一）

がさらに進むと危機感から反ジェームズとなり，名誉革命（1688年）に至る。

▶3 フィルマー（Sir Robert Filmer, 1588頃-1653）
イギリスの思想家。『パトリアーカ』をはじめとする彼の著作は，1630年代以降，ピューリタン革命期における王党派の立場を擁護するために書かれていた。

▶4 社会契約論
近代の社会契約論は国家の正統性を説明する議論である。国家のない状態として自然状態を描き，そこから全員の契約によって国家が形成され，その契約によって国民は国家に義務づけられる，という形式をとる。

▶5 アナーキズム
国家権力に従う義務はないという教説。現代政治理論においてロック的原理に訴える者には，国家への義務を最小化するような議論を展開する者がいる。⇨Ⅴ-9「アナーキズム」

▶6 ポスト・コロニアリズム
近代ヨーロッパによる植民地支配の歴史に注視することで，近代思想そのものの再考を促す思想潮流。西洋圏による非西洋圏の支配を正当化するオリエンタリズムの批判等がある。

（参考文献）

ロック（加藤節訳）『統治二論』岩波文庫，2010年。加藤節『ジョン・ロック』岩波新書，2018年。デイヴィッド・アーミテイジ（平田雅博ほか訳）『思想のグローバル・ヒストリー』法政大学出版局，2015年。

II　近代

6　プーフェンドルフ

▷1　**プーフェンドルフ**
(Samuel Pufendorf, 1632–94)

法学者・政治学者・歴史学者。三十年戦争後のドイツやスウェーデンで活躍する。当時の神聖ローマ帝国の国制を，伝統的な区分に当てはまらない変則的なものと捉えたことでも知られる。

▷2　⇨Ⅰ-4「キケロ」

▷3　**グロティウス** (Hugo Grotius, 1583–1645)
オランダの法学者・神学者。主著『戦争と平和の法』(1625年) で国際法の父としても知られる。

▷4　⇨Ⅱ-3「ホッブズ」

1　思想背景

　ザムエル・プーフェンドルフ[1]は17世紀ドイツの代表的な自然法論者である。主著には大著の『自然法と万民法』(1672年) と，それを要約した初学者向けの『自然法にもとづく人間と市民の義務』(1673年) がある。自然法とは，時と場所を超えて妥当する普遍的な法（規範）を指し，人が定めた実定法より上位にあるとされる。この観念は古代ギリシア・ローマに始まり，主としてローマの思想家キケロ[2]を通してキリスト教世界に受け継がれた。その後17・18世紀に流行し多くの思想家に用いられた。当時の自然法論は普遍的な道徳に懐疑的な者に対しても通用することが目指された。そのために自然法は，万人が認める人間の基本的な性質（とりわけ自己保存の欲求）に着目し，そこから論理的な推論により体系的に導出された。プーフェンドルフは自然法を提示する中で私法と政治（公法）両方のテーマを扱った。その内容は概して革新的というよりも，当時の通念に沿ったものだった。

　プーフェンドルフは先行する様々な論者の議論を引用し，取り入れている。しかし彼が自分に先立つ自然法論者として特に強調するのは**グロティウス**[3]とホッブズ[4]である。政治思想については特にホッブズの影響が大きい。例えばプーフェンドルフはホッブズと同様に，国家設立前の自然状態から契約による国家の設立，国家そのものへと順に論じていく。ホッブズの言葉をほとんどそのまま著作内に取り入れていることも多い。他方でプーフェンドルフがホッブズから軌道修正した点も多い。その一つに政治学の位置づけがある。ホッブズは自然科学と政治学を連続的に捉える。これに対しプーフェンドルフは，政治学を含む自然法論を自然科学から明確に区別する。権利義務など人間の自由な行動と規範に関わる事柄を，物理的な自然法則に支配される事柄と分けて考えるのである。以下ではホッブズとの関係に着目しながらプーフェンドルフの議論をより具体的にみていきたい。

2　自然状態と国家

　プーフェンドルフはホッブズと同様に，自由平等な人間同士からなる自然状態を想定する。また人間は弱く，自己愛から自己保存を求める存在であるというホッブズの基本的な認識を共有する。しかし以下の点でホッブズの考えとは

異なる。つまり，自己愛に動かされる人間も理性を働かせることで，他者への実力行使に向かう衝動を抑えることができるとプーフェンドルフは考える。理性の命令である自然法は「社会性（socialitas）」を命じる。すなわち，一人で生きていけない人間は自分自身のためにも他者と協力するべきであると命じるのである。プーフェンドルフの自然状態においてはこの自然法が機能する。平和が保たれ所有権など文明の要素が存在する。以上の自然状態論は，ホッブズの考えと大きく異なる。ホッブズにとって自然状態は悲惨な戦争状態であり，国家設立により初めて平和と文明社会が成立する。

　他面においてプーフェンドルフはホッブズと同様に，人間は政治的動物であるというアリストテレス以来の考えを否定する。国家は人間の自然のあり方からそのまま生じるものではなく，（自然状態の）人間同士が契約を結ぶことで人為的に成立する。プーフェンドルフの自然状態は平和ではあるものの，人間の悪徳から生じる害悪に対してより確実な安全保障を得るために国家が設立される。国家の成立に必要な契約に関しては，プーフェンドルフはホッブズよりも段階を多く設ける。ホッブズの場合，一度の契約で国家が成立する（契約当事者が主権者に自己の権利と力を譲り渡す）。だがプーフェンドルフの場合，国家の設立には二度の契約が必要である。第一が結合契約と呼ばれるもので，これに基づいて人々が相互の安全保障のために結びつき共同体を作る。続いて君主政や貴族政などの政治体制が決定され，統治者（主権者）と共同体との間で第二の契約（支配服従契約）が結ばれる。ここで共同体が統治者に服従し，統治者が人民全体の福祉を目指すことが約束される。

　契約により成立した国家像に関して，プーフェンドルフは大筋でホッブズに同意する。国家は市民の安全保障のために存在するものと捉え，市民に主権者への抵抗を認めない。ただしホッブズと異なる点もある。例えばホッブズは，主権は絶対的で制約されてはならないと強調する。しかしプーフェンドルフは基本法によって主権者（王）が拘束されることを認める。

③ 影　響

　18世紀の啓蒙の時代までプーフェンドルフの著作は広く読まれ，大きな影響力を及ぼした。彼の著作は幾度も出版され，大学教育の標準的テキストにもなった。また**ラテン語**で書かれた彼の著作は各国語に翻訳され，とりわけ**ジャン・バルベラック**による仏訳は広く普及した。プーフェンドルフの影響を受けた人物としては，ロックやルソーなどの社会契約論者やヒュームやアダム・スミスなどのスコットランド啓蒙思想家が挙げられる。特にロックは教育論においてプーフェンドルフの自然法の著作を勧めており，ロックの提示する平和な自然状態にはプーフェンドルフと共通する点が多い。　　　　　（岡田拓也）

▷5　⇨ Ⅰ-3 「アリストテレス」

▷6　ラテン語
古代ローマの言語であり，17世紀までヨーロッパの学問世界の共通言語だった。

▷7　バルベラック（Jean Barbeyrac, 1674-1744）
フランスの法学者。

▷8　⇨ Ⅱ-5 「ロック」

▷9　⇨ Ⅱ-9 「ルソー」

▷10　⇨ Ⅱ-11 「ヒューム」

▷11　⇨ Ⅱ-12 「アダム・スミス」

（参考文献）
前田俊文『プーフェンドルフの政治思想』成文堂，2004年。ノートカー・ハマーシュタイン「ザームエル・プーフェンドルフ」ミヒャエル・シュトライス編（佐々木有司・柳原正治訳）『一七・一八世紀の国家思想家たち』木鐸社，1995年。

7 モンテスキュー

1 異邦人の眼

　フランス革命以前，旧体制下の貴族の家に生まれた**シャルル・ルイ・ド・モンテスキュー**は，近代立憲主義，あるいは「三権分立」の父としてよく知られる。だがモンテスキューは，初めから政治思想家とみなされていたわけではない。

　1721年，当時32歳だった彼は書簡体小説『ペルシア人の手紙』を匿名で刊行した。東方の専制君主国ペルシアから来た貴族ユズベクを主人公として創作し，その視点から1711年から1720年にかけてのパリの活気に満ち，奢侈品に溢れ，虚飾にまみれた絢爛たる社交の世界を風刺する。現実のフランスでは1715年に太陽王ルイ14世が世を去り，この王がヨーロッパ支配の野望のために繰り返した戦争の費用が莫大な国家債務として後に残された。急遽その償還計画のために外国人ジョン・ローが財務総監として招聘されるが見事に失敗する。無謀な紙幣発行の結果バブルが崩壊し，社会に一大混乱を引き起こした。

　この現実と虚構を交錯させた小説世界の中，哲学的理性を働かせるユズベクは祖国ペルシアの実情には盲目でありながらも，フランスの政治と社会に潜む権力，権限の濫用に由来する専制の萌芽を見て取る。パリの人々もユズベク同様に他人のことは批判できても，空気のように取り囲む自分たちの社会の姿はみえない。だからこそ自己を探求するためには信頼に値する他者の眼を鏡として必要とする。様々な意味で刺激的なこの小説は一世を風靡し，著者の正体が知られることでモンテスキューはパリの文壇に颯爽と登場した。

2 古代ローマ共和国への憧れ

　『ペルシア人の手紙』のいくつかの挿話には，2000年近くも昔の古代ギリシア・ローマの共和国に対する若かりしモンテスキューの憧れが示されていた。古代のギリシア人やローマ人は有徳な習俗をもち，国家，公共の利益のためならば自己犠牲もいとわなかったが，近代人にそのような煩わしさは耐えられない。人は他人よりも富を蓄積し，社交の世界ではより良くみられたい。

　以降，モンテスキューはこの古代社会と近代社会の隔絶に向き合うことになる。その後，1728～31年に彼はヨーロッパを周遊する。イタリアから北上し，最後に辿り着いたイギリスには1年以上滞在した。ヴェネツィア，オランダの共和国の実情をみて，美しき古代の像は完全に失われたことを痛感した。

母国フランスに帰国して後，古代の共和国は真剣な研究の対象となる。同時に共和国，君主国を含めた多様な政治体制の現実に対する関心を深めていく。その最初の成果が，1734年に刊行された『ローマ人盛衰原因論』である。共和政ローマの軍事的偉業の原因を探求した古典には周知のマキアヴェッリ『ディスコルシ』があった。マキアヴェッリは祖国愛・公共心に溢れた時代であれば貴族と平民の対立は国家秩序の崩壊に繋がらず，むしろ相互の交渉の契機を生み，公共の利益を体現する法制度の制定に繋がると考えた。しかしモンテスキューにとって，もはや有徳な古代人は模倣の対象にはなりえない。だからこそ彼は，逆に共和政が衰退した具体的原因を問いただした。『ローマ人盛衰原因論』では輪郭を描くことしかできなかった国内対立と法の支配が両立する条件を正面から議論したのが，その14年後の1748年に完成する『法の精神』である。

③　近代イギリスの国制と商業の発展

では，商業の発展した18世紀ヨーロッパの現実を前に，いかなる政治社会が望ましいのか。その答えは古代ローマ史の理解が深まるのに応じて具体的になっていく。古代は近代を映しだす鏡なのだ。共和政末期のローマのように有力者たちが自己利益の追求に走り，相互に対立すれば国家滅亡は避けられない。国内対立が公的秩序の破壊に結びつかない民衆の政治参加，その近代の一例をモンテスキューは母国フランスの対岸にあるイギリスの議会政治に発見した。

モンテスキューが，この国の法の支配と自由の関係を説明したのが『法の精神』で最も有名な第11編第6章「イギリスの国制について」である。人間は権力を握ると，それを濫用する傾向を常にもつ。だからこそ権力は権力によって抑制されなければならない。そのために立法・執行・司法の三権力が，王・貴族・人民という異なった利害をもつ個人や集団の間に配分されたのである。

この国制が形を成したのは1688年の**名誉革命**によってだった。かつて政治的影響力をもたなかった人民は，商業活動を通じて少しずつ財産を蓄積し中間層を形成する。国家運営に際して必要な経費は国民の支払う税金により賄われる以上，議会運営に際して彼らの影響力は無視しえない。君主の権力が制約され，より多数の市民の意思を反映させるイギリスの国制の本質はここにある。

古代ローマ人は，軍事力により富を他国から略奪した。対外的に行使した暴力は当然に翻って同胞市民にも向けられる。イギリス人は自らの商業と勤労によって富を蓄積する。もし将来も彼らが自由を護りたければ軍事力に依拠してはいけない，そうモンテスキューは願った。彼が世を去って翌年の1756年に勃発する七年戦争は，植民地争奪をめぐる英仏の軍事力の攻防となった。モンテスキューの望む世界商業の姿から現実は少しずつ離れていきながらも，その国制・憲法の理念は1776年のアメリカ独立革命，1789年のフランス革命で受け継がれ，歴史の荒波にもかかわらず，今でも生き残っている。　　　　（定森　亮）

▷3　⇨Ⅱ-1「マキアヴェッリ」
▷4　⇨Ⅴ-4「共和主義」
▷5　共和政末期のローマは，キケロが雄弁を振るい，軍事指揮官カエサルが栄光を飾ったことで有名だが，モンテスキューの理解では，他国から富を略奪し，世界帝国を築くに至ったこの時代のローマは贅沢に満ち溢れ，不平等が極度に拡大し，国家秩序を破壊する争いが絶えなかった。
▷6　『法の精神』でイギリスは「君主政の形式の下に共和政が隠れた国」と形容されている。
▷7　名誉革命
国家宗教をめぐる国王ジェームス2世と議会の対立に端を発する革命。常備軍を設置することで権力基盤の強化を計ったジェームス2世に対抗して，議会は，ジェームス2世の娘メアリ2世とその夫でプロテスタントとして育てられたオランダ総督ウイリアム3世を王位に擁立した。ジェームス2世は追放され，1689年に権利の章典（「臣民の権利と自由を宣言し，かつ，王位の継承を定める法律」）が制定されることで制限君主政と議会主義が確立した。

（参考文献）

定森亮『共和主義者モンテスキュー』慶應義塾大学出版会，2021年。川出良枝『貴族の徳，商業の精神』東京大学出版会，1996年。R.アロン（北川隆吉ほか訳）『社会学的思考の流れI』法政大学出版局，1974年。A.O.ハーシュマン（佐々木毅ほか訳）『情念の政治経済学』法政大学出版局，1985年。

8 ヴォルテール

▷2　韻文
当時のヨーロッパでは韻文
の巧拙が重視され，特に詩
作能力は統治者としての資
質や文明化の程度に関わる
と考えられた。

▷3　修史官
ヴォルテールは生涯にわた
り歴史に関心をもち，『ル
イ十四世の世紀』（1751年），
『習俗試論』（1756年）等に
より，史料・伝承を理性的
に吟味した「哲学的歴史」
を新しく作り上げた。また
習俗・学問・芸術を含めた
文化全体を描くことを試み，
非ヨーロッパを含む世界の
歴史を論じたことで，新し
い歴史叙述に先鞭をつけた。

▷4　フリードリヒ2世
（Friedrich II, 1712-86）
プロイセン王。学問・芸術
を振興するとともに軍事改
革・統治改革を進め，プロ
イセンの強国化に成功した。
ヴォルテールを師と仰ぎ，
詩作の指導や主著『反マキ
ャヴェッリ論』（1740年）
の添削を受けた。

1 ヴォルテールの生涯

ヴォルテールは，いわゆる啓蒙の時代のほぼすべてを生き，数百の著作と数千の書簡により全ヨーロッパの思想家・王侯貴族・公衆に多大な影響を与えた。著作は詩・戯曲・小説・哲学書・歴史書・政治的パンフレットなど多岐にわたり一見カオス的だが，反教権論や文明論など，経験論を核とした一定の思想秩序が見出される。君主の助言者や投資家・資本家としても活躍し，実践に結びつかない論争を無益と断じて実現可能なことを追求した「現実主義者」である。

　公証人の父の意向で法学教育を受けるが，**韻文**への意欲が昂じ悲劇『オイディプス』（1718年）で一躍有名作家となる。フランスで検閲を受けた詩『アンリアード』（1728年）を出版すべくイギリスへ赴き，帰国後，理想化したイギリスを描いた『哲学書簡』（1734年）でフランスを批判した。その後官憲から逃れ愛人のシャトレ夫人のもとに隠遁し，夫人とともに自然学と形而上学の研究に没頭，聖書批判を開始した。1743年に友人の陸軍大臣ダルジャンソンを介してルイ15世に接近し，宮廷付きの**修史官**に任官。しかし1747年のダルジャンソン失脚で立場が危うくなり，1750年に**フリードリヒ2世**の招聘に応じてプロイセン王国へ行く。1753年にフリードリヒと決別しプロイセンを離れるが，フランス入国が認められず，1755年にジュネーヴ共和国郊外に「悦楽荘」を構えた。しかし度重なる演劇上演が原因で禁欲主義的なジュネーヴ当局と対立し，1759年にフランス領フェルネーへ移住した。ここでは，ヨーロッパ中から訪れる思想家や政治家を歓待しつつ，ナントの勅令廃止でフランスを追われた職人を呼び寄せて大規模な時計産業の支援を行いながら，複数の不寛容事件と闘った。1778年にルイ15世が崩御するとパリに帰還するが，同年病没。享年84。

2 前期思想：経験論・繁栄・理神論

　ヴォルテールがフランスの思想界に最初に決定的な影響を与えたのは，イギリス思想の導入であった。彼はイギリスでロックやニュートンの思想に触れ，**経験論**を『哲学書簡』でフランスに紹介した。経験論は，合理論に基づく経験に先立つ絶対的権威を掘り崩すことに繋がった。経験不能な来世でなく経験可能な現世の幸福と繁栄を追求すべき価値と定め，商業の自由と言論の自由をイギリスの繁栄の理由だと高く評価すると同時に，個人の**奢侈**を肯定した。

ヴォルテールは，ニュートンの機械論的自然観を受容し，神の存在を認めながら神の現世への介入は認めない理神論の立場をとった。リスボン地震を受けて書かれた『カンディード』（1756年）は，惨禍を神の意志と論じる**最善説**を批判する。聖書研究でも，世俗的歴史研究の手法を用いることで，奇跡などをありえない「作り話」と断じて「史実」と区別し，前者を迷信として批判した。

❸ 後期思想：寛容の追求

20世紀のイギリスの作家タレンタイアがヴォルテールの立場を要約して「私はあなたの意見には反対だ，だがあなたがそれを主張する権利は命をかけて守る」と書いたように，特に1760年代以降のヴォルテールは寛容の実現を追求した人物として知られる。作家エミール・ゾラが『私は弾劾する！』を発表した19世紀末のドレフュス事件や，21世紀初頭のシャルリー・エブド事件における「私はシャルリー」運動の際にも，ヴォルテールが参照された。

ヴォルテールの寛容擁護は，ナントの勅令により宗教戦争を終結させたアンリ4世を称える『アンリアード』以来みられる。『哲学書簡』第六信では，ロンドンにおいてあらゆる宗教・宗派の信者が信仰にかかわらず取引を行っている様を描き信教の自由が繁栄を生むと論じ，同第十三信では，ロックを称賛して，哲学（学問）の自由が秩序を壊乱することは決してないと論じた。

このように初期から寛容の価値を説いていたヴォルテールは，フェルネー時代には自ら冤罪事件と闘った。プロテスタント商人ジャン・カラスが息子殺しの冤罪で処刑されたカラス事件を機に書かれた『寛容論』（1764年）は，宗教対立が社会を分断し遂には狂信的な殺戮を生むとして思想・言論の自由を強く訴え，不寛容な社会と残酷な刑罰の存在を世に知らしめた。彼は，不寛容の原因をカトリック教会による金銭等の世俗利益を目的とした宗教の利用に見出して政教分離を説いただけでなく，高等法院を「王国の敵」とみなして批判し，ベッカリーアの『犯罪と刑罰』（1764年）を範とする刑法改革を主張した。

ヴォルテールは，カトリック教会の排除とユグノーの保護が国家の経済的利益になると強調するなど，カラスの名誉回復のための実践的戦略を綿密に立てた。その際特に頼りにしたのが公衆である。政治に直接関与する君主や貴族に働きかけるだけでなく，カラス家遺族の名で事件の残酷さを綴った文書を『寛容論』と別に執筆することで，直接統治に関わらない公衆の共感を得た。『哲学辞典』（1764年）がピエール・ベールの『歴史批評辞典』（1696年）と比べ簡潔なのも，公衆に働きかけるには難解すぎてはならないと考えたからである。

ヴォルテールは寛容の理念を普遍的な文明の重要な基盤と考えていたため，不寛容を是正するための他国の介入も許容した。1770年頃には抑圧されていた非カトリックの救済を口実にロシアがポーランドに進軍するが，ヴォルテールはエカテリーナ2世を称賛してこれを支援した。　　　　　　　　　（越智秀明）

▷5　⇨Ⅱ-5「ロック」

▷6　**経験論**
真理は感官を通じた経験によってのみ到達しうるという哲学的立場。主にイギリスで展開され，デカルト主義者の影響によりフランスで通用した合理論（理性のみで真理に到達しうるという哲学的立場）と対立した。

▷7　**奢侈**
禁欲を美徳とするキリスト教道徳に従えば奢侈は悪徳だが，18世紀にはマンデヴィルの『蜂の寓話』（1714年）などの奢侈肯定論により「奢侈論争」が生じた。

▷8　**最善説**
神が全能な善なる存在ならばなぜ世界に悪が存在するのか，という問いをめぐる議論（神義論）に対し，ライプニッツが提示した「現実世界は無数の可能世界の中で最善である」という説。

▷9　⇨Ⅴ-20「寛容」

▷10　**ベッカリーア**（Cesare Beccaria, 1738-94）
ミラノの法学者・経済学者。青年貴族サークル「拳の会」における議論を基に書いた『犯罪と刑罰』で近代刑法学の父として知られる。

（参考文献）
植田祐次編『ヴォルテールを学ぶ人のために』世界思想社，2012年。ヴォルテール（中川信・高橋安光訳）『哲学書簡・哲学辞典』中央公論新社，2005年。同（植田祐次訳）『カンディード　他五編』岩波文庫，2005年。同（中川信訳）『カラス事件』冨山房百科文庫，1978年。Nicholas Cronk, *Voltaire : A Very Short Introduction,* Oxford University Press, 2017.

9 ルソー

▷1　ル ソ ー (Jean-Jacques Rousseau, 1712-78)

ジュネーヴからの出奔後，各地を転々とした。若い頃に大使秘書として滞在したヴェネツィアでの見聞は，ルソーに「すべては根本的に政治に起因している」（『告白』第9巻）との信念を芽生えさせ，政治的著作の構想をもたらした。その生涯は，著作の発禁処分や亡命，著名な文人たちとの仲違いなど波乱に満ちていたが，晩年まで執筆を続けた。後期の著作である『コルシカ国制案』や『ポーランド統治考』（いずれも死後出版）は，その政治思想の適用について理解する手がかりとなる。

▷2　芸術／技芸 (art)
18世紀フランスにおけるartは，今日の美術・芸術に相当する造形芸術のみならず，生産に関わる手工業的あるいは工業的技術も含む。

1　文明社会に対する批判的な眼差し

　ジャン＝ジャック・ルソー[1]は学問や文芸が華々しく開花した啓蒙の時代にあって，常に耳目を集める存在であった。ジュネーヴ共和国に生まれた彼は，幼少期から古典を中心とした読書に親しみ，書簡体小説『新エロイーズ』（1761年）や教育書『エミール』（1762年），そして間断なく読者の解釈を誘う自伝『告白』（死後出版）など，多彩な作品を著した。ルソーは透徹した眼差しで社会とそこに生きる人間をみつめ，思索した人物であった。

　その名を一躍世に知らしめたのは，『学問芸術論』（1750年）である。同時代の多くの論者が近代の学芸や知識の進歩を称揚したにもかかわらず，ルソーはあえて批判的な見解を展開した。批判の対象は，学問や**芸術**[2]それ自体ではなく，それらの大衆化による無為と奢侈という効果である。民衆が学問や芸術に時間を費やすと，彼らは本来の仕事である農業や政治を疎かにする。徳よりも礼儀作法を重んじる近代の慣習は道徳を退廃させ，人々の関心を普遍的な対象へと向けさせる学問は祖国への愛を失わせる。国家を支える民衆の習俗の腐敗は，やがて国家を滅亡に導くというのがルソーの診断であった。

2　起源の探求

　『人間不平等起源論』（1755年）は，不平等や隷従がどのように正当化されてきたのかを示し，通説的な議論の誤謬を暴いた。自然的・身体的な不平等（体格，体力，知力など）と，約束や合意によって人間が正当化した精神的・政治的な不平等（身分，貧富，支配‐服従の関係など）との間には連関がなく，前者は後者を正当化する根拠にはならない。そこでルソーは「仮説的かつ条件的な推論」によって事物の自然を明らかにし，法律が自然を従わせるようになった契機を指摘して人為的な不平等の成立過程を説明しようと試みた。

　ルソーの推論では，自然状態は決して悲惨な状態ではない。理性に先立って人間に作用する「**自己愛**」[3]と「**憐憫**」[4]によって，自己保存を追求しながらも，相互に衝突や依存のない独立した状態が実現しているからである。ルソーは，自然状態から社会への移行について，人間に備わる諸能力を発展させる「**完成能力**」[5]と外在的な原因の偶然性とが相俟ってもたらされたと説明する。農業と冶金の発明を決定的な契機として生産力が飛躍的に増大すると，持続的な労働

や他者との協力が必要となる。土地の私有化とともに所有権の観念が生まれ，やがて富を蓄えた者が「弱者を抑圧から守るため」という名目で団結を呼びかけて規則を定めると，富の格差が固定化される。こうして社会制度が設立され，自然がもたらしたのではない不平等が定着した。同時に，人間は自分と他者とを比較し，より自分を重んじるよう望む「利己愛[6]」を抱くようになる。これが人間の悪徳や戦争の源泉である。このように不平等の進展を社会制度の歴史のうちに見たルソーの考察は，自然状態を戦争状態と想定したホッブズ[7]や，所有の観念を自然法に由来する権利とみなしたロック[8]への批判をも含意している。

③ 自由で平等な政治的秩序を求めて

　ルソーは，『社会契約論』(1762年)で正統な政治的秩序の原理を探求した[9]。彼は家父長制や征服権を批判し，各人の自由や権利を放棄することなく身体や財産を守る共同の力をつくり出すものとして，社会契約を示す。これは結合の契約であり，服従の契約ではない。各人は自らがその一部である共同体に自らの権利を譲渡し，特定の個人や団体に譲渡するのではない。個人に代わり成立する精神的で集合的な団体，すなわち国家を共通善に向けて動かす原動力は「一般意志[10]」である。一般意志が考慮する対象は国家全体に関わる事柄であるが，個人の特殊意志と共同体の一般意志が対立するときには，個人は後者に従わなくてはならない。ただし，こうした規定には全体主義の危険性が潜み，慎重な読解が求められる。

　一般意志が十分に表明されるには，党派が存在せず，各人が自分の意志に従って意見を述べることが肝要である。偏りなく表明された一般意志は国家の制度を規定する基本法となるが，このような一般意志の行使こそが主権の行為である。そこで主権は立法権に存し，立法権は共同体全体すなわち人民が担う。ルソーは，執行権を担う政府の形態（君主政・貴族政・民主政）にかかわらず，人民が決定する法律によって治められる国家をすべて「共和国（République）」と呼ぶ。つまり，ルソーにおいては共和国だけが正統であるのだ。こうして，社会契約に合意したすべての個人が主権の担い手である市民[11]として立法に参加するという理念は，人民主権理論のモデルとなった。

　ルソーは，市民が立法に参加し，臣民として法律に従う点に「自らに課した法律への服従」を本質とする自由が実現すると考えた。その一方で，集合的な人民の判断力や主体性を疑問視し，人民に代わり法案を起草する立法者や信仰を通して市民に義務を愛させる市民宗教の必要を主張するなど，両義的な側面も残る。もっとも，立法者は人民の主権を妨げず，市民宗教は個人の内面の自由や寛容に配慮する。ルソーは政治的秩序をめぐる伝統的な問題意識を継承しつつ，近代的な要素を摂取して独自の思想を展開した。こうした彼の思想は革命やデモクラシーを支える議論に多大な示唆をもたらした。　　　（関口佐紀）

▷3　自己愛（amour de soi）
自己の充足と保存とに配慮する感情。

▷4　憐憫（pitié）
自分に似た生物が苦しんだり死滅したりするのをみて嫌悪する自然的な感情。

▷5　完成能力（perfectibilité）
周囲の環境の助けを借りつつ自らの能力を発展させていく，人間のみに備わる能力。

▷6　利己愛（amour-propre）
他人との関係において自分に向けられる愛。「利己心」や「自尊心」とも訳される。

▷7　⇨ Ⅱ-3 「ホッブズ」

▷8　⇨ Ⅱ-5 「ロック」

▷9　「正統」問題については，Ⅱ-5 「ロック」を参照。

▷10　一般意志（volonté générale）
初出は『百科全書』項目「エコノミー」（後の『エコノミー・ポリティク論』）である。ディドロ（⇨ Ⅱ-10 ）が項目「自然法」で用いた人類の普遍的な意志としての一般意志に対して，ルソーは特定の共同体の意志としてこれを精緻化した。

▷11　市民（citoyen）
共同体の構成員は，集合的に「人民（peuple）」，主権に関与する個人として「市民」，法律に従うとき「臣民（sujet）」と呼ばれる。

（参考文献）
桑瀬章二郎編『ルソーを学ぶ人のために』世界思想社，2010年。ブリュノ・ベルナルディ（三浦信孝編，永見文雄ほか訳）『ジャン゠ジャック・ルソーの政治哲学』勁草書房，2014年。

10 ディドロ

1 『百科全書』の編集

　ディドロ[1]は，18世紀フランスを代表する『百科全書』の編集者として知られる。シャンパーニュ地方の都市ラングルで，刃物職人の息子として生まれ，いわば庶民の中から台頭し，活躍した人物である。18世紀を代表する辞典『百科全書』（正式名称は，『百科全書，あるいは学問・技芸・工芸の合理的辞典』）の編集のほか，美学，文学，演劇，哲学，科学，道徳，政治，経済など幅広い分野で活躍し，『ラモーの甥』，『盲人書簡』など数多くの作品を残した。

　『百科全書』は，近代の啓蒙思想家の知の集大成ともいうべきものであり，ディドロとダランベールが共同で編集し，ヴォルテール，ルソー，モンテスキュー，エルヴェシウス，コンディヤック，ケネーなど，18世紀フランスを代表する多くの知識人たちが執筆した。同書の目的は総じて古い伝統や因習，非理性的な宗教上の偏見や迷信などに対抗して，合理的な知識や科学を普及し，新たな文明社会を実現することにあった。さらに，従来のようにキリスト教的禁欲主義や来世の幸福に価値を置かず，現世の幸福や快楽の追求を肯定することで，近代の世俗主義を押し進めるものでもあった。

　しかし，カトリックや王権の強いフランスでは，『百科全書』の編集作業は，イエズス会など宗教界からの激しい攻撃に晒され，検閲，弾圧の下で行われることになった。途中，共同編集者のダランベールが編集者から降りる中，ディドロの献身的努力の結果，1751年に第1巻が出版された『百科全書』は，長い歳月を経て1772年に全28巻（本文と図版）がようやく完成した。

2 啓蒙専制君主の政治

　ディドロの政治思想は必ずしも体系的なものではないが，フランス啓蒙の思想家たちが啓蒙専制的な政治に対していかなる立場をとったのかは，彼らの政治思想において注目すべき点である。彼らは封建的社会から文明社会への移行を望んだが，そのための統治の手法については下からの民主的な手法によってではなく，「**啓蒙専制君主**[2]」の統治を支持した――すなわち，開明的な君主の絶対的な権力によって，上からの合理的かつ効率的な社会改革を目指した――と指摘されることがあるからである。そして，ディドロが1750年代頃に『百科全書』に執筆した政治に関する項目もこの統治論の枠内にある。

例えば，『百科全書』の項目「自然法」では，政治社会の基礎として，「個別利益」の集積とは区別された，万人の幸福を実質的内容とする「**一般意志**」が強調される。「一般意志」は絶対的なため，正しさ（真理）を理解できる有能な統治者の統治が期待される。実際，ナントの勅令を高等法院や聖職者などの反対の上に確立したアンリ4世が，善良なる指導者のモデルとされる。また，『百科全書』の項目「政治的権威」では，権力分立や中間権力，さらに人民の抵抗権が批判される。権力分立は，君主権力への対抗権力とされる貴族の身分的利害が温存されるため問題であり（啓蒙思想家にとって世襲的貴族の利害も古い因習とみなされる），他方で，人民の抵抗権は人民の判断能力に対する不信のため，政治的混乱を生むものとして批判の対象となる。

3　啓蒙専制君主への批判

しかし，ディドロは，1770年代以降，「啓蒙専制君主」に対する批判を展開している。それは彼自身が，辞典編纂が一段落し，絶対的君主であるエカテリーナ2世にロシアで実際に会うなど，様々な政治的経験を経る中で政治の問題をより自覚的に考える中で得られた新たな知見であった。それは同時にフランスでは君主の権力の歯止めとしての高等法院が無力化し，フランスの政体が専制へと堕落する危機の中にある，との彼の同時代的認識によって得られたものでもあった。

「啓蒙専制君主」が問題なのは，何より統治が一人の人物の個人的資質に左右されるからであり，さらには有能な指導者の善良な統治が次世代へと継承されることは困難なためである。したがって，絶対的権力による上からの改革は否定され，モンテスキューの権力分立論や高等法院などの中間権力の役割が再評価される。さらに，真理と政治との関係性の観点からも，従来の見方が再考され，抽象的な個人の幸福ではない，個別具体的な個々人の幸福を政治が実現すべきとして，人々の多様性の観点からも啓蒙専制的統治を問題視する。

また，彼自身はフランスが専制化し自由が奪われているとの認識の下，抵抗権や民主政治に関心を示すが，結果的には大衆の判断能力の点から民主政治を支持するには至らなかった。ただし，政治の基礎に唯一絶対的な真理をおくのではなく，植民地批判にも言及しつつ，秩序を課すことや画一的な政治を行うことに対して，人々の自発性や多様性を前提とする社会は人間の本性に適ったものであり，そのような社会の中で人々の紐帯を作り出していくことが文明社会を実現する不可欠な道筋だと考えるようになっていた。それゆえ，人々の自由や相互の関係性を助長するものとしての商業の価値も認めるようになる。人間の自由や多様性のある文明社会を実現するには，統治は仮に理性的であれ上からの絶対的権力によらないあり方が求められるに至っているのである。

（井柳美紀）

▷3　一般意志
ディドロの「一般意志」の概念に対しては，ルソー（⇨Ⅱ-9）が『社会契約論』の草稿である「ジュネーヴ草稿」において批判することになる。すなわち，ルソーは，ディドロ「自然法」における人類の意志としての「一般意志」の概念に対して，自分自身の利益から完全に離れることの出来る人間はいないなど，この議論の非現実性を批判した。ただし，ルソーは『社会契約論』では，理由は不明だが，草稿でのこの記載を削除している。

▷4　⇨Ⅱ-7「モンテスキュー」

（参考文献）
ディドロ／ダランベール（桑原武夫訳編）『百科全書——序論および代表項目』岩波文庫，1995年。モーリス・クランストン（富沢克訳）『啓蒙の政治哲学者たち』昭和堂，1989年。

11 ヒューム

▷1　ヒューム（David Hume, 1711-76）

▷2　社会契約説
ホッブズ，ロック，ルソーに代表される，個人の自発的同意により国家の成立を説明する理論（⇨Ⅱ-5「ロック」）。日本の中学・高校の社会科の教科書では近代西洋における民主主義思想の起源として強調されてきたが，近年ではその意義も相対化されつつある。

▷3　コンヴェンション
「約束を守らなければならない」というルールを理解していない人に，そのルールの遵守を約束してもらうことはできないので，コンヴェンション自体は約束ではない。むしろ，相互の利益に対する無意識に近い気づきとでもいうべきものだろう。ヒュームは，同じボートに乗っている二人の人間が，お互いに言葉を交わさなくても，なんとなく一定の方向に漕ぎ出す例を挙

1 社会契約説の批判者としてのヒューム像

スコットランドの哲学者・歴史家，**デヴィッド・ヒューム**の名前は，最初の著作『人間本性論』（1739-40年）によって最も知られている。だが，この著作は著者の期待していた評判を得られず，その後は『道徳政治試論集』（1741-42年）や『政治論集』（1752年）で文筆家としての名声を獲得し，『イングランド史』（1754-62年）で広くヨーロッパに知られるようになる。

政治思想史においては，ヒュームは**社会契約説**の批判者として言及されることが多い。その要点は，歴史的批判と論理的批判からなる。前者は，明確な社会契約が行われた国は歴史上ほぼ存在しない，というものである。後者は，社会契約が成り立つ前に「契約（約束）を守るべきだ」という**コンヴェンション**（「黙約」とも訳される）が存在しなければならない，というものである。

2 功利主義・保守主義の先駆としてのヒューム像

これに関連して，さらに二つのヒューム像が出てくる。功利主義と保守主義の先駆者としてのヒュームである。コンヴェンションを通じて形成される社会制度・慣行によって，結果として大きな公共の利益が実現する，とヒュームはいう。また，私的所有の尊重や約束の遵守に対する義務感も，その違反から起こる混乱によって損なわれるであろう公共利益への共感から説明する。『人間本性論』以降，神や自然法といった超越的な原理への訴えかけを拒みつづけたヒュームにとって，公共の利益や効用は重要な鍵概念であった。

他方で，のちにベンサムは，自分は実現されるべき目標として効用を掲げるが，ヒュームは現状を説明するために効用を用いた，と述べている。この整理は，単純化されてはいるものの，たしかにヒュームは公共利益のみを重視したのではなく，むしろ安易な改革から生じる混乱を戒めることが多い。

この改革に対する慎重な態度は，社会契約説の批判者というイメージとあいまって，今度は保守主義の先駆としてのヒューム像を形作っていく。なるほどヒュームのいうコンヴェンションとは，公共の利益を目指す意識的な行動ではなく，長期にわたる無意識の行動の積み重ね，いわゆる「意図せざる結果」である。例えば**ハイエク**が，「自生的秩序論」の先駆者としてヒュームを高く評価する理由もここにある。

とはいえ，このようなイメージも一面的である。大著『イングランド史』の主題が「古来の国制論」（イングランドには古（いにしえ）より自由な国制が存在していたとする見方）に対する批判にあったことを忘れてはならない。私たちが目の前にある制度を尊重すべきなのは，それが途切れることなく連綿と続いてきたからではなく，偶然に左右されやすく不安定だからこそ，である。

なお，政治思想史において，ヒューム思想を共和主義との関連で捉え直す研究もあるが，ヒュームは民兵に対して好意的な発言をしたり，論説「完全な共和国に関する一案」において大共和国を提案する一方で，奢侈（しゃし）を危険視して市民の徳を重視する共和主義者とは一線を画している。この点における評価は，共和主義の概念規定によって変わってくるだろう。また，ヒュームにおける自然法学の伝統を強調する研究もあるが，自然法学の影響は同時代の多くの思想家に共通するため，ヒューム固有の特徴を描き出すのには十分ではない。

❸　ヒューム独自のスタイルから捉え直す

以上の多様なヒューム解釈が生まれてくるのは，彼の議論が，単一の原理（自由，権利，効用，伝統）を掲げることで見失われがちな側面を拾い上げつつ，なぜこういう事態が起こるのか，というメカニズムの説明に向けられることが多いからであろう。一言でいえば，ヒュームの政治思想には記述的傾向が強いのである。例えば「あらゆる統治は意見にもとづく」というヒュームの主張がある（論説「統治の第一原理について」）。なぜ大多数の人々が少数者の支配に従うのか。ヒュームはその解答を「意見」に求める。特定の王家に対する愛着も，ある体制を支持することから得られる利益も，ある統治が続いていることの正統性も，すべては多くの人々の意見に支えられているからだ，という。だが，ここから公論（パブリック・オピニオン）への信頼を導きだすのではない。ただ，統治とはそういうものだ，というだけである。

このような態度は，党派論や政体論などでも一貫している。ヒュームは党派の弊害を批判しつつも，利害・愛着・原理による党派の3種類に整理して，その機能を冷静に分析する。あるいは，フランス絶対王政を専政とみなす当時の英国における支配的な見方に対して，それを一定の法の支配が実現している「文明化された君主政」と評している。どの政体にもそれぞれの長所と短所がある，というのがヒュームのスタンスである。

そう考えると，ヒュームのいうコンヴェンションも，伝統的な制度を維持すべきだという規範的主張ではなく，社会制度の自然発生的な組織化の過程を記述したものだと解釈できる。事実，20世紀になって発展したゲーム理論における**調整ゲーム**[6]の先駆としてヒュームを評価する見方さえある。ヒュームが教科書的には社会契約説の「批判者」という消極的な形でしか捉えられてこなかった理由も，彼の思想のこのような特徴によるものと考えられる。（壽里　竜）

▷4　⇨Ⅱ-25「ベンサム」

▷5　**ハイエク**（Friedrich August von Hayek, 1899-1992）
オーストリア出身の経済学者・思想家。『隷従への道』（1944年）などの著作を通じて，大陸型の合理主義と設計主義を批判し，英国流の経験主義に基づく古典的自由主義を主張した。市場メカニズムをモデルに，意識的な計画によらない様々な社会制度を「自生的秩序」として説明した。

▷6　**調整ゲーム**
互いに十分な意思疎通ができない状況で，各プレイヤーに利益のある秩序が出現する過程を数理モデルとして表現するもの。

（参考文献）

D. フォーブズ（田中秀夫監訳）『ヒュームの哲学的政治学』昭和堂，2011年。坂本達哉『ヒュームの文明社会』創文社，1995年。犬塚元『デイヴィッド・ヒュームの政治学』東京大学出版会，2004年。

12 アダム・スミス

▷2　ストア派
古代ギリシアのゼノンを開祖とする哲学の一派で，古代ローマ時代に，セネカ，マルクス・アウレリウス，エピクテトスらのストア派哲学者が生まれた。ストア派の自己規制（自己の感情のコントロール）という発想に特にスミスは惹かれた。その影響は，後年の著作である『道徳感情論』にも現れている。ストア派のように自己の利益を優先させない姿勢は，多くの人には不可能だとスミスは考え，現実的ではないと考えていたものの，個人のあり方（倫理）としては優れたものがあると考えていた。

▷3　ハチスン（Francis Hutcheson, 1694-1746）グラスゴー大学道徳哲学教授。『美と徳の観念の起源』（1725年）や『道徳哲学体系』（1755年）などの著作がある。

1　初期の歩み

　経済学者で道徳哲学者の**アダム・スミス**[1]は，1723年にスコットランドのカコーディーに生まれた。当時のスコットランドは，イングランドとの合邦をきっかけとして，経済成長が始まっており，それがスミスの経済学の一つの背景となっている。1730年に地元の学校に入学後，**ストア派**[2]に親しんだ。

　1737年にグラスゴー大学に入学すると，スミスは**フランシス・ハチスン**[3]に師事する。ハチスンは**スコットランド啓蒙**[4]を代表する哲学者であり，グラスゴー大学では道徳哲学を教えていた。ハチスンの道徳哲学は，スミスに大きな影響を与える。とりわけ，ハチスンが，人間の道徳的能力として道徳感覚を説いたことは，スミス自身は道徳感覚を後に退けるものの，人間本性のあり方をスミスが構想する上で影響を与えた。1740年にスネル奨学金により，オックスフォード大学へ留学するも，古い学問体系に失望したといわれている。

2　『道徳感情論』

　1752年には，グラスゴー大学の道徳哲学教授に選出されている。そこで執筆されたのが，1759年に刊行された『道徳感情論』であった。それは，人間本性には，利己性のみではなく，他人への同情の気持ちも備わっていることを説いている。同情や思いやりを可能にするのが「同感（sympathy）」である。同感は，それ自体利他心ではない。同感とは，何の利害関係もないのにドラマや小説の主人公に感情移入するように，想像上で立場を交換することを指している。この同感により，他人のなしたことについて自分も同じ立場であればしただろうと思うとき，人はその他人の行為を是認し，逆の場合は否認する。逆に私たち自身も，他人から，自分たちの行為が是認と否認の対象となっており，そのことの自覚から，私たちは，他人に自分の行為と感情表現が是認されるようにし，否認されないようにする。そのことから，他人の憤りを招くことになる行為は慎もうとする。他人への侵害行為は，憤りを招き，侵害した人への処罰感情が芽生える。この処罰感情が，正義の起源である。正義とは，怒りの感情に由来するものである。そうであるがゆえにそれは，暴発しやすい。感情の暴発をせずに，自分をコントロールすること（自己規制）を，人は，他人に同感を得ようとする中で覚える。こうして，他人の視線で自分を眺めることができる

ようになると，人は常に公平に自分の行動を制御する公平な観察者の目線を獲得できる。

　正義はまた，法律や政治学の起源でもある。スミスは，グラスゴー大学で道徳哲学の講義をしていたが，その大部分は自然法学の講義であった。スミスの法学体系は，プーフェンドルフのように義務から始めるのではなく，人間の自然権に基づいていることが特色であり，なおかつ，狩猟，牧畜，農業，商業と段階的に社会は発展し，適合的な法も段階ごとに異なるという4段階理論を広範に採用していることも特色である。

　スミスはまた，利己心も，それが合理的かつ他人を侵害しない形で発露されたならば，道徳的是認の対象になると考えていた（慎慮）。こうして，経済行為を道徳的に肯定するところに，スミスの道徳哲学の特色が現れている。

３ 『国富論』

　1764年にはグラスゴー大学を辞め，バクルー公の家庭教師として，フランス等に赴いた後，1776年に『国富論』を刊行している。そこでは，職業分化（社会的分業）と工場内分業からなる分業を原理として，経済の生産性は発展すること，分業は，市場の広さに由来することが説かれる。その上で，価格の上下により需給が調整され，需給が一致する点に自動的に辿り着くという**価格の自動調整メカニズム**が打ち出された。そこで決定される市場価格は，労働に基づく商品本来の値打ち（労働価値説）を示す自然価格と一致する。

　経済成長により，資本間の競争が激しくなり，賃金が高騰することから，高賃金を成長を示すものとして肯定している。また，資本は，利潤が増加すると資本の参入が増加し，競争が増加し，やがて利潤率が低下すること，逆に，利潤が下がると，資本の撤退が増え，やがて利潤率が上がり，利潤率は自然的にある水準に落ち着くことが説かれている。経済は，防衛，司法，公共事業・教育などを国が行えば，自由に任せておいてもうまくいくことをスミスは説いたとされる（自然的自由の体系）。個人の利己心の自由な振る舞いの結果社会の利益が生じるという「見えざる手」の論理は，スミスが主張したともされる。しかし，スミス自身は，自由放任論者ではなく，国の役割や制度の必要も認識している。公共に市民が積極的に従事することをスミスは重視していたのであり，その点でスミスは共和主義の系譜に位置づけることもできる。

　ただ，スミスは，経済メカニズムを国家の介入により歪めることには反対の立場であった。重商主義は，国家の介入（保護貿易など）により，経済の成長を図ろうとする立場だが，スミスは反対していた。スミスの時代は，英仏が覇権を争った七年戦争（1756〜63年）のように，貿易の利益を巡り国家が争い戦争する時代であった。他国の貿易の利益に嫉妬し，妨害しようとする「貿易の嫉妬」（デヴィッド・ヒューム）の時代に生き，それに反対していた。（野原慎司）

▷4　スコットランド啓蒙

デヴィッド・ヒューム，ケイムズ卿など，人間・社会をはじめ多方面にわたり知的革新を起こした知的運動。大学を拠点とすることが一つの特徴であった。

▷5　スミス講義の学生によるノートが後に発見され，『法学講義』として出版されている。

▷6　価格の自動調整メカニズム

財市場において，需要と供給が一致しない場合，価格が変動し，自動的に，需要と供給が一致する点に価格は落ち着くという理論であり，市場メカニズムの原理でもある。

▷7　J. G. A. ポーコック（田中秀夫ほか訳）『マキァヴェリアン・モーメント──フィレンツェの政治思想と大西洋圏の共和主義の伝統』名古屋大学出版会，2008年。

▷8　I. ホント『貿易の嫉妬』。

（参考文献）

内田義彦『経済学の生誕』未来社，1953年。高島善哉『アダム・スミス』岩波新書，1968年。I. ホント（田中秀夫監訳）『貿易の嫉妬』昭和堂，2009年。

13 カント

プロイセン王国ケーニヒスベルクの哲学者。『純粋理性批判』（1781年），『実践理性批判』（1788年），『判断力批判』（1790年）によって，批判哲学を構想した。批判とは，人間理性の能力の限界を確定することを意味する。

▷2　定言命法
行為を指示する話法（命令法）には，「〜ならば…せよ」という条件付きの命法（仮言命法）と，「…せよ」という無条件の命法（定言命法）がある。カントは普遍的な道徳法則として妥当するのは後者しかないと考えた。定言命法の典型的公式は「普遍的法則になることを同時に意志できる格率のみにしたがって行為せよ」である。定言命法は，その原則（格率）が万人に例外なく妥当しうる行為のみが道徳的に正しい義務であると示す。こうした議論は『人倫の形而上学の基礎

1 人間の自律

イマヌエル・カント▽1は近代哲学の礎を築いたことで，思想史上に傑出した地位を占める。晩年の仕事である政治的著作には『理論では正しいかもしれないが実践の役には立たないという俗言』（1793年）や『永遠平和のために』（1795年），法・政治哲学の体系をなす『人倫の形而上学・第1部・法論の形而上学的定礎』（1797年）がある。これらには理論的探求とともに，フランス革命をきっかけにプロイセンで巻き起こっていた政治的論争への応答もみられる。

カントの法・政治哲学はその道徳哲学を基盤としている。中心にあるのは，理性は**定言命法**▽2と呼ばれる道徳法則を作ることができ，人間はそれに自ら従うことができる自律した存在だという洞察である。カントは自律から，人間が生まれながらに自由の権利を平等にもつことを基礎づけた。もし他人の一方的な強制下に置かれるなら，自らの理性が立法する道徳法則に自ら従うという自律は不可能になるだろう。それゆえ，人間には他人から不当な強制を一方的に受けないという意味で，自由の権利が平等に認められなければならない。

2 契約論の刷新と共和政の理念

カントはこうした自由の権利を前提とし，あるべき規範的な国家を導出した。カントも初期近代自然法論の流れを汲むが，そこには重大な違いがみられる。第一に自然状態は，利己的（ホッブズ）▽3，社交的（プーフェンドルフ）▽4といった人間本性を措定せず，むしろそれを度外視した上で，単に国家が存在しない状態として論理的にのみ考察される。第二にカントは，自然状態は人々に不利益をもたらすがゆえに，国家設立の契約を結ぶことが合理的であるという議論を採らない。むしろ自然状態は，人間がどれほど善良であったとしても，相互に権利侵害を免れえないという意味で正義を欠いた状態であり，そこからの脱出は義務であるとされる。それゆえ，国家に服従すべき理由は従来の契約説とは異なり，人々の国家設立への同意には求められない。自然状態はそこに留まり続ける限り不正がなされることになる，ア・プリオリに正義を欠いた状態だからこそ，そこから脱出して国家に服従すべきなのである。

それではどのような国家であれば人々の自由権を保障しうるのか。第一に重要なのは，法律が正義に適っているということである。法律は人々の自由を規

制する以上，法律が人々の意志と合致しなければ（同意を得られなければ）自由は侵害される。それゆえ万人の意志と合致している（少なくとも同意できない人が存在しない）のであれば，法律は正義に適うといえる。ここにはルソーの一般意志論からの影響がみられるが，カントは，万人の合致した意志（一般意志）を事実ではなく規範的理念とみなし，正義の試金石として位置づけた。万人の意志の合致は根源的契約の理念と呼ばれ，ここにおいて契約論は支配の正統性ではなく支配の正義を調達する原理へと転換されたといえる。

　第二に，法律と万人の意志の合致を制度上可能にする人民主権が必要である。人民が自ら立法を行う地位になければ，万人の意志と合致する法律を作ることはできない。こうしてカントは，前国家的に認められる自由の権利から，自らが同意した法律以外には従わないという人民の集合的な自律を導出する。第三に，人民が立法権をもつとしても，法律の執行も同じ人民が行うとすれば，法律は恣意的に適用されてしまうだろう。そのため，立法と執行（行政・裁判）は異なる人間が担わなければならない。

　こうした人民主権と権力分立を備えた国家を，カントは共和政と呼ぶ。それは万人の自由の両立を可能にする原理として導出された規範的な理念である。共和政の理念は現行国家の支配者を拘束し，共和政へ向けた改革を進めることを義務づける。当時のプロイセンは君主政であったが，カントは革命ではなく上からの改革による共和政化を主張している。主権の絶対性と矛盾することになるため人民には抵抗権は認められず，抵抗が革命に至るなら正義を欠いた自然状態が回帰することになるからである。

3　国際秩序構想

　さらに，人々の自由の権利は他国との関係にも左右される。国家間関係が自然状態にある限り，国内の人民の権利は他国の脅威に晒され続ける。そのためカントによれば，諸国家もまた自然状態を脱出するべく国際連盟を設立しなければならない。国際連盟は加盟国が集団安全保障を採り，また互いの紛争を解決するために契約によって設立される機関である。さらに，カントは諸国民の民間交流の規則として世界市民法を構想してもいる。世界市民法は人々の自由な移動を訪問権として保障する一方，支配を目的として他国に踏みこむことを禁止する。こうした国際秩序構想の背景には，一連のフランス革命戦争やポーランド分割，西欧による植民地支配への批判がうかがえる。

　従来，カントの政治思想としては啓蒙論（ハーバーマス），判断力論（アーレント），道徳哲学（ロールズ）に関心が集中してきたが，近年ではカント本来の法・政治哲学が思想史の観点から再評価されるようになってきている。

（網谷壮介）

づけ』（1785年）や『実践理性批判』で展開されている。行為の道徳性を帰結ではなく義務との合致に求めるカントの道徳哲学は，功利主義と好対照をなす。⇨ Ⅴ-1「功利主義」

▷3　⇨ Ⅱ-3「ホッブズ」

▷4　⇨ Ⅱ-6「プーフェンドルフ」

▷5　⇨ Ⅱ-9「ルソー」

▷6　カントは自らの理性を用いて思考しうることを啓蒙と呼んだ。啓蒙を促進するには，自ら一人の学者として理性を行使し，その成果を公表するという，理性の公的使用の自由がなければならないとされる。

▷7　⇨ Ⅲ-13「ハーバーマス」

▷8　⇨ Ⅲ-9「アーレント」

▷9　⇨ Ⅳ-1「ロールズ」

（参考文献）
W. ケアスティング（舟場保之ほか監訳）『自由の秩序』ミネルヴァ書房，2013年。金慧『カントの政治哲学』勁草書房，2017年。網谷壮介『カントの政治哲学入門』白澤社，2018年。斎藤拓也『カントにおける倫理と政治』晃洋書房，2019年。

14 ハミルトン

① 初期共和政とハミルトン

　アレクザンダー・ハミルトン[注1]は，西インド諸島ネイヴィス島に生まれ，商人であった父親の仕事を手伝うため西インド諸島セント・クロイ島で少年時代の多くを過ごした。10代の初め頃に植民地時代のニューヨークに移り住み，1773年にキングス・カレッジに入学し，弁護士資格を得た。

　彼は学生時代からイギリス本国政府と北アメリカ植民地の関係についての積極的な言論活動を展開し，またフランス語に堪能であったことから大陸軍総司令官のジョージ・ワシントンの目に留まり，1777年以降はその副官として独立戦争に参加している。

　アメリカ合衆国の独立後は，1787年のアメリカ合衆国憲法制定会議にニューヨークの代議員として出席し，憲法案の作成に参加するとともに，その憲法案に示される政治理論を解説し，アメリカ各邦にその批准をうながした連作論文『ザ・フェデラリスト』の最も活発な執筆者となった。

　1789年にジョージ・ワシントンが初代大統領に就任すると財務長官として，独立戦争直後のアメリカ合衆国の財政制度，通貨制度の確立に尽力するとともに，**公信用**[注2]の確立，国立銀行の設立，製造業の育成などについての報告書を作成し，通商国家としてのアメリカ合衆国の設立を目指した。しかし，彼の新国家構想は，農業国家としてアメリカ合衆国を構想するトマス・ジェファソン派の人々との軋轢を招き，ジョージ・ワシントンの大統領退任後は，公職から離れることになった。

② 『ザ・フェデラリスト』に示されるハミルトンの連邦政府構想

　アメリカ政治哲学の古典的名著とされる『ザ・フェデラリスト』は，ハミルトン，ジェイムズ・マディソン，ジョン・ジェイの3人による85篇の連作論文集である。ハミルトンは，このうち51編を執筆しており，さらに3編をマディソンと共同執筆しているので，本論文集の主要著者と位置づけられよう。アメリカ合衆国憲法は，独立戦争の終盤に締結された1781年の連合規約の改正という名目で作成されたものであった。アメリカ独立戦争は，1776年にイギリス領北アメリカ植民地13邦がイギリス本国からの分離・独立を主張したことによって始まり，連合規約は，13邦のより強力な統合を目指したものである。しかし，

▷1　ハミルトン（Alexander Hamilton, 1755–1804）

スコットランド人の父親とフランス人ユグノーの母親との間に生まれた。10歳の頃父親を，さらに12歳の頃には母親を亡くして孤児となったが，地元の牧師にその才覚を認められ，人々の援助によりアメリカ大陸に渡った。第3代大統領選挙をめぐる政争の中で，政敵となったアーロン・バーとの決闘により1804年に死去した。

▷2　公信用
アメリカ史の文脈における公信用とは，国債を発行できる権能を示す。統合的な国家体制が整っていなかったアメリカ合衆国では公信用の確立が急務であった。

連合規約に基づいて構成された連合会議は，諸邦に対する課税権と通商規制権を有していなかったため，およそ統一的な国家的政府としての機能を完備していなかった。それゆえ同書は，統合国家としてのアメリカ合衆国を創設するに当たって連合規約の不備を強調すると同時に，憲法案の妥当性を主張するためにあらゆる角度から，憲法案反対派への論駁と憲法案の弁明を行っている。

『ザ・フェデラリスト』における最も活発な執筆者であったハミルトンの主張は，アメリカ連邦政府における**執行権**の確立であった。彼は植民地創設以来，独自の主権的権限を有する諸邦によるアメリカ合衆国のあり方をヨーロッパにおける諸国間の同盟，あるいは中世における封建王政の分立と類比して批判し，単一のより強力な執行部の創設を主張したのである。

同書の共同執筆者であるマディソンは，あくまで既存の諸邦の権限を留保した上で，小さな共和国における多数者の専制を抑制するために，大きな共和国が有益であることに議論の力点を置くことで統合国家の創設を正当化し，諸邦の強力な立法部を抑制するという観点から連邦行政権力の構築を提言している。これと比較するとハミルトンの主張は，当時の共和主義の論法から積極的に逸脱し，行政国家の創設を大胆に主張していたことがわかるのである。

③ 権利章典を契機とした党派対立の発生

ハミルトンは，『ザ・フェデラリスト』の第84編において，憲法案には権利章典が含まれていないという反対論に対して，憲法それ自体が権利章典であるとして，それを憲法案に盛り込むことが単一の執行権の創設の障害になると論じた。これは第73編において大統領の拒否権の必要性を主張し，行政権力の立法権力への関与に不安を抱く人々の反対論の根拠の一つとなっていた。

マディソンは，第45編において連邦政府は憲法に列挙された権限を有するのみで，州にも十分な権限が留保されているという観点から，同様に権利章典をあえて盛り込む必要はないとしていたが，ハミルトンは列挙条項をマディソンのように厳格なものとは考えていなかった。列挙条項についての両者の微妙な違いは，1789年のワシントン政権発足時の第一議会で明らかとなる。

初代財務長官ハミルトンは国立銀行設立法案を提起した。しかし連邦政府が国立銀行を設立する権限を有することは，憲法には明記されていなかったのである。ハミルトンはそれを行政権力の運用に依存すると主張したが，これがアメリカ合衆国憲法に権利章典と呼ばれる修正1条から修正10条を追記する契機となった。そして，フェデラリスツとリパブリカンズという党派抗争の始まりとなったのである。ただし，この党派抗争の過程で，憲法の最高法規としてのあり方が再確認され，連邦最高裁判所における違憲立法審査制が実質を有するようになったことは注目されるべきである。　　　　　　　　　　（石川敬史）

▷3　執行権
行政権・立法権・司法権という三権分立における狭い意味での行政権を超えて，立法にも影響をもつ権力を意味している。

▷4　特にマディソン執筆による『ザ・フェデラリスト』の第10編，第47編，第48編を参照のこと。

▷5　⇨Ⅴ-4「共和主義」

▷6　アメリカ合衆国憲法は，列挙条項型の構造をもち，政府ができることを列挙している。では憲法に明記されていない行政行為を政府は全くできないのか，あるいはより機能的な行政の目的において，必要にして十分な理由があればできるのか，という見解の違いがアメリカ合衆国における党派対立の最初の争点となった。

（参考文献）
中野勝郎『アメリカ連邦体制の確立』東京大学出版会，1993年。田島恵児『ハミルトン体制研究序説』未來社，1984年。

15 バーク

▷1　バーク（Edmund
Burke, 1729/30–97）

イギリスの政治家，政治思
想家。アイルランドのダブ
リン生まれ。『自然社会の
擁護』（1756年）と『崇高
と美の観念の起原』（1757
年）で文人として出発した
のち，政界に転身し，1765
年に下院議員となる。1789
年に隣国フランスで革命が
勃発すると，『フランス革
命の省察』で全面的な批判
を展開した。
▷2　バークによれば，理
性によって正当化される
「自然権」は，「あたかも濃
密な媒質に差し込んだ光線
にも似て，共同生活の中に
入るや，自然法則によって
直線から屈折させられ」，
「形而上学的な真理である
のに比例して，道徳的また
は政治的には虚偽となる」
（半澤孝麿訳『フランス革
命の省察』みすず書房，
1978年，79頁）。
▷3　プライス（Richard
Price, 1723–91）
イギリスの牧師，神学者，
政治思想家。自由を自己統
治とし，人民主権を唱えて，

1 バーク解釈の変遷と多様性

　20世紀初頭以来，とりわけ冷戦期以降，**エドマンド・バーク**は『フランス革命の省察』（1790年）をもって，保守主義の原点に位置づけられてきた。しかし，19世紀以来の解釈史を顧みれば，バークは，都度の状況に応じて，民主主義者，リベラリスト，功利主義者などとして，一様ではない称賛ないし批判の的となってきた。近年では，「保守主義者バーク」という先入観の見直しが進められ，バークの言説群から，無条件に一部を抽出して，保守主義の理論的な根拠に据えることは，思想史的にはもはや不適切となっている。

2 「実践」の政治学

　かように評価や解釈の振幅が大きなことの原因の一つは，初期の『崇高と美の観念の起原』を例外に，バークの思想における理論的な体系性への志向の欠如にある。こうした性格は，しかし，バークの政治思想の重要性を貶めるものではなく，むしろ，その政治言説に固有の特長をなしている。

　「活動の場の哲学者」を自称するバークは，哲学的な探究を全面的に排除しない。しかし，活動すなわち実践を本旨とする政治において，体系的な思弁を司る「理性」がイニシアティヴをとることは常に否定される。実践は，抽象的な真と偽ではなく，複雑な政治社会の善と悪の問題を扱う。現実の政治問題において求められるのは，普遍的な正解ではなく，状況に応じた最適解である。実際の権利と利益の保全は，多様な善の間の均衡において，そして「ときには善と悪との，さらには悪と悪との妥協」によって可能となる。あえて原理化すれば，こうした実践において作動するのは「便宜」の原理である。

　便宜の原理に司られる実践は，理性の行使や理論の適用ではなく，「深慮」の発揮となる。何より重要なのは，権利の所在いかんではなく，権利を扱う際の思慮深さである。こうした信念から，政治家バークは，理論的な矛盾さえ恐れず，聴衆や読者を感情的に揺さぶり，効果的に説得するレトリックを臨機応変に駆使した。美学者でもあったバークにとって，政治の主体と客体としての人間に関して重視されるべきは，現実という拘束から自由な理性ではなく，具体的な状況と不可分な感覚，感性，そして感情である。

③「理論」としての古来の国制論

　してみれば，フランス啓蒙思想の影響の下，理性と人権を掲げて旧体制の打倒に着手したフランスの革命派の動きを，またそれ以上に，そうした動きへのイギリス国内の同調者を，バークが批判したのは当然のように思われる。ところが当時，バークのフランス革命批判は，多くの反批判を招いただけでなく，変節とさえ非難された。というのも，かつてのバークは，国王ジョージ3世による親政を批判し，イギリス本国による恣意的な植民地統治の改革にも尽力したことから，人民の友にして自由の闘士とみなされていたからである。

　しかし，バークにとっての自由は，実践の積み重ねによって形成されてきた慣習的制度としての「国制」によってこそ保証される。バークの植民地統治批判は，各植民地の慣習を蹂躙するイギリス政府に向けられたものであり，フランス革命においては，同じことが，ブルボン王朝の統治に対し，革命派によって推し進められた。いずれの場合も，統治権や自然権を掲げ，真の自由の母胎たる慣習を破壊する暴挙が標的である点で，バークの批判は一貫している。

　この観点からすれば，実践優位のバークの政治思想にも，一定の理論が存在することになる。その一つが「古来の国制」論である。バークによれば，フランス革命を歌迎した **R. プライス**[43]らの理解とは異なり，17世紀末の名誉革命は，自然権の行使としてではなく，「われらが古来の疑問の余地なき法と自由を維持するため，また，法と自由に対するわれらが唯一の保証たる統治の古来の国制を維持するためになされた」。古来の国制は，記憶を超えた遠い過去に由来する古来の法としての**コモン・ロー**[44]に体現されている。そこで保証されるのが，人間の権利ではなく，古来のイギリス人の権利であり，その担保となるのが，世襲と定められつつも「議会の中の王」として制限された王権である。

　こうした古来の国制は時効（時間の検証）を経て，正当性と正統性を帯びながら慣習と化しつつも，決して硬直化することなく，生命的な一つの有機体として絶えず成長を続ける。それゆえバークによれば，国家とは，死者と生者と未生者の間の，時間をこえたパートナーシップを意味する。国家のみならず，商業や社交の活発化によって発展する**文明社会**[45]も，古来の世論と作法に支えられるとバークはいう。そこに潜在するのは，無数の先人たちの自然な感情の蓄積としての「偏見」であり，それは逆説的にも理性と知恵に満ち溢れている。

　また，無神論が展開されたフランス革命とは対照的に，バークにとって，宗教は文明社会の礎であり，教会制度は偏見の最たるものである。古来の国制の成長と文明社会の発展に，神の「摂理」の作用をみるバークの政治思想のさらなる理解には，その宗教思想についての解明が不可欠となるだけでなく，「保守主義者バーク」という解釈の適否と，保守主義の理論的な可能性および限界とを見定める際の最重要の鍵ともなろう。

（佐藤一進）

フランス革命支持の論陣を張り，バークとの論争を闘った。

▷4　コモン・ロー
制定法と対比される判例の集積からなる慣習法。本来は，ノルマン・コンクェスト以来のイングランド全体に共通の法を意味していたが，17世紀に E. コークらによって，マグナ・カルタを根拠として王権を制限する統治の基本法にして最高法とされた。

▷5　文明社会
武力や宗教的な熱狂が支配する野蛮状態と対比され，法の支配の下，盛んな社交によって穏和な礼節と作法が浸透することで，人々が平和かつ豊かに共生する社会。とりわけ，シャフツベリ，F. ハチスンに始まり，D. ヒュームや A. スミスらを輩出したスコットランド啓蒙思想において，社会的分業の確立と，商業と貿易の興隆は文明社会化の重要な原動力とされた。なお，理性よりも感情による社会の紐帯を強調したスコットランド啓蒙思想は，バークの美学と文明社会観にも影響している。ただし，封建制を特徴とする中世や，古来の国制論に関する評価については，ヒュームやスミスと，バークとの間の相違も少なくない。

（参考文献）

J. G. A. ポーコック（田中秀夫訳）『徳・商業・歴史』みすず書房，1993年。L. シュトラウス（塚崎智・石崎嘉彦訳）『自然権と歴史』ちくま学芸文庫，2013年。中澤信彦・桑島秀樹編『バーク読本』昭和堂，2017年。

16 コンドルセ

▷1　コンドルセ（Marie
-Jean-Antoine-Nicolas de
Carita, Marquis de Con-
dorcet, 1743-94）

▷2　ダランベール（Jean
Le Rond d'Alembert,
1717-83）
フランスの数学者，哲学者。
ディドロとともに『百科全
書』の編集を担った。

▷3　⇨Ⅱ-8「ヴォルテ
ール」

▷4　テュルゴ（Anne-
Robert-Jacques Turgot,
1727-81）
フランスの思想家，行政官。
ルイ16世治下，財務総監と
して穀物取引の自由化やギ
ルドの廃止などの王政改革
に取り組んだ。

1 生涯と著作：科学と政治の世界の架橋

フランス北部の古い貴族の家系に生まれた**コンドルセ**[1]は，早くから数学の才能を示し，**ダランベール**[2]の後押しを受けて弱冠26歳にしてパリ王立科学アカデミー会員に選出される。以降，1776年からは終身書記として，革命期に科学アカデミーが廃止されるまで，その職務に邁進した。

一方で，「最後の啓蒙思想家」と評されるコンドルセは，ヴォルテール[3]や**テュルゴ**[4]ら同時代の知識人と親交を深め，当時のフランス社会が抱える司法や政治，行政の問題にも熱心に取り組んだ。またフランクリンやジェファソンらアメリカ建国期の知識人との交流を通じては，独立間もないアメリカ社会への関心を高め，アメリカを参照しながらフランスの将来について考察する視座を得た（『アメリカ革命のヨーロッパに対する影響』1786年）。さらに黒人奴隷の問題や女性の市民権についても，早くから問題提起を行ったことで知られている。

革命期には議員としての活動に加え，『人権宣言』（1789年），『公教育に関する覚書』（1791年），『憲法草案』（1793年）などを執筆し，新しいフランス共和国の政治構想を提示した。やがて革命が急進化する中，ジロンド派との繋がりからコンドルセにも逮捕状が出されると，長期に及ぶ潜伏生活に入った。その間に執筆された『人間精神進歩の歴史表の素描』（1794年）は，人間社会の進歩への揺るぎない信頼を示したコンドルセの思想を代表する著作として，後世に読み継がれることになった。18世紀を「知の交流」の時代と捉え，自らそれを牽引したコンドルセは，科学と政治の世界の架橋を試みた思想家といえる。後に社会科学と呼ばれる分野である道徳・政治科学への問題関心に即して，その点についてみておきたい。

2 自然科学と道徳・政治科学

人間の精神活動に関わる道徳や社会，政治の領域にも事実の観察・収集に基づく自然科学の方法を用いることで，より確実な知識を得ることができる。それは諸学問の一層の発展を促し，人間の幸福にも繋がるだろう。コンドルセの道徳・政治科学の探究はこうした見通しに支えられていた。彼の学問分類の特徴は，自然科学と道徳・政治科学がいずれも，数学をモデルとする確実な知を追求するデカルト的な自然学とは区別され，蓋然知の領域に属するとされる点

にある。そして数学者であるコンドルセは，人間の理性を補完し，その判断・行動の指針となりうる確率論の法的・社会的課題[5]への応用に対して積極的であった。また多数決の抱える問題[6]を指摘し，その解決も試みている。

　人間知性の限界を見極めたとしてロックの哲学[7]を高く評価しながら，コンドルセもまた人間の可謬性や社会の不確実性を見据え，そうした認識の下に新たな政治社会の制度を構想するのである。

③　政治社会像

　18世紀後半のフランスでは，新たな課税や司法改革をめぐり，王権と高等法院[8]のあいだの緊張が高まっていた。またそこにはフランス国制をめぐる理解の対立も重なった。モンテスキュー[9]の思想を後ろ盾に，王権の専制化に対して自由の守り手を自任する高等法院の存在は，王権にとっては，秩序や公共の利益を脅かす特権階級であり，改革への抵抗勢力と映った。

　こうした中，テュルゴ改革に関わり挫折を経験したコンドルセは，一貫して高等法院に対決姿勢を示し，「高等法院の貴族政」からの脱却を目指していく。彼はまず，身分区別を廃した平等な代表制の原理に基づく地方行政議会の構想に取り組み[10]，将来の国民議会の開設までの道筋を展望した。また社会の変革には制度の改革のみならず市民の教育も不可欠であると考え，地方議会論と革命期の共和国構想のいずれにおいても，公教育[11]について具体的な構想を示した。

　コンドルセの政治社会像の特徴は次のような点にある。「真理は独占されてはならない」との視点に立つコンドルセは，科学の世界と同様に政治社会においても，知と権力の固定的な結びつきや権威の絶対的な信奉という態度に対して，常に警戒の目を向けていた。そして学問や社会の発展に寄与した天才など個人の才能を評価する一方で，良識（bon sens）を備えた多数の人々の判断力に期待をし，他者の才能の承認が他者の意思への従属的な関係をもたらすことのない，自由な人間からなる社会を思い描いた。

　政治家と市民の関係については，その信頼関係の根拠を常に問い直す姿勢や事物の反省的契機が重視され，権力に対する市民による異議申し立て，憲法や法の改廃の権利，執行府の公選制や合議制などが提案された。いかなる制度も人為的なものである限り誤謬を免れないとの考えから，法律への服従も「暫定的な服従」であることが強調された。また英国に倣った権力均衡論および二院制立法府に対して懐疑的なコンドルセは，それに替えて，毎年改選される一院制立法府とその選出母体であり人民の平等な主権行使の場とされる全国の一次集会による権力の監視の仕組みにより，自由な国制を維持しうると考えた。このような政治社会像は，革命期に活動をともにしたシィエスとは，英国流の二院制批判や公権力の垂直的統制への視点などを共有するものの，シィエスの政治的分業に基づく代表制論[12]からは距離を置くものといえる。　　（永見瑞木）

▷5　失踪者の財産相続，終身年金，航海保険，裁判の証拠，証言の信憑性，議会の構成など。

▷6　集合的意思決定において，選択肢が三つ以上あるとき，ペアごとの多数決の結果を集計すると循環が発生して決定不能に陥るという「投票のパラドクス」として知られる問題。

▷7　⇨Ⅱ-5「ロック」

▷8　⇨Ⅱ-2「ボダン」

▷9　⇨Ⅱ-7「モンテスキュー」

▷10　『地方議会の構成と役割についての試論』1788年。

▷11　⇨Ⅴ-28「公教育」

▷12　⇨Ⅴ-14「代表」

(参考文献)

隠岐さや香『科学アカデミーと「有用な科学」』名古屋大学出版会，2011年。永見瑞木『コンドルセと〈光〉の世紀』白水社，2018年。

17 ド・メストル

▷ 1　ド・メストル（Joseph de Maistre, 1753–1821）

サヴォア出身の法律家・思想家・外交官。若き頃より精力的に読書をし，ギリシア・ローマの古典や，同時代の主に英仏の啓蒙思想に親しむ。フランス革命勃発当初には態度を決めかねていたが，1792年の革命軍によるサヴォア侵攻の折に亡命を決意し，反革命の立場を選ぶ。『フランスについての考察』によって，反革命派の理論的支柱として名を馳せたのち，サルディニア王国の外交使節として長くロシアに留まり，当地の立憲論争にも関与する。王政復古後に祖国に戻る際には，フランス国王ルイ18世に謁見するも歓待されず，また帰国後に公刊した『教皇論』も教皇自身から退けられている。実際の反革命陣営は，メストルの理論的な反革命思想とは距離を取っていたと考えられる。

▷ 2　⇨ II-15「バーク」
▷ 3　⇨ II-19「コンスタン」

1　反革命論：超政治的な秩序構想

ジョゼフ・ド・メストル[1]は，サルディニア王国サヴォア出身の反革命思想家である。フランス革命によって祖国を追われたメストルは，各地を転々とする亡命生活の中で，1797年，革命を批判する論稿『フランスについての考察』を著し，一躍反革命派の旗手として名を高める。その後，長く拠点を定めたロシアにおいて宗教的かつ文学的な作品を残すと同時に，王政復古後の晩年には教皇権力の復興を説く『教皇論』を著した。同じく革命を批判したバークの保守思想の影響を受けながらも[2]，人間の秩序をより徹底して神の手に委ねるその宗教的な政治思想は，政治対立の深刻化した時代に生まれた超政治的な秩序構想の試みとして，異彩を放っている。

メストルが著述家として世に出たのは，恐怖政治後の総裁政府下においてである。この時期の政治的課題は，急進化した革命をいかにして終息させ，安定した秩序を実現するかにあった。コンスタンら共和派は[3]，一方で革命の行き過ぎを抑制しつつ，他方で反動としての反革命を防ぐために，現存の共和政府を支持する論陣を張った。この思潮に対して，メストルは，君主政の回帰をもたらす「反革命」を理論的に擁護する小品『考察』を公刊する。

同書において，メストルはまず，それ自体は政治的であるフランス革命という出来事に，宗教的意味づけを与える解釈を提示する。いわく，人間はそもそも神の手の中にある「自由な奴隷」であって，「摂理」の導きによって知らずして秩序を成立させている。だが，革命は，人間による自律的秩序の構築を説く啓蒙思想に触発されて，この摂理的な秩序に対する叛逆を試みた。革命が陥った恐怖政治をはじめとする苦難の数々は，それゆえ，神に背いた人民へと下されたいわば「神の罰」なのである。

しかし，メストルの主眼は，単に革命を宗教的に断罪することにではなく，むしろそれに続く君主政の回帰という反革命を，神的な導きによる和解の過程として提示することにあった。すなわち，およそ優れた罰というものが，罪の悔い改めによる更生を促すものであるように，フランス人に対する神の罰としての恐怖政治もまた，実はその後のフランスを浄化された秩序へと「再生」させるために与えられた治療としての痛みである。それゆえ，この後に待ち受ける反革命は，それ自体暴力的なものではありえず，病からの恢復のごとき秩序

の再建への穏やかな道行を辿るであろう。このようにメストルは，反革命という政治的概念を，むしろ政治的闘争そのものを超克するような摂理という宗教的視点において捉え直し，革命の苦境からの救済の方向を示そうとするのである。

2　権力論と宗教論：反時代性の魔力

　しかし，それではメストルは，なぜ君主政こそが革命後に望まれる秩序であると唱えるのであろうか。彼はそれを『考察』以前の草稿において，人民主権論への批判を通じて説明している。いわく，人民が主権を握る人民主権体制では，理論的には全員が主権者であるが，しかし実質的には一部の統治者が人民の名において支配する「人民の君主政」が成立する。そしてこの統治者は，人民の意志を体現するとみなされるがゆえに，結果として一切の制約のない専制支配をなしうる。これに対して，一人の君主が主権を担う文字通りの君主政では，君主はあくまでもその道徳性に自己の統治の正当性を負うがゆえに，この道徳に背いた恣意的な統治に対してはおのずと抑制的にならざるをえない。彼が君主政を擁護するのは，こうした権力制限論の視点においてなのである。

　メストルは，ナポレオン支配を経て王政復古がなされた時期には，この権力制限論を，ヨーロッパ規模の制度的な枠組みに則して展開するようになる。すなわち，1819年に公刊された『教皇論』では，各国の君主による主権の濫用を監視する役割として，ヨーロッパの道徳性を担うカトリック教会，そして究極的にはその首長たる教皇の権威の復興が——中世カトリシズムの秩序を「発見」することによって——主張されるのである。

　近代の主権国家体制が樹立された時代において，なおも教皇の中世的役割を期待するメストルの構想は，教皇庁によってさえ疎まれるほどに反時代的であった。しかし，あらゆる政治的立場を超えて純化された宗教性こそが，結果として政治的威力を揮って秩序の要となるという発想それ自体は，革命後の秩序を模索する人々にとっての大きな刺激の源泉となっていく。

　だが，メストルの思想としてより息の長い影響力をもったのは，むしろそうした宗教の公共性に対する自己懐疑の視点であったともいえる。晩年の対話篇『サンクトペテルブルク夜話』（1821年）において，彼は，世界を「愛の神」の司る道徳的な秩序とみる「伯爵」と，それに真っ向から異論を唱える「上院議員」を登場させる。そして後者をして，この世界は人間の苦しみそれ自体を欲する，非道徳的な「怒れる神」の支配下にあるといわしめているのである。人類の相互殺戮に神々しさを見出す悪名高い戦争論は，あくまでもこの上院議員の口から語られたものである。しかし，この世界観こそが，神を「悪」と断ずるプルードンの反神論的アナーキズムや，ボードレールの悪魔主義へと，政治性を超えた感化力を発揮していくことになるのである。　　　（川上洋平）

▷4　法学者カール・シュミット（⇨Ⅲ-5）は『政治神学』（1922年）において，メストルを，ルイ・ド・ボナルド，ドノソ・コルテスらに並ぶ「決断主義」の系譜に位置づけている。シュミットによれば，彼らはいずれも，現世に対する全能の神による介入との類比において，通常の規則には拘束されない主権者の例外的決断を擁護する思想家である。
ただし，『教皇論』におけるメストルの実際の構想では，一般規則に対する例外的介入の権利を掌握するのは，カトリック教会の主権者たる教皇である。教皇は，各国における世俗君主の主権を原則として認めながらも，その暴君化という例外に際して，外部から介入し，君主に対する臣民の服従を解除する権限を有するとされるのである。
▷5　思想史家バーリン（⇨Ⅲ-11）は，メストルにおけるこの悲観的な世界観に焦点を当てて，彼は従来いわれてきたような「過去の預言者」であるよりも，20世紀のファシズムの時代を予見する先駆的な思想家であったと規定している。
▷6　⇨Ⅱ-23「プルードン」

（参考文献）
川上洋平『ジョゼフ・ド・メーストルの思想世界』創文社，2013年。アイザイア・バーリン（松本礼二訳）「ジョセフ・ド・メストルとファッシズムの起源」『バーリン選集4　理想の追求』岩波書店，1992年。

18 スタール夫人

▷ 1　フランス革命
1789年に勃発したフランス革命は，身分制の廃止，人権宣言，信教の自由の確立，共和政の樹立などを実現したが，その急進化によって恐怖政治（1793〜94年）を生じさせた。国内外の危機が高まる中，1799年，ナポレオンが軍事クーデタで共和政を転覆することによって革命は終結した。
▷ 2　ナポレオン政権
1799年以降，実質的な独裁体制を築いたナポレオンは，対外戦争での勝利に支えられて，1804年には帝政を発足させたが，1814年，諸外国の連合軍に敗れて政権は崩壊した。
▷ 3　復古王政
1814年，ナポレオン政権の崩壊後，連合国の支持を受けたブルボン家のルイ18世が国王となった。後を継いだシャルル10世は反動的な統治に傾いて1830年，七月革命を招いて亡命した。
▷ 4　スタール夫人（Germaine de Stael, 1766-1817）

1　自然的貴族政と有徳な平等社会

　フランス革命[1]から**ナポレオン政権**[2]を経て**復古王政**[3]に至る激動の時代を生きた**スタール夫人**[4]は，著名な知識人が集まるヨーロッパ有数のサロンの主催者であったばかりでなく，当時の女性蔑視の風潮に抗して，自ら政治論や文芸作品を発表して世論を大きく動かした稀有な女性であった。ナポレオンが，彼女の批判・影響力を恐れ，迫害したことは有名である。

　スタール夫人が生涯を通じて目指したのは，フランス革命期の恐怖政治[5]やナポレオン政権のような独裁を乗り越えて，フランス革命の理想——平等かつ有徳な社会と，それを支え，かつそれによって支えられる自然的貴族政——を実現することであった。彼女によれば，近代社会の基本条件（大国，商業の発展，人々の平等化）の下では，少数者のみが統治に関わり，一般市民は政治と距離を置く代議政体を採用しなければならない。しかし，代議政体は，デマゴーグの台頭と一般市民の政治的情念の沸騰による暴政，商業社会の中で一般市民が過度の政治的無関心に陥ることによる寡頭政，そして暴政・寡頭政への不満から生まれる軍事独裁という三つの危険に晒されている。これらを避けて自然的貴族政・有徳な平等社会を確立するためには，互いに働きかけ合う三つの社会階層を形成しなければならない。第一に，武力ではなく徳と雄弁に基づいて一般市民を指導することができる**統治者層**[6]。第二に，啓蒙された公論空間を形成し，一方では優れた指導者を評価・育成し，他方では一般市民の徳化を推進する知識人・文学者層。第三に，優れた統治者を選挙で選び，また優れた知識人を称賛することによって，彼らの栄誉欲を喚起する有徳な一般市民層である。

2　共和政的文学，本性的徳，女性文学者

　三つの社会階層を互いに徳化するための言語活動は，共和政的文学と呼ばれるが，これには3種ある。第一に，集団的な効用の計算に基づき，科学的で改良主義的な統治を促進する社会科学である。第二に，人間の本性的徳に基づく個々人のモラルを扱う倫理学である（社会科学は本性的徳に反する施策を許容することがあるため，社会科学を倫理学に適合させる努力が行われなければならない）。第三に，以上2種類の知見に依拠しながら人々の感情に働きかける営み，すなわち雄弁や文芸活動である。統治者は有徳な雄弁によって，また文学者は有徳な

人々の苦難を描く小説などの文芸作品を通じて，一般市民に徳の感情を喚起しなければならない。スタール夫人の文学論の特徴は，コンドルセ[47]に倣って社会科学の効用を認めつつも，倫理学と狭義の文学の重要性を強調したことである。

　共和政的文学が促進すべき，人間の本性的徳とはいかなるものか。ルソーから影響を受けたスタール夫人によれば，その中核は憐憫である[48]。憐憫は，人類史を長く特徴づけてきた不平等や力の支配の下では覆い隠されていた。しかし，神の前での人間の平等と，力の支配への批判を原理とするキリスト教の普及に伴って奴隷制の廃止と女性の地位向上が実現され，人々の非政治性と平等性によって特徴づけられる近代社会が形成されるにつれて，人間の弱さ，孤独・不幸，多様性への認識が深まり，憐憫を源とする人間愛の開花が可能となった。

　この開花を後押しすることが，共和政的文学の使命であるが，それに秀でているのは，女性である[49]。女性は近代社会においてその地位が相対的に向上したとはいえ，統治への参加を禁じられ，公論空間に進出すれば，競争者たる男性の敵意に晒され，そうかといって逆に家庭的生活に引きこもり，男性の保護を得ようとしても，男性の恣意・無情によってしばしば不幸になる。このように立場が弱く，不幸になりやすい女性こそ，不幸とそれを乗り越える徳を十全に描くことができる。女性は，文学活動をはじめとする利他的な社会活動に踏み出すことによって家庭的幸福を失いやすいが，人類の半分を占める女性が公論を先導することは，平等かつ有徳な社会を形成するために必要である。

③ 宗教感情，ドイツ思想への関心

　スタール夫人は不幸に打ち克ち徳を普及させるためには，共和政的文学と並んで，あるいはそれ以上に宗教感情が必要であると考える。宗教感情とは，超越的存在との交流がもたらす慰藉や自己相対化によって人々が獲得するエネルギーのことである。逆境に耐えて共和政的文学を奉じるためには，不正・不幸に抗した過去の偉人たちや未来の人類への連帯感をもたなければならないが，孤立し連帯感をもてなくなった人々には，さらに堅固な支えとして，この宗教感情が必要である。加えて，共和政的文学が有徳者たちによる一般市民への働きかけというパターナリズム的な側面を有するのに対して，宗教感情は各信者の自発的なエネルギーであり，社会をより平等かつ内発的に徳化することができる。

　理想の社会を支える本性的徳，文学，そして宗教感情をめぐる探求を続けたスタール夫人は，同時代のドイツにおいてこそ，そうした探求が最も活発に行われていると考え，ドイツ思想に強い関心をもった。カント，フィヒテ[10][11]らをフランスに先駆的に紹介した点でも，スタール夫人は重要である。（古城　毅）

著名な銀行家・政治家ネッケルの一人娘。主な著作は，『情念の影響』（1796年），『文学論』（1800年）『デルフィンヌ』（1802年），『コリンヌ』（1807年），『ドイツ論』（1812年）。

▷5　国内や周辺諸国からの反革命の動きに対抗するという理由で，革命政府に権限が集中され，多くの人間が反革命の罪に問われて処刑された。

▷6　統治者層
スタール夫人は，有徳な統治者層を形成するためには，共和政ローマに倣って，下位・地方の公職を歴任することを中央での要職就任の条件とする「段階制」と，武官と文官のキャリアの融合とを実現するべきだと主張した。

▷7　⇒Ⅱ-16「コンドルセ」

▷8　⇒Ⅱ-9「ルソー」。ルソー（『人間不平等起源論』1755年）によれば，原初の人間は，自己保存欲と並んで憐憫の情を有していた。

▷9　フランス革命期には，男女同権の主張もコンドルセらによって例外的になされたが，女性には選挙権・被選挙権が付与されなかった。ナポレオン法典（1806年）によって女性は法的に男性の監督下に置かれた。

▷10　⇒Ⅱ-13「カント」
▷11　⇒Ⅱ-20「フィヒテ」

（参考文献）
工藤庸子『評伝 スタール夫人と近代ヨーロッパ』東京大学出版会，2016年。
ポール・ベニシュー（片岡大右ほか訳）『作家の聖別』水声社，2015年。

⑲ コンスタン

▷1　コンスタン（Benjamin Constant, 1767-1830）

代表作としては，自由主義の古典となった『政治の原理』（1810年頃）や，比較宗教社会学の大著『宗教論』（1824-30年）がある。

▷2　⇨Ⅱ-18「スタール夫人」。コンスタンは，共和政期にはスタール夫人と理論的に共闘したが，ナポレオン政権期に入ると，啓蒙・徳化の是非をめぐって立場を違えるに至った。

▷3　バーク，およびド・メストルとは原理に基づく政治体制の構築は可能かをめぐって，またカントとは共和政の原理（嘘に象徴されるような政治的方便の使用は許されるか）をめぐって論争した。

▷4　⇨Ⅱ-9「ルソー」

▷5　統治者の役割の極小化を目指す点で，コンスタンは復古王政期の代表的自由主義者で，政府の役割を重視するギゾー（1787-1874）と対立した。

❶　ナポレオン批判としての自由主義，商業社会論

　コンスタン[1]は，フランス革命から19世紀前半のフランスの有力政治家であった。スイスに生まれ，ドイツやスコットランドで教育を受けた彼は，フランス革命中に出会ったスタール夫人[2]の知的伴侶となり，恐怖政治後のフランスに移住し，共和政を擁護してバーク，ド・メストル，カントらと論戦を繰り広げた[3]。しかし，内外の危機によって共和政が倒れ，ナポレオン政権が成立すると，その独裁化に抵抗して政界引退を余儀なくされた。

　優れた指導者が国民を先導するべきであるという考え方と，国民投票で表明される人民主権は無制限であるという考え方とを結びつけて軍事的啓蒙独裁（これをコンスタンは新種の専制政治であるとし，「簒奪」と名づけた）を正当化したナポレオンを理論的に批判するために，政界引退後のコンスタンは主著『政治の原理』において，ルソー[4]，さらにはスタール夫人を批判した。

　コンスタンによれば，ルソーは絶対的権力によって党派を消滅させ，人々を自由・平等な状態に置けば，選挙・多数決は自ずと正しい結果を生むとし，人民主権の絶対性を主張したが，それは結果的に，フランス革命期の暴政やナポレオンの独裁に口実を与えてしまった。他方，スタール夫人のように，代議制を機能させるために，有徳な統治者・知識人層による人民の徳化を目指すことも誤っている。統治者は一般に凡庸であり，さらに権力に関わることによって堕落するので，統治者の権限は治安維持と国防という必要最小限の事項に限定するべきである[5]。また，知識人と一般市民の知的・道徳的格差も大きくないので，文学を通じた徳化も基本的に不要である。一般市民は，商業社会が生み出す，互恵的な行動様式やルール遵守の精神によって十分に賢く，有徳になれる。

　しかし，コンスタンは，商業社会の下では政治的無関心が広まり，寡頭政・独裁が生まれる，というスタール夫人の懸念に答える必要があった。コンスタンの表面的な回答は，国際的な経済市場の確立や公債制度の発展によって，統治者は国力維持のために，市場の反感を買う恣意的な統治を控えざるをえなくなるという，18世紀ヨーロッパですでに通俗化していた**商業社会論**である[6]。しかし実は，コンスタンは，商業社会が必ずしも共生的ではなく，むしろ利害対立の調停のために統治権の肥大化を誘発する側面をもつことや，市場が統治権に対して十分に独立的ではないことを認めざるをえなかった。その結果，寡頭

政・独裁に抗するための市民の徳を確立する方法を模索するようになった。

❷　ギリシア多神教とバランスのとれた社会

　晩年に公刊された『宗教論』においてコンスタンが市民の徳を実現した一つのモデルと考えたのが，古代アテナイの民主政である。人類史においては常に，知識人である聖職者が統治者と癒着して圧制を正当化してきたが，古代アテナイでは例外的に，聖職も含めたすべての公職が分権化され，選挙されることによって自由が実現された。そう主張することで，コンスタンは，統治権を必要最小限に縮小した上で統治者に委任するという，上述のような自由主義ではなく，統治権を分権化し，被治者がそれに参加することによって権力を抑制するという政治モデルを支持する。

　コンスタンによれば，このモデルを支えたのは，ギリシア多神教であった。一般の宗教は，絶対的に正しいとされる神（々）の意志を独占的に解釈する聖職者への人々の隷従を生むのに対して，ギリシアの神々は，読み手・聴き手が平等かつ自由に解釈しうる神話・民衆文学の登場人物であるため，聖職者層の成立を許さず，かつ横暴で互いに対立する存在として観念されたため，神々ですら批判しうる自由な精神を人々に与えた。しかし，さらに重要なのは，ギリシアの神々が横暴であると同時に徐々に理想的な人間のモデルでもあるとも観念されていったことである。神々に対する，このような一見矛盾した態度は，実社会において，統治者や他者に対して，信頼と批判精神を同時にもてるという洗練された能力と表裏一体であった。このような市民的徳は，不安や孤独感が増大して迷信や政治的無関心が生まれやすい平等社会においてとりわけ重要であった。

　加えて，民衆文学に立脚した独特の宗教から生まれる市民的徳は，宗教が迷信化したり，知識人が民衆から離反して独善的になったりするのを防ぐと同時に，経済活動・利己心が暴走するのを抑え，経済活動が政治参加，宗教活動，あるいは学芸の追究と調和的に営まれることを可能とした。

　古代アテナイ論からコンスタンが導き出したのは，近代社会が，多神教の不在をはじめとする，古代アテナイとは大きく異なる諸条件に立脚しつつも，政治，宗教，学芸，ならびに経済活動の間のバランスを実現しなければならないという結論である。コンスタンは，バランス実現の具体的な方法を示すには至らなかったものの，以上の理由により，利己心を批判して徳・宗教感情を称揚するというエリート主義に傾きがちなスタール夫人とは距離をおきつつ，宗教を敵視して商業社会・利己心に期待するベンサムの支持者や，新たな宗教と先導者としての知識人の役割を強調するサン＝シモン派と対立した。

（古城　毅）

▷6　商業社会論
商業社会の到来は，恣意的統治の抑制と国際平和の実現をもたらすという主張。一定の留保を伴いながらも，モンテスキュー，ヒューム，スミスらに共有された見方であった。

▷7　18世紀の商業社会論では，古代ギリシア・ローマは，好戦的で政治参加のために個人の自由が犠牲にされた政治体制であると否定的に評価されていた。コンスタンは1819年に公表した著名な古代近代人論においてこのような議論を継承する態度をみせる一方で，晩年の『宗教論』においては古代アテナイに対してより肯定的な評価を与えている。

▷8　エリートの主導する共和政文学と，茫漠とした超越者との交流から生まれる慰藉・宗教感情とに期待をかけたスタール夫人に対して，コンスタンは文学者・知識人と一般市民の間の双方向的な交流によって成り立つ民衆文学と，人間的な神々に対する批判と信頼のバランスがとれた感情とが，市民的徳を育てると考えた。

▷9　⇨Ⅱ-25「ベンサム」。ベンサムの思想は19世紀初頭のフランスでは，ジャン＝バティスト・セイら経済学者に受容され，フランス自由主義の有力な潮流となった。

（参考文献）

堤林剣『コンスタンの思想世界』創文社，2009年。田中治男『フランス自由主義の生成と展開』東京大学出版会，1970年。

20 フィヒテ

▷1　フィヒテ（Johann Gottlieb Fichte, 1762-1814）

ドイツの思想家。青年期の思想遍歴を経て，カント哲学に開眼し，哲学者となる。以後，イェナ大学教授，ベルリン大学総長などを歴任した。カント哲学を継承発展させた独自の体系「知識学」を生涯にわたって彫琢し，身分制社会を超克する真の理性国家を構想した。他方で，行動する知識人として，フランス革命やナポレオン戦争に彩られる激動の18・19世紀転換期ドイツを生き抜いた。主な著作に『全知識学の基礎』（1794年），『知識学の諸原理にもとづく自然法の基礎』（1796年），『閉鎖商業国家論』（1800年），『ドイツ国民に告ぐ』（1808年）などがある。

▷2　⇨ V-19 「ナショナリズム」

1 その位置

　政治学史において，**フィヒテ**[1]は長らく不遇であった。無名というわけではない。ドイツには，時代ごとに様々な政治的党派——自由主義，ナショナリズム[2]，社会主義，ナチズム——が，フィヒテを自分たちの始祖として称揚してきた歴史がある。とりわけフィヒテの名を高からしめたのは，ナポレオンのドイツ支配にむけた挑戦の書『ドイツ国民に告ぐ』である。この書によってフィヒテは，自由や平等といった抽象的・普遍的理念の専制に抗して，言語と歴史的伝統によって統合される「民族」を重視した思想家，いわばナショナリズムの哲学者として記憶されることとなったのである。日本でもほとんどの高校教科書において，フィヒテの名は『ドイツ国民に告ぐ』とともに紹介されている。

　ところが，その政治思想の内的構造や形成過程については，ほとんど知られていない。政治思想の教科書や通史を紐解いてみても，フィヒテに割かれている分量はごくわずかである。これでは研究者の怠慢を訝る声があったとしても不思議ではあるまい。

　責任の一端はフィヒテ自身にもある。鈍重な文体や独特の専門用語と並んで，何よりも決定的だったのが，体系的主著の不在にほかならない。つまり，ホッブズの『リヴァイアサン』[3]やルソーの『社会契約論』[4]に相当するような，研究の出発点になるべき体系書が，フィヒテには欠けているのである。フィヒテは寡作の人ではない。それどころか，膨大な全集が証明するように，思想家としては多産な部類に属しているとさえいえるだろう。晩年のフィヒテは，自らの政治思想を集大成した体系書の執筆を志しながら，ついに果たせなかった。後代の研究者にとって，そして誰よりもフィヒテ自身にとって不幸というほかない。

2 思想形成

　フィヒテの思想形成は通例，4期に分けられる。

　まず，第1期（1790〜93年）のフィヒテは気鋭のカント主義者として登場する。18世紀ドイツの身分制社会に不適応を示し，機械論的世界観と宗教的良心とのはざまで煩悶した青年にとって，人格の自律と道徳的自由を基軸とするカント哲学はまさしく福音に違いなかった。当時のフィヒテの関心は，カント倫

理学を基礎とする合理的自然法論によって，既存の身分制社会を粉砕し尽くすことにあった。そこには，あらゆる不条理に挑みかかる戦闘的批判精神が力強く脈打っていた。

第2期（1794～99年）はイェナ時代とも称される。イェナ大学教授に着任したフィヒテは，カント哲学をさらに先鋭化させた独自の思想体系「知識学」に基づく体系構想に注力した。特に関心が寄せられたのが，法と道徳との関係である。フィヒテにとって，法の本質は，外面的行為の強制を通じて各人相互の外的自由を調和させることにある。これに対して，道徳の根源は強制にではなく，内的良心に発する善意志にこそ求められねばならなかった。したがって，法と道徳は対立的なものではなく，相互に補い合うことで一つの秩序を形成する。強制の秩序としての法が整備されることによって，はじめて人間は内面的陶冶，すなわち道徳性に向かうことができるのである。さらにフィヒテは，法秩序の形成・維持を担う主体として，強力な執政権と，それを掣肘する監督官制（Ephorat）から成る二頭体制を構想した。

第3期（1800～06年）のフィヒテは，従来の「絶対我」を中心とする前期知識学から，自我そのものを成立せしめる基盤ともいうべき「絶対者」に発する後期知識学へと転回する。それにともない，第2期には軽視されがちであった諸領域——歴史・教育・政治・宗教など——にも関心が向けられるようになるのである。特に，人類史全体を「自由」への覚醒過程として把握する哲学的歴史論は，法や道徳といった個別領域を有機的に結びつけ，晩年の歴史哲学を準備することとなった。また，第2期のように高度に抽象的な理論書ではなく，教養市民向けの講義や講演という形で作品を積極的に公表しはじめるのも，この時期の特徴である。

第4期（1807～14年）のフィヒテはそれまでの思想形成を綜合した上で，一種のユートピア国家論を彫琢した。その契機となったのが，ナポレオン戦争である。マキアヴェッリ，ペスタロッチ，そしてプラトンといった思想家たちとの対話を通じて，この時期のフィヒテは統治と教育を同一視するようになる。いまや秩序の基軸をなすのは公教育であり，公教育によって法と道徳の領域は媒介される。公教育は，全国民を道徳的自由へと陶冶する国民教育と，道徳的自由の理論的基礎を探究し，統治層を養成する高等教育の2段階をなす。かくして来たるべき理性国家は，旧神聖ローマ帝国の脆弱さとは無縁な，強く「統一されたドイツ国家」となるはずである。こうした構想がいかに空想的にみえようとも，フィヒテはその実現を確信していた。歴史の終極において理想国家が完成するとき，人類は真の道徳的共同体へと足を踏み入れることとなろう。そのように確信してやまなかった。 （熊谷英人）

▷3 ⇨Ⅱ-3「ホッブズ」

▷4 ⇨Ⅱ-9「ルソー」

▷5 ⇨Ⅱ-13「カント」

▷6 ⇨Ⅱ-1「マキアヴェッリ」

▷7 ⇨Ⅰ-2「プラトン」

▷8 ⇨Ⅴ-28「公教育」

参考文献

『フィヒテ全集』全24巻，哲書房，1995-2016年。南原繁『フィヒテの政治哲学』岩波書店，1959年（『南原繁著作集 第二巻』に再録）。熊谷英人『フィヒテ「二十二世紀」の共和国』岩波書店，2019年。雑誌『フィヒテ研究』。

㉑ ヘーゲル

1　時代と哲学：「ミネルヴァのフクロウ」と「哲学の欲求」

　『法哲学』「序文」における「ミネルヴァのフクロウは黄昏に飛び立つ」というヘーゲルの言葉はよく知られている。これは時代を捉える哲学がその時代の終わりに登場することを意味しているが，他方でヘーゲルは，当時成立の途上にあった近代という時代といち早く対決した哲学者でもあった。彼によれば近代は分裂の時代であり，この分裂を克服することがまさに「哲学の欲求」なのである。そこで分裂してしまったとみなされていたのは，個人と社会，道徳と幸福，当為と存在，理想と現実である。ヘーゲルは一方で古代ギリシアのポリスに，そうした分裂のない理想の社会をみるが，他方でヘルダーリン，シェリングとともに「自由の木」を植えてフランス革命を祝ったという逸話からもうかがわれるように，近代的自由を歓迎してもいた。『法哲学』に代表される著作で，ヘーゲルはあくまで近代的個人の自立・自律を踏まえた上で，新たな共同体（「人倫」）を哲学的に構築しようとしたのである。

　ヘーゲルはまた，哲学的著作と平行して当時の政治状況を論じた時事論文を多く執筆している。彼の時代のドイツは神聖ローマ帝国の解体を経ていまだ多くの領邦国家に分裂していたが，そうした領邦国家ではナポレオンによる侵略をきっかけとして，近代化が進められていた。彼の政治思想もまたそうした時代との格闘の中で形成されたのである。

2　承認をめぐる闘争

　ヘーゲルの政治思想における批判対象の一つは社会契約論であった。自然状態を想定し，社会や国家を人為的な構築物とみなすホッブズやロックらの議論が批判されたのである。ヘーゲルにとって個人はあくまで共同体の中で形成されるものであり，その意味で彼はアリストテレスの「政治的動物（ゾーン・ポリティコン）」概念を近代において再興しようとしたともいえる。個人が共同体の中で陶冶・形成されるという思想は，現代ではコミュニタリアンのみならず，これによって批判されたリベラルを代表するロールズにも継承されている。

　とはいえ，ヘーゲルは個人を共同体の中に埋没したものと考えていたわけではない。他者が個人の自己の成立に果たす役割を原理的な仕方で説明しようとするヘーゲルの議論は「承認論」と呼ばれている。ヘーゲルは特に『精神現象

学』で，フィヒテ[8]が『自然法の基礎』で提示した承認論をさらに根本的な自己論として展開しており，他者と承認し合うことによって個人が自立性を獲得すると同時に，「我々なる我，我なる我々」としての「精神」が可能となるとした。さらに，ホッブズの自己保存をめぐる「万人の万人に対する闘争」に代わって，承認を求めて繰り広げられる社会的闘争（「承認をめぐる闘争」）を描いた。

3 市民社会と国家

ヘーゲルの体系[9]において，直接政治に関わる内容を扱うのは，「精神哲学」の「客観的精神」であり，その内容はとりわけ『法哲学』で明らかにされる。彼によれば諸々の社会制度は，この客観的精神の「意志」に根拠をもつものであり，ここにルソーの「一般意志」[10]概念の影響がみられる。「抽象法」，「道徳性」に続く『法哲学』の第三部「人倫」では，①「家族」，②「市民社会」，③「国家」からなる近代的社会像が描かれる。特に注目されるべきは，ヘーゲルが「市民社会」において，アダム・スミス[11]らの自由主義経済理論を踏まえながら，個人が自己利益を求めながら相互に依存し合う社会領域を描いていることである（「欲求の体系」）。しかしヘーゲルは同時にそうした市民社会が貧困と格差の拡大よる社会的危機をもたらすこともみており，これに対して上からの措置としてのポリツァイ（社会政策）と下からの自助としてのコルポラツィオン（職業団体）という二つの制度を提起している。こうしたヘーゲルの議論は，資本主義の問題をいち早く指摘したものということができる。

ヘーゲルによれば国家は「実体的現実性」であり，「理性的」である。この国家観はしばしば当時のプロイセン国家を正当化し，ナチスの第三帝国にも通じるものとして批判されてきた。しかし，ヘーゲルの描く立憲君主制国家は憲法を持たなかった当時のプロイセン国家より先進的であったともいえ，コルポラツィオンや身分制議会を組み込んだ一見復古主義的にみえる有機的国家観もまた，個人と国家の間にある中間団体を破壊し多くの血を流したフランス革命の帰結に対する反省から来るものである。

国際関係を扱う「外的国権」論では，カント[12]の永遠平和論が批判されており国際関係は国家間の自然状態だと主張されているが，そこには戦時国際法についての洞察もみられる。しかし，この国際関係における諸国家の特殊性が最終的に普遍性と接続されるのは「世界法廷」としての「世界史」においてである。ヘーゲルにとって「世界史」は，様々な民族が勃興と没落を繰り返す中で理性が実現される過程であり（理性の狡知），最後には「ゲルマン世界」において，「すべての者が自由である」世界が実現するとされる。ヘーゲルはそこで歴史において虐げられた人々の苦しみにも目を向けてはいるが，そうした「悪」の存在は歴史を進歩させるものとして結果的に肯定されることになる（弁神論）。

（大河内泰樹）

よって自分自身を形成するという思想と結びつけられている。

▷6 ⇨ Ⅳ-1 「ロールズ」

▷7 承認論
自己は単独では成立せず，他者の承認を必要とするという理論。個人や集団のアイデンティティが，他者に認められることを必要としていることを明らかにする理論として，多文化主義，フェミニズム，批判理論等様々な領域で現在でも盛んに議論されている。主人と奴隷の関係は，承認をめぐる闘争の結果，一方の主体（主人）が一方的に承認されるだけで，他方の主体（奴隷）を承認しないことによって生じるとされる。

▷8 ⇨ Ⅱ-20 「フィヒテ」

▷9 ヘーゲルの体系
ヘーゲルは体系として哲学を展開しようとした。ヘーゲルの体系は(1)論理学，(2)自然哲学，(3)精神哲学からなり，最後の精神哲学は，さらに①主観的精神，②客観的精神，③絶対的精神に区分される。

▷10 ⇨ Ⅱ-9 「ルソー」

▷11 ⇨ Ⅱ-12 「アダム・スミス」

▷12 ⇨ Ⅱ-13 「カント」

（参考文献）
藤原保信『ヘーゲルの政治哲学』（藤原保信著作集第2巻），新評論，2007年。
加藤尚武『ヘーゲルの「法」哲学』（加藤尚武著作集第3巻），未來社，2018年。A. ホネット（島崎隆ほか訳）『自由であることの苦しみ』未來社，2009年。

22 マルクス

① 哲学の批判者としてのマルクス

　カール・マルクス[1]はコミュニズム[2]の思想家として知られる。マルクスは資本主義社会の諸矛盾を，スミスやリカードの経済学[3]，ヘーゲルやフォイエルバッハの哲学[4]，プルードンの社会主義[5]を批判することを通じて展開し，資本主義を超えた持続可能で，自由な人間の発展が実現される将来社会を構想した。

　マルクスの政治思想の特徴に哲学批判がある。当初，マルクスはフォイエルバッハの唯物論哲学から影響を受けていた。だが，『ドイツ・イデオロギー』（1845年）以降一貫しているのは，現実を解釈しているだけでは，世界を変革することはできないという見解である。現実の不平等や不正義に対して，それが本来あるべき姿から「疎外」[6]されているということを指摘するだけでは，問題を解決できない。理念的な規範を対置することで現実を批判し，人々が振る舞いを変えるよう啓蒙するだけの哲学に対して，マルクスの実践的唯物論が強調したのは，私たちの意識が常に・すでに，特定の社会的関係によって規定されているという事実である。それゆえ，疎外された現実を絶えず生み出し，再生産する社会的諸実践を徹底的に解明することが重要視されたのだ。

　哲学批判は，『資本論』（1867年）で展開された経済学批判でも一貫している。マルクスは労働者たちが資本家によって「搾取」されていることを暴露し，その事実を道徳的に非難したのではない。市場の競争に晒される資本家たちは搾取を止めたら，自らの社会的地位を失ってしまう以上，道徳的説教は無意味である。搾取をなくすためには，資本主義システムを廃棄しなくてはならない。

② 経済学批判と主客の転倒

　マルクスの経済学批判が示すのは，人々の意識や行動は，特定の社会的諸関係によって規定されており，それを分析し，批判する者もその外部にはいないという事実である。非歴史的で抽象的なデカルト的主体は存在しないのだ。

　資本主義においては，人々は誰が，何を，どれだけ必要としているかは，わからないままに，生産活動が行われる。商品が売れるかは定かではなく，過剰生産や過少生産は日常茶飯事である。そのため，市場での価格は個人の意志とは関係なく変動し，そのせいで失業したり，倒産したり，自分が作ったものを廃棄することを迫られる。人間は市場における物の運動によって振り回される

▷1　マルクス（Karl Marx, 1818-83)

ドイツの哲学者，経済学者，革命家。主著は，『資本論』。資本主義批判を体系的に展開し，20世紀に世界で絶大な影響力を発揮した。

▷2　⇨ Ⅴ-8 「コミュニズム」

▷3　⇨ Ⅱ-12 「アダム・スミス」

▷4　⇨ Ⅱ-21 「ヘーゲル」

▷5　⇨ Ⅱ-23 「プルードン」

▷6　疎外
マルクスは『経済学・哲学草稿』において，フォイエルバッハの宗教批判を下敷きとして，労働生産物の疎外，労働の疎外，類的本質からの疎外についての議論を展開した。疎外理論をめぐって20世紀には多くの論争が繰り広げられた。

ようになるのである。人間と物の主客関係が転倒し，物が人間を支配するようになる事態を，マルクスは「物象化」と呼ぶ。もちろん，物が力をもつのは，人間たちの市場の振る舞いのせいである。だが，この振る舞いは，意識的なものではない。市場経済を成立させるために，人間が無意識的に行っているにすぎない。ところが，人々は商品の運動に振り回されつづける中で，この転倒した関係性を自然的な秩序とみなすようになっていく。これを「物神崇拝」という。

　その結果，人々は，市場の中に規則性や法則性を見出そうとする。そうすれば，市場の運動法則に意識的に従うことで，特定の狙いを実現することができるようになるからである。こうして，市場の運動に合わせた思考や振る舞いこそが「合理的」だという「ホモ・エコノミクス幻想」が生じる。マルクスはこの幻想を「自由，平等，所有，ベンサム」という形で表現し，批判した。市場では「自由」に好きな商品を買うことができる。お金をもっていれば，誰でも「平等」に商品を買える。貨幣を使って手に入れたものだけが，正当な「所有物」として認められる。その結果，個人が金銭勘定に依拠した「功利主義」的な思考が支配的となる。

　だが，現実においては，労働者が買えるものの選択肢は極めて限定的あり，経済的格差という不平等はどんどん広がっていく。私的所有の裏では，それまで公共財（コモンズ）であったものが，貨幣なしには利用できなくなっていく。そして，利他的な行為やケア労働は，本来社会の再生産にとって不可欠であるにもかかわらず，非生産的なものとして，低く評価されてしまう。

③ 社会主義批判としての『資本論』

　市場的幻想の受容は，スミスの「見えざる手」や，ヘーゲルの「欲求の体系」だけでなく，当時の社会主義者たちの議論にも見受けられる。

　プルードンは市場における商品交換の関係性は，物々交換であれば，自由で平等であると考えた。ところが，貨幣が導入されると，何とでも交換できる貨幣をもっている人に権力が生じ，非対称的な関係が生まれてしまう。だから，プルードンは，商品交換を維持したままに，貨幣を廃絶し，労働証券で置き換えようとした。それに対して，マルクスは，商品交換から必然的に貨幣が生じてくることを示し，貨幣だけを廃絶することは不可能だと述べる。市場における自由や平等といった理念を受け入れた上で，それが現実には十分に実現されていないことを規範主義的に批判するだけでは，真にラディカルな社会変革にはならないと，プルードンを批判したのである。

　マルクスは，新しい社会を作り出すためには，「あらゆる現象への容赦ない批判」が必要であるという洞察を生涯にわたって，守り続けたのだった。その精神は，フランクフルト学派やラディカル・デモクラシー論によって継承され，現代資本主義批判のインスピレーションの源泉であり続けている。（斎藤幸平）

▷7　⇨ Ⅱ-25 「ベンサム」

▷8　⇨ Ⅱ-12 「アダム・スミス」

▷9　ヘーゲルは『法哲学』において，市場を媒介とした社会的自由を肯定的に論じた。ただし，「賤民」という形で，経済格差拡大の否定的側面も論じている。⇨ Ⅱ-21 「ヘーゲル」

▷10　プルードンは人民銀行を設立することによって，人々が自分の生産物を銀行に持ち込み，その引き換えに証券を発行するシステムを構想した。

▷11　⇨ Ⅴ-11 「フランクフルト学派」

▷12　⇨ Ⅴ-6 「ラディカル・デモクラシー」

（参考文献）

佐々木隆治『カール・マルクス──「資本主義」と闘った社会思想家』ちくま新書，2016年。ミヒャエル・ハインリッヒ（斎藤幸平ほか訳）『『資本論』の新しい読み方』堀之内出版，2014年。

23 プルードン

▷1　プルードン（Pierre
-Joseph Proudhon, 1809-
65）

フランス東部の都市ブザンソンに生まれる。貧しい出自のゆえほぼ独学の徒であったが，『所有とは何か』（1840年）の成功により同時代の左派として最も知られた存在の一人となる。本文で取り上げた以外の主要著作として『経済的矛盾の体系，あるいは貧困の哲学』（1846年）や，フランスの労働運動に多大な影響を与えた『労働者階級の政治的能力』（1865年）等がある。また実践の次元では生産における「自主管理」構想と，交換・信用の民主化という観点に基づく「交換銀行」（「人民銀行」）の企図が重要である。

▷2　⇨ Ⅴ-9 「アナーキズム」

▷3　プルードンが国家の廃絶を最も積極的に論じたのは1849～51年にかけてである（『革命家の告白』1849年，『19世紀における革命の一般理念』1851年）。

1 アナーキズムとプルードン

　プルードン[1]が思想史に登場する際には，アナーキズム[2]の祖という肩書きがしばしば付される。ただ19世紀後半に成立するアナーキズムと彼の思想との関係は実際のところさほど自明ではない。たしかに彼は「アナーキー」の語を肯定的に用い，かつ「アナーキスト」を自称した最初の一人である。また彼は同時代の左派の中でも特に自由に高い価値を置き，平等を目指す社会改革が個人の自由を抑圧する危険に極めて敏感だった。ただし権力や政府の廃絶といった主張を具体的に論じたのは彼の生涯の一時期に限られる[3]し，人間の自然的善性や暴力的な変革手段の肯定など，ときにアナーキズムと結びつけられる契機に至っては彼とほぼ無縁である。同時代においても彼は党派とは縁のない存在であった。彼と活動をともにすべく接近してきたマルクス[4]に対し「新たな宗教の教祖のごとく振る舞うのはやめましょう。たとえそれが論理の宗教，理性の宗教だとしてもです。あらゆる異議を受け入れ奨励し，あらゆる排除と秘教化を非難しましょう」（1846年5月17日付書簡）と返答し，両者が決裂に至ったことはよく知られた挿話である。プルードンが論じた領域は極めて多岐に及ぶが，ここでは特に政治思想として重要と思われる側面を取り上げよう。

2 専制への批判

　プルードンの初期著作『所有とは何か』（1840年）は，「所有とは盗みである」という警句とともに彼の出世作となった。同書はこの時代に前景化した「社会問題」（労働環境の悪化，貧困の拡大，道徳的退廃等）を背景としつつ，特に1804年の民法典で確立された所有（私的所有権）を俎上に載せている。

　彼が所有の正統性や現実性を否定すべく提示する様々な論点の中でも特に興味深いのは，所有が想定する人間存在に関する議論である。彼は「法が認める限りにおいて物を使用しまた濫用する権利」というローマ法の定義を参照しつつ，所有の本質を，所有される物に対する絶対性，至高性（主権性）[5]に見て取る。所有とは，人が物に対して恣意的に，いわば専制君主のごとく振る舞う権利である。このようなあり方は物との関わりを単純化するのみならず，各人を自らの領域における絶対的かつ排他的な支配者とすることで，支配服従に還元されない他者との多様な関係形成の可能性をも貧困化させる。

　このように，自身と並び立つ者を認めない絶対的存在からなる体制を，彼は「専制」と呼ぶ。政治においても同様に，人間の（特にその意志の）至高性（主権性）に基づく限り，主権者が一人であれ多数者であれその体制は専制である。この指摘が興味深いのは，国家主権と私的所有とを対置させた上で一方の暴走を他方により制御するという伝統的発想に代えて，恣意性や無限定性という点から私的所有と国家主権とを同時に批判する視座を提示している点である。

3　集合理性と連合主義

　以上の意味での専制の克服がより具体的に問題化されるのは，1848年の二月革命と人民投票を経て成立したルイ・ナポレオンの統治下であった[4]。プルードンにとってこの体制は，自身がかねてより批判する恣意性に基づく統治そのものであった。ただし問題はルイ・ナポレオン個人の資質である以上に，彼を選出した普通選挙のあり方である。市民一人ひとりの投票を機械的に計算するものとしての普通選挙により可視化される「世論」とは，彼にとっては個人の恣意性や偏見の単なる合算にすぎない。彼が求めるのは，十分に理性的とは限らない個々人を前提としつつも，理性的といいうる集合的な決定を可能にするための機制である。この集合の次元で機能する理性を彼は「集合理性」と呼ぶ[7]。

　集合理性の生成において重んじられるのは，投票という形式よりも決定に至る過程への実質的な参加であり，そこでは互いの安易な同一化を妨げるような衝突の契機が不可欠である。その観点から重視されるのは，日常生活に近く，討議の実効性を保証する場としての職能的ならびに地域的な「集団」である。

　国家と個人の間にある集団への問いは晩年の連合主義に結実する（『連合の原理』1863年）。絶対的で単一不可分の国家主権は，外に対しては拡張主義的となる一方，内に対しては抑圧的となり，下位集団の自治を不可能にする。これは個別の自由の侵害であるのみならず，これら小集団が政治的活力の源泉である限りにおいて，デモクラシーの形骸化でもある[8]。

　それに対してプルードンが提唱する連合は，国家の廃棄ではないにせよ，絶対的で単一不可分の国家主権の解体である。連合とは，個人や集団が自己保存をよりよく保障するために締結する契約の連鎖として形成される。それらの契約は必ず双務的であり，なおかつ契約の範囲はあくまで限定されている。集団間の上下関係が否定されるわけではないが，権限は下位集団に可能な限り留め置かれ，具体的な必要の限りで上位の集団に委ねられる。彼自身も述べるように，これはルソーの社会契約と明らかに対照的である[9]。

　以上のように，専制（後期の用語では「絶対主義」）の克服はプルードンの思想に一貫する課題であった。そのことは彼の自由観にも関連する。彼が高い価値を置く自由とは単なる個人の恣意性の肯定ではない。むしろそれは，他者との水平的かつ相互的関係の中でのみ実現されるものである。　　　　（金山　準）

▷4　⇨Ⅱ-22「マルクス」

▷5　ここで「至高性（主権性）」と訳したsouverainetéは，政治権力としての「主権」（⇨Ⅴ-22）をも意味する語である。

▷6　1848年2月の民衆蜂起によりルイ・フィリップ王が退位し（二月革命），臨時政府により共和政が宣言され，男子普通選挙制が樹立された。同年12月の大統領選挙では，農民をはじめとする多様な層の支持を得たルイ・ナポレオン（⇨Ⅱ-24「トクヴィル」）が予想外の圧勝を収める。やがて議会とも対立を深めた大統領は，1851年のクーデタと国民投票を経て皇帝ナポレオン3世として即位する（第二帝政）。

▷7　集合理性が主題的に論じられるのは，大著『革命における正義と教会における正義』（1858年）の第7研究である。

▷8　まさにこの理由によりプルードンは，同時期のナショナリズム（⇨Ⅴ-19），特にイタリアの統一運動に強く反対していた。

▷9　⇨Ⅱ-9「ルソー」

（参考文献）

P. アンサール（斉藤悦則訳）『プルードンの社会学』法政大学出版局，1981年。
河野健二編『プルードン研究』岩波書店，1974年。

24 トクヴィル

1 法曹の血統

　トクヴィルはノルマンディーの古くからある貴族の家系に生また。母親は法服貴族のラモワニョン家の出身で、祖父は**マルゼルブ**である。つまり、トクヴィルはルイ16世の弁護人の曾孫にあたる。彼はこの法服貴族とその伝統を誇りとしていた。青年期に、父の所蔵する啓蒙書を読んで（伝統的・宗教的な世界観に対して）「全般的懐疑」に襲われる体験をする。そしてパリ大学法学部に入学、卒業後はヴェルサイユ裁判所で判事修習生として働く選択をするのはその血筋と無関係ではない。そこで、生涯の友人となる**ボモン**とも知己を得た。

　その後七月革命が起こると、トクヴィルらは刑務所視察を口実にアメリカ旅行に出発する。口実とはいえ、刑務所視察も真剣に取り組んだが——ボモンと共著でその成果を出版している——、真の目的はアメリカ合衆国で来たるべき社会＝デモクラシーを観察することにあった。その9カ月のアメリカ滞在をもとに執筆されたのが、『アメリカにおけるデモクラシー』第1巻（1835年）だった。同書で大成功を収め、一躍文壇の寵児となり、第2巻刊行（1840年）後の1842年、トクヴィルは念願のアカデミー・フランセーズ入りを果たした。

2 奇妙なリベラリズム？

　トクヴィルの思想は「奇妙なリベラリズム」（ロジャー・ボッシュ）と称される。それはブルジョア社会（文明社会）に対する両義的な態度にあらわれている。つまり、同時代の〈リベラル〉が基本的に文明化＝商業化と自由の親和性を強調したのに対して、彼はそれが自由を侵害する面の方により着目したのだ。

　トクヴィルがみたジャクソン時代のアメリカは、平等化＝民主化が急速に進行していた。しかし、そこではデモクラシーの政治原理としての人民主権がアメリカ社会に秩序と繁栄をもたらしていた。この点で、デモクラシーはフランスの〈リベラル〉が憂慮した如くフランス革命期のような恐怖政治に至るわけではない。これはアメリカ旅行の大きな発見で、『デモクラシー』第1巻の主要なテーマとなる。ところが、そのことは逆に別の問題を招いている。第2巻では、第1巻で示唆された民主的社会一般の問題を物質主義や個人主義といった新しい概念を用いて解析してゆく——。人はもっぱら財を成すことに集中し、政治や社会の問題に対して無関心になる。その一方で、生活や価値観がますま

▷1　トクヴィル（Alexis-Charles-Henri Clérel de Tocqueville, 1805-59）

▷2　マルゼルブ（Guillaume-Chrétien de Lamoignon de Malesherbes, 1721-94）

法服貴族出身の法律家・政治家。ルイ15世と16世治世に出版統制局長や租税法院院長、宮内大臣を歴任。ルソーをはじめ啓蒙時代の思想家たちと交流し、彼らを支援したことで有名。一方、フランス革命期には国王の弁護人を引き受けて処刑された。

す画一的になり，「多数」に代表される社会による（異質な）個人や少数者への同調圧力が強まる。これを「多数の専制」という。専制には，政治法制面での暴政のほか，思想面での圧制が存在し，トクヴィルは後者を民主的社会の現実的な脅威として懸念した。これに影響を受けた J. S. ミルは後に「社会の専制」を剔抉することになる。

　もう一つ，「奇妙」といわれるのはトクヴィルが〈リベラル〉として「社会問題」に注目したことに理由がある。1839年，彼は国会（下院）議員となるが（42年・46年再選），「社会問題」に熱心に取り組んだ。地元シェルブール王立アカデミーの年報に「貧困問題」（1835年）を寄稿して以降，貧困を近代社会の構造的問題と捉え，いくつか政策提言もした。国家行政が肥大し集権化することで，地方の自由そして個人の自由が脅かされることを懸念しながら（「行政の専制」問題），トクヴィルは必要最小限度の公的扶助を認める一方，労働者階級の参政権に賛成すると同時に，特に税制の公正なあり方について構想した。44年には新聞『商業（コメルス）』を共同買収，「新しい左派」という新グループを形成し積極的に活動するが，その主張は実を結ぶことなく二月革命が勃発する。

3 ボナパルティズムとの対決

　二月革命後，トクヴィルは憲法制定国民議会議員に選出され憲法起草に携わるが，その憲法下で圧倒的な国民の支持によって大統領に選出されたのはナポレオンの甥，**ルイ・ナポレオン**▷4だった。同政権下でトクヴィルは外相を務め（わずか5カ月で解任），ナポレオンと会談などするうちに，その野心に早くから気づいていた。そして1851年12月，ナポレオンがクーデタを決行（トクヴィルも逮捕），再選を禁じた第二共和政憲法を「修正」し事実上無効にすると，トクヴィルも政界引退を余儀なくされることになる。この間に執筆，死後刊行された『回想録』は，当事者によって書かれた同時代史として評価が高い。

　第二帝政下，トクヴィルはクーデタ前に着想した帝政研究を進め，革命論そして旧体制論へと展開していった。フランスが革命を経て再び（行政の）専制に至った病因を探求するうちに，旧体制にまで遡らざるをえなくなったのである。その成果が『アンシャン・レジームと革命』（1856年）だった。その後すぐに病死したため，革命自体を論じ帝政論に結実するはずだった続編は未完に終わった。同書でトクヴィルは，フランス旧体制下で行政の集権がいかに進められたかを，主に行政文書の緻密な読解を通じて解明した。それは革命後も集権が継承されたことを指摘するなど，独自の視点を有する一級の歴史研究だが，同時に同時代史でもあった。つまり，言論の自由を含め政治的自由を抑制する一方，国民の側も経済活動に専念し権利の保障より経済の改革（成長）を求めるような時代精神，ナポレオン3世の統治理念（ボナパルティズム）を批判した書でもあったのだ。

　　　　　　　　　　　　　　　　　　　　　　　　　　（髙山裕二）

▷3　**ボ モ ン**（Gustave de Beaumont, 1802-66）フランスの司法官，政治家。トクヴィルと合衆国を旅行した友人として記憶されているが，自身も人種問題を扱った小説や旅行記を残した。

▷4　**ルイ・ナポレオン（ナポレオン3世）**（Charles-Louis Napoléon Bonaparte, 1808-73）

ナポレオン1世の甥。叔父が失脚すると国外追放となり各地を転々とするが，二月革命後に帰国し大統領に就任。1851年クーデタと人民投票により10年任期の大統領，翌年皇帝となる（第二帝政開始）。個人の自由を抑圧する措置を実行する一方，普通選挙制に基づく立法院を設置し，産業資本の利益擁護政策を推進して経済成長を実現した。普仏戦争で捕虜となり失脚，亡命先の英国で死去。

（**参考文献**）

髙山裕二「奇妙なリベラリズム」トクヴィル『アメリカにおけるデモクラシーについて』中公クラシックス，2015年。

25 ベンサム

▷1　ベンサム（Jeremy Bentham, 1748-1832）

12歳でオックスフォード大学に入学。法曹の道を志すも，ブラックストンのイギリス法講義に幻滅するなどして思想家・哲学者の道に転進。1770年代～80年代は特に法と道徳の哲学的研究を進めた。フランス革命期には「権力の分割」などを執筆し，政治制度論の理論的枠組みを確立。1810年代～20年代初頭には，イギリスの議会改革論や国教会批判を展開し，晩年はいくつかの国に憲法草案の提供を試みた。

▷2　功利性の原理
ベンサムは，快苦の観念と利害当事者の人数を示唆するために，「功利性の原理」よりも「最大多数の最大幸福」の表現を好んで用いた。しかし，少数者の犠牲が安易に正当化されることへの懸念から，最終的には「最大幸福原理」の名称が使用された。⇨Ⅴ-1「功利主義」

1 功利性の原理とその副次的目的

ベンサムは，アメリカで独立宣言が発布された1776年以降，既存の政治体制が動揺を示す中で，道徳と立法，政治制度をめぐる広範な著述活動を展開した。『道徳および立法の原理序説』（1789年）では，個人の行為や政府の政策を道徳的に判断する基準として「功利性の原理」が提示され，行為や政策の正と不正は，それらが関係者の「幸福」にもたらす影響に基づいて判断されるべきだとされた。ここでいう幸福とは，当該の行為や政策に関係する人々の快楽の増大や苦痛の減少を意味する。快苦の増減が道徳的判断の基準とされたのは，快楽と苦痛，特に苦痛は誰もが経験的に理解可能と考えられたからであった。

とはいえベンサムは，統治者が関係者の幸福を直接的に最大化することを求めたわけではない。『民事および刑事立法論』（1802年）において示されているように，統治者は功利性の原理の「副次的目的」として，安全，生存，富裕，平等を追求するべきであった。安全と生存は富裕と平等に優先され，中でも身体，財産，評判，生活条件の法的保障を意味する安全は，各人が自らの幸福を自由に追求するための重要な基盤とされた。ベンサムによれば，貧困や疾病による悪影響を除けば，基本的には各人は自己利益の最良の判定者として想定される。したがって，統治者の主たる仕事は，安全などの基盤整備を通じて各人の幸福追求に間接的に寄与することであった。

2 統治者の責任と戦略的エゴイズム

ベンサムは『統治論断片』（1776年）において「自由な国家」と「専制的国家」を区別し，前者の特徴として，出版と結社の自由とともに「統治者の責任」が確立されている点を挙げた。「統治者の責任」は，その後もベンサムの一貫した主題として考察され，最終的に「公職者の適性」の概念へと結実する。「公職に適用される経済性」（1822年）によれば，公職者は次の三つの適性を備えているべきであった。第一に，公共の利益を促進しようとする道徳的適性，第二に，知識と判断力を有する知的適性，第三に，職務を遂行する活動的適性である。議員や官僚は知的活動的適性をもつべきであったが，道徳的適性を欠いた知的活動的適性の保持は，専制的国家を生み出す危険性があった。したがって，公職者の三つの適性のなかで最も重要なのは道徳的適性であった。

ただしベンサムは，公職者がこれらの適性を自然に発揮しうるとは期待しなかった。個人が他者に対して善意などの動機から利他的に行為することは，十分ありうるし，またそうすべきでもある。この点でベンサムの人間観は決して利己主義的ではない。しかし，権力を保持した公職者が公共の利益を自ら追求すると想定することは，楽観的で有害であった。このように，個人と公職者の傾向性を戦略的に区別し，公職者にのみエゴイズムを想定するという視点は，ベンサムがヒュームから継承したものである。利己的な公職者に道徳的適性を発揮せしめるために，ベンサムが決定的に重視したのが政治制度であった。

③　ベンサムの政治的功利主義

　関係者の幸福最大化のために政治制度のあり方を重視するベンサムの功利主義は，「政治的功利主義」と称される。ベンサムの制度論は晩年に刊行された『憲法典』（1830年）で詳細に展開された。その特徴は以下の点にある。

　第一は，ベンサムが「政治的従属の連鎖」と呼ぶ特異な構造である。広範な有権者から選出された議会は一院制で構成される。議会は首相の任免権を保持し，首相は行政大臣に対する任免権を保持する。そして大臣は各々の行政機構の部下の任命に責任を負う。有権者は一定の条件下で，議員だけでなく首相や大臣，一部の役人も解任しえた。ベンサムの考えでは，公職者の適性を保障しうるのは，**権力の分割**ではなくこのような一元的な従属の連鎖構造であった。

　第二は，役人の「単座制」である。これは，行政機構のそれぞれの職務に対して一人の役人が任命されるものである。これによって，各々の職務に対する役人の権限と責任を明確化することが企図された。対照的にベンサムは，委員会制度については責任の所在を不明瞭にするとして批判した。

　第三に最も重要なのは，「パブリシティ」の徹底である。軍事や外交といった例外はあるが，公職者の活動状況が広く世論に公開されることは，その適性を確立する上で決定的に重要であった。ベンサムのパブリシティの概念がユニークであるのは，それが政治情報を，議事録や新聞などの紙媒体だけでなく，物理的な建築様式によって周知させようとしたところにある。例えばベンサムは，議会や法廷，大臣の謁見室について，市民が公職者の活動を直接監視できる詳細な建築案を構想した。これらの提案は，「善き統治は**アーキテクチャ**に依存する」というベンサム独自の立憲主義的見解に基づくものであった。

　以上の制度論は，ベンサムが，有権者や世論の判断に基本的には信頼を置いていたことを示唆している。とはいえ，無謬性が想定されていたわけではない。むしろパブリシティによって創出される言論空間は，ベンサムによって「正義の学校」と称されているように，偏狭な自己利益に執着しがちな市民に対する教育的機能も果たすと考えられていた。このようなパブリシティの教育的側面は，後にJ. S. ミルによって積極的に展開されることになる。　　　（小畑俊太郎）

▷3　⇨Ⅱ-11「ヒューム」。政治制度の設計に際して，統治に関わる人間は利己的存在として想定すべきというヒュームの主張は，「議会の独立について」で登場する。統治者の利己性を前提とするヒュームの政治制度論は，「完全な共和国についての設計案」において完成した。

▷4　**権力の分割**
権力の分立と均衡は，「自由な国家」の条件としてモンテスキューをはじめとする多くの思想家によって支持されていたが，ベンサムは「権力の分割」において，権力の分立と均衡はそれ自体では効果的な立憲主義的制度たりえないと主張した。

▷5　**アーキテクチャ**
建築様式の意味。近年では，人々の行為に影響を及ぼす物理的技術的な構造を意味する概念として，行動経済学の分野などで注目されている。

▷6　⇨Ⅱ-26「ミル」

（　参考文献　）
フィリップ・スコフィールド（川名雄一郎・小畑俊太郎訳）『ベンサム——功利主義入門』慶應義塾大学出版会，2013年。ジェラルド・ポステマ（戒能通弘訳）「正義の魂」戒能通弘編『法の支配のヒストリー』ナカニシヤ出版，2018年。

26 ミ ル

▷ 1　J. S. ミ ル（John Stuart Mill, 1806-73）

ロンドンに生まれる。19世紀イギリスのヴィクトリア期を代表する知識人・哲学者。1823年から1858年まで，ロンドンの東インド会社に勤務した。1865年から 3 年間，ウェストミンスター選挙区から出馬して下院議員を務め，1867年には，セント・アンドルーズ大学の名誉学長に就任した。

▷ 2　ジェイムズ・ミル（James Mill, 1773-1836）哲学の急進派の代表的人物。主な著作として「統治論」（1820年）や『人間精神現象の分析』（1829年）などがある。

▷ 3　⇨ Ⅰ-2 「プラトン」

▷ 4　⇨ Ⅰ-3 「アリストテレス」

▷ 5　⇨ Ⅱ-25 「ベンサム」

1　思想形成と「精神の危機」

　J. S. ミル[1]は幼少期から父ジェイムズ[2]の徹底的な英才教育を受けた。 3 歳からギリシア語を， 8 歳からはラテン語を学び，多くの古典古代の文献を読んだ。早期教育の過程で親しんだプラトン[3]やアリストテレス[4]の政治学，ヘロドトスやギボンなどの歴史書は，ミルの思想形成に大きな影響を与えたと考えられる。このように古代ギリシア・ローマに関する知識を深めていくと同時に，ミルは父が信奉していたベンサムの政治思想にも傾倒した。特にベンサムの『民事および刑事立法論』[5]を読んで感銘を受け，若きベンサム主義者としてミルは，「世界の改革者」を自認して法と政治の改革運動に邁進した。

　しかし1826年に，20歳のミルは「精神の危機」と称される意気喪失状態に陥る。その背景には，父に一方的に知識を詰め込まれてきたことへの反発や，人間の利己性のみを強調する（とミルには思われた）ベンサムの狭隘な人間観に対する批判があった。やがて，詩人のワーズワスやコールリッジの**ロマン主義**[6]に触発されて精神的に回復したミルは，新たな人間観や幸福観を提示するに至る。「ベンサム」（1838年）では，利己的な人間観が批判されるとともに，幸福の要件として，物質的利益だけでなく「精神的完成」を追求し，利他的な動機から行為することの意義が説かれた。

　ミルの最初の著作である『論理学体系』（1843年）では，「意志の自由」の問題が論じられた。人間の性格は環境によって一方的に形成されると主張する**オーウェン**[7]主義者に対して，ミルは，このような宿命論的な環境決定論は，自らの性格を修正して向上したいと望む人間の欲求を無力化するものだと批判した。ミルの考えでは，性格は環境に影響を受けるものの，性格を修正したいという強い欲求は，それ自体で環境を構成するのであり，「道徳的自由の感情」そのものであった。ここには，主体的な性格形成こそが人間の徳性と幸福にとって重要であるという，「精神の危機」以降のミルの新たな認識がみられる。

2　社会の専制と社会的自由

　『自由論』（1859年）では，「意志の自由」ではなく「社会的自由」の問題，すなわち社会が個人に対して行使する権力の限界を定めることが主題とされた。選挙権が拡大して民主化が進展する中で，今や統治者の権力を制限すること以

上に，世論や「社会の専制」を回避することが喫緊の課題とされたのである。ミルの提示した処方箋は，いわゆる「他者危害原則」と呼ばれる。すなわち，政府や社会が個人の自由に正当に干渉しうるのは，当該個人の行為が他者の安全を害する場合だけであった。対照的に，過度な喫煙や飲酒のように，行為が自分自身にのみ直接関係する場合，いかに愚かにみえるとしても，説得や忠告を除くいかなる権力的干渉も認められるべきではなかった。

　とはいえ，ミルが自由な行為として推奨したのは個性や道徳感情を陶冶することであった。「功利主義」（1861年）では，快楽は身体的な低次の快楽と精神的な高次の快楽に区別され，後者が称賛された。また『自伝』では，幸福の達成感は自己利益を直接的に追求するのではなく，他者の幸福や人類の改善，研究や芸術をそれ自体として追求するほうが得られやすいとされた。このようにミルのいう自由な行為には，人間の卓越や完成に対する志向性が強くみられる。

③ 政治的功利主義の展開

　社会全体の幸福の増大を目指すために，政治制度のあり方を重視する点で，ミルはベンサムと同様に「政治的功利主義」の立場を採る。ただし，『代議制統治論』（1861年）におけるミルの制度論にはベンサムとの重要な相違点もある。

　第一に，ミルは権力の抑制と均衡を重視し，特に知的エリート層の役割に期待した。例えば，高度な能力を必要とする法案の作成は専門家集団である立法委員会が担当し，議会の役割は法案の審議と可否の議決に留まるべきだとされた。また，議会の構成は二院制が支持され，第二院は行政の実務経験者や知識階級の人々によって占められるべきだとされた。選挙制度については，教養のある人々に２票以上の投票権を与える複数投票制や，少数の知識階級の人々を代表に選出できる**比例代表制**が支持された。このように，ミルの制度論では，ベンサムの一元的な制度論に比して，知的エリート層が独立した権力を保持し，「社会の専制」の抑止力となることが期待されている。

　第二に，ミルは善き統治の基準として，政治制度が国民の性格に及ぼす影響を重視した。善き統治とは，国民の「受動的性格」を克服し，道徳的・知的・活動的な資質を向上させることにあった。これらの三つの資質は元来，ベンサムが公職の適性として統治者に求めていたものである。ミルは，中央政府の知的エリート層に「熟練した立法と行政」を期待した一方で，治安判事によって担われていたイギリスの地方政治を改革し，国民の政治参加を通じた公共精神の育成を追求した。そのような「公共精神の学校」として，具体的に，イギリスの下層中産階級が陪審員や教区の役職に携わることが推奨されている。

　以上の制度論を展開する際，ミルが頻繁に参照したのは古典古代，中でもアテナイの経験であった。ミルは生涯功利主義者を自認していたが，古典古代の考察はミルの功利主義に独自性をもたらしたと考えられる。　　（小畑俊太郎）

▷6　**ロマン主義**
近代的な機械論的自然観，合理主義，産業化と商業文明の浸透に抗して，自然と人間の共同性の回復を提唱する思想。イギリスでは湖水地方を拠点とするワーズワスとコールリッジが『抒情歌謡集』を共作し，その先駆的役割を果たした。

▷7　**オーウェン**（Robert Owen, 1771-1858）
人間の性格は環境によって決定されるという考え方に基づき，教育や労働の環境の改善に尽力した。イギリス社会主義の父ともみなされる。

▷8　**比例代表制**
19世紀中頃のイギリスでは，少数派の知識階級の選出を可能とする少数代表制への関心が高まり，ヘアが『代表選出論』（1859年）で提唱した比例代表制が注目された。その構想は，ミルによって強く支持される一方で，多数代表制を支持するバジョットからは批判を受けた。⇨Ⅱ-27「バジョット」

▷9　⇨Ⅴ-1「功利主義」

（**参考文献**）
関口正司『自由と陶冶』みすず書房，1989年。小田川大典「J. S. ミルと共和主義」田中秀夫・山脇直司編『共和主義の思想空間』名古屋大学出版会，2006年。

27 バジョット

▷1　バジョット（Walter Bagehot, 1826-77）

イングランド南部サマセットシャーのラングポートに生まれる。ロンドン大学に学ぶ。生家の地方銀行の経営に携わりながら，数多くの文芸批評を行い，1861年からは『エコノミスト』の第2代主筆を務めた。1873年には，金融論の古典とされる『ロンバード街』を出版した。

▷2　ウィッグ系の『エジンバラ・レビュー』（1802-1929年）とトーリー系の『クォータリー・レビュー』（1809-1967年）などがある。

▷3　ウィッグ（ホイッグ）
17世紀後半，名誉革命に至る過程で，議会主権と非国教徒に対する寛容とを主軸として形成された党派。

1 「自由な統治」と「改革の時代」

　バジョット▷1が，『エコノミスト』（主筆を務めた）や『フォートナイトリー・レビュー』▷2など定期刊行物に，**ウィッグ（ホイッグ）**▷3の立場で論考を発表したのは，「改革の時代」とされるヴィクトリア時代（1837〜1901年）である。いわゆる産業革命の中，カトリック解放法（1829年）や穀物法廃止（1846年）等の自由主義的政策，数次の選挙法改正▷4等の政治的民主化が進行中であった。

　名誉革命後，次第に明確な政治集団と化したウィッグは，改革の政党として保守的なトーリーと競いながら政権を担当した。19世紀中頃に政党の組織化が進むと，それぞれ自由党，保守党となる。フランス革命（1789年）に端を発する同国の動きを横目に，イギリスでは選挙法改正によって中流階級などの政治参加が進む。その中でウィッグは，国民の自由ならびにこれがもたらす進歩と，秩序の安定（＝統治）とを両立してきた議会政治を「自由な統治」と呼び，その維持を最優先課題とした。維持の秘訣は，現状墨守と過激な改革の間を採る中庸，調整の政治であった。民主化の激流のさなかこれが実践されるためには，「（土地）財産と（古典）**教養**▷5」を有する政治経験豊かな政治支配層（主に地主貴族）が，数に優る民衆の世論を取り入れながら指導することが不可欠とされた。

2 議会政治のリーダーシップ論

　バジョットは，1851年のフランス滞在中に遭遇したルイ・ナポレオンのクーデタから大きな影響を受けた。彼は，フランスとは対照的にイギリスで議会政治が成功してきた理由を分析して，穏健さや中庸を重んじるイギリス人の「国民性」にその原因を見出し，これをウィッグ精神と呼んだ。このテーマは，『自然科学と政治学』（1867-72年）を含め，彼の主要な関心事となった。

　バジョットが政治思想史上の重要人物とされる理由は，『イギリス国制（憲政）論』（1865-67年）を残したことが大きい。同書は，イギリス国制の理論の書というよりは，眼前に迫る選挙法改正を見据えた議会改革論▷6である。

　バジョットは，従来の国制分析の主流であるとみる三権分立論や混合政体論を批判し，国民の「恭順の念」を喚起し服従を調達する「尊厳的部分」（君主と貴族院）と実際に国政運営を担う「実効的部分」（内閣と庶民院）とから国制を分析すべきと論じた。

これら二部分の提示は，選挙法改正論争におけるバジョットのねらいと密接な関係がある。「実効的部分」は，その内閣論を中心とする国政運営能力向上の問題に関わる。彼によれば，行政府と立法府は，内閣を「バックル」，「ハイフン」として，むしろ「融合」している。ここに，国内外の情勢が急変する中，行政と立法の対立により政治的な停滞が生じるアメリカ大統領制とは異なり，議会の支援を得て，内閣が強力に国政を推進できるイギリスの強みがある。

バジョットによれば，イギリス議会では，従来の政治支配層が他者の意見を尊重して中庸の政治を進めてきたことで，世界史的に稀有な「討論による政治」（『自然科学と政治学』）が成功した。しかし，地主貴族による古典教養を核とするアマチュア政治では，巨大化・複雑化した国家の経営が機能不全を来しつつある。彼は，選挙法改正を通じ議員構成を変えることで，商工業の進展に合致した政治指導層の形成を目指した。そのためには，進取の気風と穏健さとを兼ね備え，株式などの動産（ビジネス財産）を保有して金融業や製造業で組織を運営する実業家「ビジネス・ジェントルマン」（上層中流階級）の経営手腕（ビジネス教養）が国政の場で発揮されねばならない。ただし，所領経営に長けた地主も排除されない。彼は，状況全体を俯瞰し各部分の調整を行う「経営」視点の導入により，政治運営能力のバージョンアップを図ったのである。

③ イギリス国制と服従の政治心理学

しかし，国家経営は，政治支配者層の独断では遂行できない。「自由な統治」は国民の「自治」であるため，支配者層は「世論」に目を配り，多様な意見を調整してまとめ上げ国政運営方針を決定せねばならない。世論とは主に，リスペクタブルとみなされる下層中流階級の意見であり，上層労働者階級（熟練工）にまで保持が認められる意見であって，下層労働者階級（未熟練工）はその担い手には含まれない。また，当時の繁栄を牽引した上層中流階級は，組織経営能力はあっても成り上がりにすぎず，代々高い社会的地位にある地主のようには尊敬されないため，政治支配者層としての支持を得るのも難しい。

ここに，選挙法改正論争において「尊厳的部分」を論じたバジョットのねらいがあった。女王の隠遁生活が長引き国王不要論も出る中，統治活動の前提条件として国民の服従調達の必要とその心理的機制とに光を当て，「尊厳的部分」が果たす政治的役割を明らかにしたのである。彼は，最新の学術的成果である地質学やダーウィニズムの知見を取り入れながら，イギリス社会を「恭順型社会」として描き出した。その上で，下層労働者階級を「原始的野蛮」と表現して世論から排除するとともに，「尊厳的部分」を崇拝し，満足しながらこれに服従するだけの非理性的国民だと論じて，選挙権付与の必要性を否定した。『イギリス国制論』は，ヴィクトリア時代の繁栄の中，「ビジネス・ジェントルマン」が国政を主導する方法を指南した支配者教育論であった。（遠山隆淑）

▷ 4　1832年から1928年まで5度にわたり，選挙権の拡大や地方から都市への議席の再分配を行った。第1次選挙法改正（1832年）では，小商店主を典型とする下層中流階級にまで，第2次選挙法改正（1867年）では，都市の上層労働者階級にまで選挙権が拡大された。第1次改正により，有権者数は50万人から81万人に，第2次改正では，135万人から247万人に増大した。

▷ 5　**教養**
パブリック・スクールからオックスフォード大学とケンブリッジ大学へと至るジェントルマン教育ルートを経ることで身につくとされ，その門戸は地主貴族に限定されていた。

▷ 6　事実，同書の初出は，1865年から2年をかけて『フォートナイトリー』に連載された9本の論考である。

▷ 7　**リスペクタブル**
中流階級が最重視したヴィクトリア時代の時代精神ともいえる価値観。自助や勤勉，敬虔さなどの精神的態度から，見苦しくない生活やこれを支える収入などの外面的条件まで幅広い。

参考文献
バジョット（小松春雄訳）『イギリス憲政論』中央公論新社，2011年。遠山隆淑『「ビジネス・ジェントルマン」の政治学』風行社，2011年。同『妥協の政治学』風行社，2017年。

1 ニーチェ

1 ニーチェの政治思想をめぐる論争

キリスト教やプラトン哲学など、西洋近代を支えてきた価値観を**ルサンチマン**[1]の産物として批判するとともに、これらの価値観が育んできたニヒリズムを超克し、超人の到来を説く。20世紀以降の哲学に圧倒的な影響を及ぼした**フリードリヒ・ニーチェ**[2]の思想を要約するならば、以上のようになるだろう。では、こうした思想をもとに、ニーチェは政治について何を語っていたのだろうか。

ニーチェは当時徐々に定着しはじめていたデモクラシーを、ルサンチマンが駆動する畜群道徳の表出として批判する。デモクラシーは、優れた者を憎むという、畜群たる大衆のルサンチマンの産物なのである。かわってニーチェは、貴族的な徳の復活と新たな位階制を提唱する。

このようなニーチェの政治論は、当初、相異なる2通りの解釈を生んだ。第一の解釈は、ニーチェをファシズム[3]、とりわけナチズムの先駆とみなす。民主的な平等を批判して位階制を求める点は、ニーチェとファシズムに共通する。また、ニーチェの妹で遺稿の編纂を行ったエリザベートが反ユダヤ主義者でのちにナチス支持者となったことも、この解釈に影響を与えた。

他方、ニーチェからファシズム色を払拭しようとする人々は、第二の解釈として、非政治的、反政治的なニーチェ像をつくりあげた。この解釈によれば、ニーチェは思索を好む審美的人間であり、政治に対してはよくて無関心、さらには反発するのが基本的態度であったという。

現在の研究では、これらの解釈は退けられている。第一の解釈は、アーリア人至上主義やナショナリズムへのニーチェの批判を見過ごしており、牽強付会であるといえる。第二の解釈に対しては、ニーチェがしばしば政治について言及したのみならず、未完の著作構想では「大いなる政治」と彼が呼ぶものに重要な役割を与えていたことと整合性が保てない点でやはり問題がある。

2 闘技の政治（アゴーン）

これら二つの解釈から離れ、20世紀末以来、ニーチェの知見を積極的に政治思想に活用しようとしてきたのが、ウィリアム・コノリーやボニー・ホーニッグなど、闘技デモクラシー[4]論者と呼ばれる人々である。彼らは主に以下の3点についてニーチェに負うている。第一に、ルサンチマンに注目した近代批判で

ある。ルサンチマンに駆られた畜群が優秀者を排除するというメカニズムを，闘技デモクラシー論者たちは，マジョリティによるマイノリティの抑圧，排除という現象に見出す。第二に，個人のアイデンティティに宿る政治的な側面への注目である。ルサンチマンによるマイノリティの排除は，個々人のアイデンティティ内でのマジョリティ意識の強化と切り離せない。ルサンチマンという実存的な心理の次元が諸個人の外部の政治社会のダイナミズムと連絡しているのである。第三に，理想的行為様態としての闘技である。ニーチェはホメロスに描かれる競争・闘争（アゴーン）のあり方を賞賛し，また，ルサンチマンに陥らずに異なる他者と接する方法として「敵意の精神化」を説いた。闘技デモクラシー論は，こうしたニーチェの主張に，アイデンティティや価値観，利益が異なる人々同士の民主的な共有の可能性を見出すのである。

❸ ニーチェ自身の政治思想にむけて

だが，闘技デモクラシー論者自身も認めるように，彼らの構想はニーチェの政治思想の忠実な反映とは言い難い。とりわけ，ニーチェの貴族賛美や位階制の要求を，闘技デモクラシー論は時代錯誤として切り捨ててきた。だが，ニーチェ自身の政治思想にとり，これらを無視することは困難である。

実際，近年では，ニーチェ自身の政治思想を明らかにしようとする研究が盛んである。その中で注目すべき議論を三つ挙げておきたい。

第一に，時期ごとの変化や違いを重視する議論がある。例えば，「永遠回帰」や「超人」の思想が提起される以前の著作では，デモクラシーに対して相対的に肯定的な評価が下されている。ニーチェの政治思想を硬直的な定式に収めず，内部の様々な可能性と揺らぎに注視する方向性だといえるだろう。

第二に，ニーチェが生きた時代の文脈との関係でニーチェの政治論を理解しようとする議論が挙げられる。とりわけ重視されるのが，同時代のドイツの政治状況である。ニーチェが活動した時期は，ビスマルクがドイツ政治を主導した時期と重なっており，ニーチェのデモクラシー批判やナショナリズム批判は，ビスマルク時代の政治動向への批判という意味合いを有する。さらに，「大いなる政治」というニーチェの構想も，ビスマルクの政策への対抗という文脈を抜いては理解困難なことが近年の研究では明らかにされてきた。

第三に，政治構想と哲学との関係に着目した議論である。ニーチェに一貫した明確な政治構想が存在するとして，それは果たして彼の哲学，とりわけ，諸価値の転倒という企図と整合的だろうか。例えば，ニーチェの構想する位階制もまた，彼自身の系譜学的批判の対象となってその根拠を掘り崩されてしまうのではないか。

論点は尽きないが，ニーチェの政治思想をめぐっては，今後多くのことが明らかとなっていくであろう。　　　　　　　　　　　　　　　　（乙部延剛）

▷3 ⇨Ⅴ-18「ファシズム・全体主義」

▷4 ⇨Ⅴ-6「ラディカル・デモクラシー」

▷5　闘技（アゴーン）
オリンピックでの競技に代表されるような，古代ギリシアで重視された競争のあり方のこと。ニーチェは初期の論考「ホメロスの競争」において，競争こそが古代ギリシアのポリスの繁栄を支える活力であったと論じた。ここでいう競争は，争いや不和を生むようなものではなく，競争相手よりも自身が優れていることを示し，名誉を得ようとするものだとされる。

（参考文献）
ニーチェ（中山元訳）『善悪の彼岸』光文社古典新訳文庫，2009年。村井則夫『ニーチェ──ツァラトゥストラの謎』中公新書，2008年。鏑木政彦「ニーチェ──「神の死」以降の宗教と国家」小野紀明ほか編集代表『岩波講座政治哲学3　近代の変容』岩波書店，2014年。

② フロイトとラカン

① フロイトの集団心理学

▷1　フロイト（Sigmund Freud, 1856-1939）

フライベルク（チェコ）生まれの医師・精神分析家。パリのシャルコーの元に留学し，後にヒステリーの研究から精神分析を創始した。

　ジークムント・フロイト[1]は，ウィーンを中心として活躍し，精神分析という精神疾患についての特異な治療法を創始した医師・精神分析家であり，いっけん政治とは無関係であるようにも思える。しかし，精神分析が，個人の心を扱うもののようでいて，実際には個人の心の中にある他者や，それらの他者との関係を扱うという点において，個人心理学であると同時に集団の心を扱う「集団心理学」でもあった。それゆえ，フロイトの理論は，単に精神疾患の治療のみを目指すものではなく，社会や国家をも含む広い射程をもつことになった。実際，フロイトが生きた時代は，1914〜18年の第一次世界大戦や，第二次世界大戦直前の1938年のナチスによるオーストリア併合と，それに伴うロンドンへの亡命など，政治的な動乱の時代でもあり，彼はその度ごとに政治を人間の心理との関係から考察し，いくつかの論考を発表している。

　フロイトの著作の中で，政治学との関連から最も有名なものは，1921年に発表された「集団心理学と自我分析」であろう。この論文において，彼は，人がどのようにして集団を形成するのかという問題について論じている。集団を形成するということは，個々人の間に何らかのまとまりを作るということであり，そこでは往々にして各人の個別の存在は犠牲にされがちである。また，英雄的なカリスマが集団をまとめあげるとき，その集団に属する個人はその人物に「支配されたい」という感覚すら抱くことがある。自由であることを求めるよりも自発的に服従しようとするこのような人間の心理は容易には理解しがたいものであり，精神分析的な説明が必要であるとフロイトは説く。フロイトに先行する多くの学説は，集団形成を一種の暗示であると述べるに留まっていたが，フロイトは，彼がリビドー（リビード）として取り出した，人と人との間を結びつける感情の拘束（結びつき）から集団形成を説明する。その際に彼が例にとるのは教会と軍隊であり，この二つの集団においては，ともに指導者（キリストや隊長）が集団の構成員を等しく愛してくれているという錯覚が機能しているがゆえに集団が維持されていると述べる。

　他方，集団を結びつける力は愛だけではなく，憎悪もまた同じ働きをもつ。「共通の敵」の存在が集団をより強固なものにすることはよく知られているが，この点に関してフロイトは，愛情と憎悪はもともと両価的であり，「集団心理

学と自我分析」においては，集団形成によってこの憎悪（他者への攻撃性）が乗り越えられると説明している。

　晩年になると，フロイトはむしろ人間にとって攻撃性は根本的であり，それを乗り越えることが不可能であることを強調するようになった。1932年に彼がアインシュタインとの間で交わした往復書簡「人はなぜ戦争をするのか」でもその点が強調されており，人間に備わった攻撃性は必然的に戦争を導くのだが，その攻撃性を「文化」によって治めることの重要性が論じられている。

❷　ラカンとフロイト左派，ラカン左派

　1930年代以降，フロイト以後の精神分析家や研究者の中から「フロイト左派」と呼ばれる思想が生まれることになる。ヴィルヘルム・ライヒやヘルベルト・マルクーゼがその代表であるが，彼らはフロイトの思想とマルクス主義を結びつけ，フロイトの見出した性の領域における抑圧からの解放を目指した。彼らの思想は，1960年代以降の新左翼の政治的潮流の中でも受容され，特にライヒの思想はフランスの**五月革命**[42]の際に大いに参照された。

　他方，「フロイトへの回帰」をスローガンとしたフランスの精神科医・精神分析家である**ジャック・ラカン**[43]は，当初こそ五月革命の担い手である学生たちに共感を示したが，次第に批判的な態度を取るようになった。それは，彼ら学生たちが政治運動の中で求めているのは結局のところ新たな支配者でしかなく，その支配者が作る新たな体制の中で学生たちが「奴隷」の役割を果たさざるをえないと考えたからであった。また，フロイト左派の論者やその影響を受けた学生たちが，家族や社会における抑圧が人々の生きづらさを生み出すと考えがちであったことに対してもラカンは批判的であり，むしろ，その家族や社会こそが抑圧から生み出されたものであると述べている（これは，フロイトにおける抑圧が，より根源的な原抑圧から生み出されるものであることを念頭においてなされた発言である）。

　もっとも，ラカンは単に五月革命の際の学生の動きを批判していただけではなく，1967〜69年にかけて彼自身が，精神分析家の集団をどのように形成するべきかという長年の問いの中から，反ヒエラルキー的な（すなわち，集団の中に支配者を置くことのない）集団のあり方を検討し，そこから「パス」と呼ばれる特殊な分析家資格を制度化した。

　なお近年では，構造主義や，そこに収まりきらない「享楽」といった精神分析の概念を政治現象の分析に応用する研究が散見される。その潮流は「**ラカン左派**[44]」と呼ばれ，エルネスト・ラクラウやスラヴォイ・ジジェク，アラン・バディウなどがそこに分類されることがある。　　　　　　　（松本卓也）

▷2　**五月革命**
1968年5月にパリで起きた，学生の主導するゼネラル・ストライキを中心とした一斉蜂起。同時代の他国との運動とも連動し，カウンター・カルチャーの形成を導いた。

▷3　**ラカン**（Jacques Lacan, 1901-81）
パリ生まれの精神科医・精神分析家。パラノイアの研究から出発し精神分析家となり，フランスにおいてパリ・フロイト派を組織した。

▷4　**ラカン左派**
ラカンの理論を援用して政治について左派的な議論を展開する論者らのこと。

（参考文献）

アルバート・アインシュタイン／ジークムント・フロイト（浅見昇吾訳）『ひとはなぜ戦争をするのか』講談社学術文庫，2016年。ヤニス・スタヴラカキス（山本圭・松本卓也訳）『ラカニアン・レフト』岩波書店，2017年。

③ デューイ

▷１　デューイ（John Dewey, 1859-1952）
アメリカの哲学者，教育学者。1896年にシカゴ大学附属実験学校を開設し，伝統的な教育の改革を実践した。代表的な著作として『学校と社会』（1899年），『民主主義と教育』（1916年）などがある。

▷２　革新主義
革新主義は概ね，1890年代から1910年代末までの時期に当たる。これは，アメリカの大学において経済学や社会学などの社会科学が興隆した時期とも重なる。社会的福音（ソーシャル・ゴスペル）と呼ばれる，社会科学の知見を用いることで地上における神の国の実現を目指す，リベラルなプロテスタント信仰に根差した知的運動が生じたのも，この革新主義の時期と前後する。

① アメリカのプラグマティズムを代表する哲学者

　ジョン・デューイ[1]はパースやジェイムズと並んでプラグマティズムを代表する哲学者である。プラグマティズムという潮流を一つの定義に集約することは困難であるものの，リチャード・バーンスタインが指摘するように，反基礎づけ主義，可謬主義，探究者の共同体という理想，偶然性や偶発性の認識，多元性の受容という五つの要素を広くその中に見出すことができる。特にデューイは，有機体と環境との相互作用として経験を能動的に捉え直し，哲学や教育の刷新をはかった。デューイはまた，同時代のアメリカに指針を与える知識人としても息長く活動を行い，政治思想に関わる多くの論考や著作を残した。**革新主義**[2]という社会改革の時代から，第一次世界大戦後の大衆消費社会の到来，さらには大恐慌後のニューディール期から第二次世界大戦後の冷戦の形成という，アメリカと世界が大きく変動した時代に活躍したデューイは，アメリカのリベラリズムの変容とデモクラシーの擁護に大きな影響を与えた。

② 公衆の組織化を求めて

　初期のデューイの政治思想は，ジェイムズ・H.タフツとの共著として書かれた『倫理学』（1908年）の中にみることができる。工業化の進展の中で，ニューヨークやシカゴといった都市への人口集中，ローカルな紐帯の崩壊，**移民**[3]たちの大量流入によって，公衆衛生，失業，貧困をめぐる新しい諸問題が次々と生じた。にもかかわらず，個人の進取の精神によって万事は乗り越えられるという，開拓可能な西部フロンティアの存在が生み出してきた楽観的想定はいまだに揺らいでおらず，行政による規制は自由な民衆にはそぐわないという理解が払拭されていない。このように世紀転換期の同時代を把握したデューイが求めたのは，私的な取り組みでは対処しきれない複雑で広範な利害に対応するために，専門家が調査や監督を行う適切な行政機関を確立することだった。科学的専門性を備えた公務員の任用によって「幅広い共感と結びついた専門的な知性」をいきわたらせることを，当時のデューイは求めた。

　第一次世界大戦後，疲弊したヨーロッパ諸国にかわってますます世界市場での存在感を強めていったアメリカでは，国内で排外主義の動きが高まる一方で，都市を中心に華やかな大衆消費社会が花開いていった。この時期のデューイは，

国際政治に関しては戦争を国際法で禁じる戦争違法化の運動に関わると同時に，民主党と共和党にかわる，英国の労働党に伍するような第三の党を確立する運動に参加していった。ただしデューイは，国際社会や政党の再編といった垂直的な組織化だけで十分であるとは，もはや考えなかった。

　1920年代の後半に書かれた『公衆とその諸問題』（1927年）は，デューイの政治思想を代表する著作である。この中でデューイは，自らが直接関わらない様々な行為がもたらす帰結の影響をますます人々が受けるようになったグレイト・ソサエティといえる社会状況を踏まえつつ，ばらばらになっている公衆を一つにまとめあげ，それら帰結の意味を集合的かつ反省的に捉え返していく，グレイト・コミュニティと名づけることのできる状態を創り出すことを求めた。具体的には社会的探究の成果を人々が広く共有していける方法の改善を求めることを通じて，垂直的な組織化以上に公衆の水平的な組織化を構想するようになった。

❸　社会的知性としてのリベラリズム，生き方としてのデモクラシー

　それゆえ，1929年に始まる大恐慌のあと，アメリカの社会と経済を立て直すべく，レックスフォード・タグウェルのような知識人たちが，ブレーン・トラストと呼ばれたルーズヴェルト大統領の懐刀として，専門的知識を備えた官僚たちによる上からの社会改革をニューディールの名の下に推進していった際，予想に反してデューイがそのようなニューディール・リベラリズムに批判的立場を採ったのは，決して意外なことではなかった。『リベラリズムと社会的アクション』（1935年）においてデューイは，古典的リベラリズムから今日のリベラリズムが継承して発展させなければいけない要素として，個人の自由，諸個人の潜在力，探究や議論の中に表れる知性を挙げた。専門家の知をラディカルな社会改革へと結びつけていく際に，誰しもみな何らかの形で知的な貢献ができるとみなしたデューイにとって，知性とは社会的知性と呼べる集合的なプロセスとして理解されなければならないものだった。デューイは，実験的な社会改革のアクションを組み込んだ，社会的リベラリズムないしは民主的リベラリズムと呼びうる方向にリベラリズムを変容させていくことを求めた。

　ソ連のスターリニズムの実態が徐々に明らかになり，ヨーロッパでファシズムの脅威が高まっていった1930年代後半以降，デューイはそれまでにも増してデモクラシーを擁護していった。デューイは1937年，メキシコシティに赴き，モスクワ裁判におけるトロツキーの無罪を明らかにした。第二次世界大戦後の最晩年には**反共リベラル**[4]の立場に接近し，1948年の大統領選に出馬した容共的なヘンリー・A.ウォレスを批判した。デューイにとって，デモクラシーとは政治制度に還元されるものではなく，日常生活に根差した一つの生き方としてみなされ，かつ擁護されなければならないものだった。　　　　　（井上弘貴）

▷3　移民

アメリカ史においてはアイルランド系やドイツ系は旧移民に分類され，東欧や南欧系，ユダヤ系は新移民に分類される。新移民が大量に流入した世紀転換期のシカゴでは，ジェーン・アダムズたちが移民たちの生活を改善するソーシャル・セツルメントの活動を行うためにハル・ハウスを開設し，デューイもそれを支援した。

▷4　反共リベラル

デューイの反共主義への傾斜には，コロンビア大学での彼の弟子であるとともにマルクス主義からの転向知識人となったシドニー・フックも同伴した。ユダヤ系であるフックは，アーヴィング・クリストルらネオコン第1世代にとって先輩格の知識人だった。

（参考文献）

井上弘貴『ジョン・デューイとアメリカの責任』木鐸社，2008年。三牧聖子『戦争違法化運動の時代』名古屋大学出版会，2014年。ジョン・マーフィー／リチャード・ローティ（高頭直樹訳）『プラグマティズム入門』勁草書房，2014年。シェリル・ミサック（加藤隆文訳）『プラグマティズムの歩き方』上・下，勁草書房，2019年。

④ ウェーバー

▷ 1　ウェーバー（Max Weber, 1864-1920）

▷ 2　⇨ Ⅴ-29 「レジティマシー（正当性・正統性）」

▷ 3　アーレント（⇨ Ⅲ-9 ）は『暴力について』で，人々が一致して行為するときに生まれる権力（power）は暴力（violence）と混同されてはならないと述べている。

▷ 4　⇨ Ⅴ-10 「フェミニズム」

▷ 5　「信条倫理」（「心情倫理」）は，困難な状況でも，あくまで信条の炎を灯しつづけることを求める。これに対して「責任倫理」は，暴力など，非倫理的な手段を使っても，政治家は「結果」に責任を負うべきだとする。ウェーバーは革命を支持する若者を前にして「責任倫理」を主張したが，既成事実に屈する「現実主義の陥穽」を問い質す「信条倫理」の意義も評価していた。

1　時代と政治理解

　マックス・ウェーバーは，国民自由党の政治家になる父とユグノーの末裔の母のもと，エアフルトに生まれ，スペイン風邪によると思われる肺炎でミュンヘンにて死去した。彼は社会学者といわれることが多いが，大学での専攻は法学で，国民経済学の教授になり，最後の講義は「一般国家論と政治」だった。

　ウェーバーはビスマルクの時代に成長し，ロシア革命に強い関心を抱き，第一次世界大戦に熱狂し，ヴェルサイユ条約の交渉に関わり，ドイツ革命，そしてバイエルン・レーテ革命を体験した。しかし，早すぎる死により，ナチズムの台頭を目にすることはなかった。

　このような時代に生きたこともあり，ウェーバーは政治における権力の契機を強調し，レジティマシーを有する「物理的な暴力行使」の独占によって近代国家を特徴づけた。こうした政治理解は，アーレントやフェミニズムの思想家から批判を受けることになる。しかし，近代が価値の対立（「神々の闘争」）によって特徴づけられる時代であるとすれば，秩序維持のための暴力の問題を避けることはできない。政治家に求められる特別な資質（目測能力）や，信条倫理と責任倫理の相克についてのウェーバーの考察は，政治は暴力に関与する「ベルーフ（仕事）」である，という彼の政治理解を基礎にしている。

2　党派性と価値自由

　価値の対立は不可避であり，対立は理性によって解決することはできない，というウェーバーの認識は，価値自由の要請にも繋がっていく。価値自由は党派的な立場やイデオロギーとは無関係な「没価値的」な科学を要請するものだ，とよく誤解される。しかし彼が強調するのはむしろ逆で，すべての認識はその端緒において，何らかの「観点」を前提しており，したがって自らの党派的な「観点」を自覚しなければならない，ということだった。

　「中立性」の名の下で，教育内容や展覧会の「偏向」が糾弾されることがある。このとき「中立性」を僭称する側の党派的観点はしばしば忘却されている。ウェーバーの価値自由論は，こうした「中立性」の政治性を浮き彫りにする。同様に，「事実をして語らしめる」という素朴実証主義が「科学」の体裁で特定の価値を押し付けることにも，彼は注意を促した。

❸ 宗教社会学と日本

　トクヴィル[7]がそうであったように，ウェーバーもアメリカ旅行を経験し，ヨーロッパについての自己省察を行った。彼は近代資本主義を生み出した文化的背景（エートス）に注目して，『プロテスタンティズムの倫理と資本主義の精神』（1904/05年）を書いた。その後，「音楽社会学」に取り組むことで，ウェーバーはさらに関心を広げ，西洋の合理主義の特殊性と普遍性について考察することになる。こうした課題は，『宗教社会学論集』の「序言」で定式化されている。

　「西洋の衝撃」を受けた近代日本の知識人は「ヨーロッパ近代」をいかに理解し，どのように引き受けるべきかという課題に向き合わなければならなかった。世界のどこよりも日本でウェーバーの著作が熱心に読まれてきたのには，こうした「開国[8]」の経験があった。第二次世界大戦後，大塚久雄や丸山眞男[9]らは，ウェーバーの著作を参照することで，日本的近代の「歪み」を論じた。

　ウェーバーが論じ，日本の社会科学で再生産されてきたヨーロッパ／非ヨーロッパという図式は，今日では文化本質主義として批判を受けている。E. サイードの「**オリエンタリズム**[10]」が問題にしたのは，まさにこれだった。しかし，〈天賦人権はヨーロッパ由来の観念なので，日本にはそぐわない〉という言説が出てきている中で，「ヨーロッパ近代」と格闘したウェーバーと，その議論を引き受けつつ展開された日本の「戦後[11]」思想は再考察に値するだろう。

❹ 「鉄の檻」とカリスマ

　20世紀初頭は「組織の時代」といわれる。社会保障制度が導入されると，その事務を担当する大量の公務員と，彼らのマネージメントが必要になる。組織の大規模化と複雑化は，ドイツ社会民主党（SPD）などの政党でも，ベルトコンベヤーを使った大量生産を始めたフォード自動車などの民間企業でも起こってくる。ウェーバーはこうした現象に注目し，官僚制の理念型を発展させた。

　官僚制的組織において，人は恣意性を排除し，規則に従って，「怒りも興奮もなく（sine ira et studio）」働くことが求められる。こうした組織は合理的で，いったん形成されると壊れない。規律化された個人は[12]「**鉄の檻**[13]」に閉じ込められてしまうのではないか，というペシミスティックな展望を，彼はもっていた。

　官僚との対比で，ウェーバーは政治家を位置づける。官僚が価値の争いに中立的であるべきなのに対して，政治家の本質は「闘争」だ，と彼は強調する。「魔法が解ける」（脱魔術化する）と価値の対立があらわになり，決定の負荷が高まるため，決断できるカリスマ[14]に注目が集まることになる。しかし，ワイマール共和国の混迷からヒトラーが台頭したという歴史的経験の後で，ウェーバーのようにカリスマを語ることは野蛮ではないか，という批判は当然ありうる。

（野口雅弘）

▷6 『社会科学と社会政策にかかわる認識の「客観性」』（1904年）などで論じられている。
▷7 ⇨Ⅱ-24「トクヴィル」

▷8 ⇨Ⅵ-4「開国」
▷9 ⇨Ⅵ-8「丸山眞男」
▷10 **オリエンタリズム** もともと美術品などに関する西洋人の東洋趣味を指す。サイードはこの語をヨーロッパによるオリエントへの支配を支える表象という意味で用いた。
▷11 ⇨Ⅵ-7「『戦後』」
▷12 ⇨Ⅲ-12「フーコー」
▷13 **鉄の檻** 英語の iron cage の訳語。官僚制や管理社会を指すメタファーとして広く用いられてきた。ただ，もともとのドイツ語ゲホイゼ（Gehäuse）は「殻」という意味で，動物を閉じ込める「檻」ではない。
▷14 強いリーダーシップを確保するために，ウェーバーは直接，国民の投票によって選出される人民投票的な大統領制を提唱した。

（参考文献）
ウェーバー（野口雅弘訳）『仕事としての学問 仕事としての政治』講談社学術文庫，2018年。同（大塚久雄・生松敬三訳）『宗教社会学論選』みすず書房，1972年。同（中村貞二ほか訳）『政治論集』1・2，みすず書房，1982年。今野元『マックス・ヴェーバー』岩波新書，2020年。野口雅弘『マックス・ウェーバー』中公新書，2020年。

5 シュミット

▷1　シュミット（Carl
Schmitt, 1888-1985）

▷2　ケルゼン（Hans
Kelsen, 1881-1973）
オーストリア出身の法学者。
ユダヤ系であったためナチ
ス台頭後はアメリカに移住
する。新カント派の影響を
受けた法実証主義の代表的
理論家で，主著『純粋法
学』（1934年）のほか，国
際法の分野でも多くの著作
がある。

▷3　⇨ Ⅱ-3 「ホッブズ」

▷4　⇨ Ⅱ-17 「ド・メス
トル」

▷5　ドノソ・コルテス
（Juan Donoso Cortés,
1809-53）
スペインの思想家・外交官。
若い頃はフランス革命の影
響を受けた自由主義者であ
ったが，1848年の二月革命
をきっかけに，反革命的な
カトリックの立場に転向し
た。

1 決断主義の思想

　20世紀ドイツの思想家**カール・シュミット**[1]は，法学・政治学の分野に多大な足跡を残した一方，その思想には多くの批判も向けられている。特に彼が1930年代にヒトラー政権に支持を表明し，「ナチスの桂冠法学者」となったことは，彼の思想の危険性を示すものとみなされてきた。

　シュミットの思想は一般に「決断主義」と言い表されている。『政治神学』（1922年）では「主権者は例外状態について決定する者である」と定義され，法規範よりも，法を超えた主権者の決断に重要性が見出されている。シュミットによれば，**H. ケルゼン**[2]に代表されるような法学的規範主義の立場は，秩序が危機に晒される例外状態の可能性を考慮しておらず，それゆえ，神学上の奇跡の概念に相当するような，例外状態における主権者の決断の意義を理解していない。それに対してシュミットが称賛するのが，T. ホッブズ[3]の主権理論とともに，J. ド・メストル[4]や**J. ドノソ・コルテス**[5]といったカトリック思想家たちの独裁理論である。これらの思想家たちは，何ら決断することなしに論議だけを続ける「自由主義的ブルジョワジー」とは対照的に，極限事例における決断と独裁の必要性を認めていたとして評価されるのである。

　シュミットはその初期から「永遠の対話」という「政治的ロマン主義」の理念を批判していた。対話や討論に対する彼の不信は，ワイマール期ドイツにおける議会制民主主義の危機の中で先鋭化する。小政党が乱立し，短命の連立政権が続く政治混乱を目の当たりにしたシュミットは，『現代議会主義の精神史的状況』（1923年）で近代議会主義に批判の矛先を向けている。議会はいまや利益団体を代表する諸政党の単なる交渉と妥協の場となり，公開の討論という議会主義の原則は形骸化したというのである。彼の決断理論は，このように機能不全に陥った議会主義的討論への処方箋として提起されたものでもあった。

2 友敵理論と大統領独裁

　シュミットは『政治的なものの概念』（第1版1927年，第2版1932年）において，政治的なものを「友と敵の区別」として定義している。そのさい彼が特に批判するのが，敵というものに無関心な自由主義[6]の普遍主義的な中立性である。自由主義はあらゆる意見や党派を平等に扱う価値中立を特徴とするが，しかしシ

ユミットによれば，これは当の自由主義そのものを否定するような敵さえも受け入れてしまう自己破壊的な立場でしかない。ある政治的共同体が存立し続けるためには，自らの敵を認識できることが不可欠なのである。シュミットはもっぱら経済と技術にのみ人々の関心が向かう今日の時代を，敵対性を忘却した「中立化と脱政治化の時代」として非難している。

こうした友敵思想をもとにして，憲法の敵から憲法を守るためのシュミットの「憲法の番人」論が展開される。そのさい彼が注目するのが，ワイマール共和国大統領の非常大権を定めた**ワイマール憲法第48条**である。大統領は例外状態において，独裁を通じて憲法秩序をその脅威から防衛する。ケルゼンが憲法裁判所のような司法権に憲法の番人の役割を見出したのに対し，シュミットは強力な行政権力としての大統領にその役割を期待するのである。シュミットにとって，そうした大統領の独裁は，たしかに諸権利の個別規定である「憲法律」を踏み越えるが，しかしそれは全体的統一としての「憲法」の存立それ自体を守るものとして正当化される。そして，国民の直接投票によって大統領が選出されるワイマール共和国にあっては，この大統領独裁は民主主義的・人民投票的正統性にも適うものとされるのである。

③ 自由主義と民主主義の対立

シュミットが繰り返し強調するのは，自由主義と民主主義は区別すべき別種の原理だということである。彼によれば，自由主義は自由で平等な個人という普遍主義的な前提に立つが，民主主義はむしろ一定の同質性を分かち持つ国民の下で可能となる。それゆえシュミットは「人類民主主義」という考えを退ける。民主主義の基礎となるのは，普遍的な人類ではなく，他者との間に境界を引く特定の国民の存在であるとされる。「彼ら」とは区別される「我々」としてのアイデンティティを集団的に決定する国民の下でこそ，平等な普通選挙権といった単なる形式的平等に留まらない，実質的な平等が実現するというのである。そして，人道や人間性といった「非政治的な」普遍的理念に不信を抱くシュミットにとっては，個人の自由という自由主義の原則よりも，国民の同質性という民主主義の原則のほうが優先されるべきものであった。

異質な他者を区別する同質的な国民の自己決定というシュミットの民主主義理解は，彼が1930年代にナチスの排他的な民族共同体の思想に接近する一因となった。それゆえ J.ハーバーマスは，自由主義を切り捨てるシュミットの「実体主義的」な民主主義理解を批判し，ある国民の集団的自己決定は，自由な市民の個人的権利と両立可能な形で実現されねばならないとする。自由主義と民主主義，あるいは人権と国民主権とのジレンマは，人道的介入（シュミットが批判した，人間性の名の下で行われる正戦）の是非という問題にも関わるものとして，今日の政治哲学における難題の一つでもある。　　　（大竹弘二）

▷6 ⇨Ⅴ-2「リベラリズム・ニューリベラリズム・ネオリベラリズム」

▷7 ワイマール憲法第48条
非常事態における共和国大統領の独裁的な権限を認めた条文。大統領は公安と秩序を回復するために緊急命令を発したり，憲法上の諸権利を停止したりできると定めている。この条文はワイマール共和国の政治混乱の中でたびたび発動され，民主主義の破壊とナチスの台頭をもたらす一因になったとされる。

▷8 ⇨Ⅲ-13「ハーバーマス」

▷9 ユルゲン・ハーバーマス（高野昌行訳）「包括──受容か包囲か？」『他者の受容』法政大学出版局，2004年，153-180頁。

▷10 ⇨Ⅴ-23「正しい戦争」

参考文献
大竹弘二『正戦と内戦』以文社，2009年。シュミット（樋口陽一訳）『現代議会主義の精神史的状況』岩波文庫，2015年。牧野雅彦『危機の政治学』講談社，2018年。陰山宏『カール・シュミット──ナチスと例外状況の政治学』中公新書，2020年。

6 マンハイム

▷1　マンハイム（Karl Mannheim, 1893-1947）

▷2　ジンメル（Georg Simmel, 1858-1918）
『社会分化論』（1890年），『貨幣の哲学』（1900年）などで知られる，20世紀初頭のベルリンを代表する哲学者・社会学者。

▷3　ルカーチ（György Lukács, 1885-1971）
ウェーバー（⇨Ⅲ-4）に学んだ，西欧マルクス主義の代表的な理論家。フランクフルト学派（⇨Ⅴ-11）にも大きな影響を与えた。

▷4　歴史主義
ロマン主義は，抽象的な合理主義への対抗運動であり，18世紀後半に台頭した（⇨Ⅲ-11「バーリン」）。歴史主義はロマン主義を引き継ぎながら，歴史超越的に妥当する真理や単線的な進歩の観念を批判し，歴史の個別性・文脈性・多様性を重視する。

▷5　⇨Ⅱ-15「バーク」

1 革命と保守的思考

カール・マンハイム[1]はユダヤ系ハンガリー人としてブタペストに生まれた。ベルリン大学に学んで，**ジンメル**[2]から強い影響を受けた。マンハイムは『歴史と階級意識』（1923年）で知られる**ルカーチ**[3]と同郷で，彼を中心とした若い知識人のグループである「日曜サークル」に参加していた。ただ，ルカーチが共産党に入党した一方で，マンハイムは共産党とは距離をとった。しかしハンガリー革命によって成立したベラ・クン政権が崩壊すると，彼も亡命を余儀なくされ，生涯にわたり亡命知識人として生きることになった。

マンハイムは**歴史主義**[4]から強い影響を受けていた。しかし，歴史的な個性や多様性を擁護する歴史主義は結果として相対主義に陥ってしまうのではないか。トレルチが『歴史主義の諸問題』（1922年）で提起したこの問題に，マンハイムも「動的な歴史主義」や「相関主義」という概念を用いて答えようとした。そうした試みがどれくらい成功しているのかについては評価が分かれる。それでも彼の政治思想が興味深いのは，独断論を批判しながら，あらゆる文化や階級による拘束を自覚化し，それを克服しようとする自由の探究にあった。

『保守主義的思考』（1927年）においてマンハイムは，伝統を墨守する伝統主義とは区別して，保守主義を論じる。革命勢力の挑戦を受けて，伝統を自覚的に捉え直し，それを選択的に引き継いでいく，という反省性に，彼は保守主義[5]の本質をみた。革命にも，伝統主義にも全面的にもたれかかることなく，その間で反省的に思考することの意義を，彼は強調した。

あらゆる知識は社会や歴史によって規定されている。こうした「存在（被）拘束性」の認識を基礎にして，マンハイムはいわゆる「知識社会学」を開拓し，この分野の第一人者になった。

2 『イデオロギーとユートピア』

様々な党派のいずれにも全面的に肩入れせず，それらの間で動的な均衡を保とうとするマンハイムの政治思想の代表作は，世界恐慌の年に刊行された『イデオロギーとユートピア』（1929年）であった。この本は「イデオロギーとユートピア」「政治学は科学として成り立ちうるか」「ユートピア的意識」という3部で構成されている。

イデオロギー[46]と聞くと，ある特定の「偏った」立場から形成された思考のことだと思われるかもしれない。しかし，ある主張を「偏った」と主張するとき，その判断基準は「偏っていない」といえるだろうか。マルクス主義は，ブルジョワの正義が彼らの階級的な利害によって規定された「虚偽意識」であることを暴露した。マンハイムはマルクス主義を高く評価しつつ，「敵」に対してのみイデオロギー概念を用いる，イデオロギーの「特殊的」な用法を批判する。そして「敵」だけでなく自らの立場をもイデオロギーとして「普遍的」に把握することを要求した。その上で彼は19～20世紀の政治思想の五つの潮流（①官僚主義的保守主義，②保守主義的歴史主義，③自由主義・民主主義的市民思想，④社会主義・共産主義的観念，⑤ファシズム[47]）を検討し，これらを動的に媒介する役割を「自由に浮動するインテリゲンチャ」に期待した。

知識が社会や歴史によって規定されているとするマンハイムのイデオロギー論は，それ自体が「新しいイデオロギー」（ホルクハイマー[48]）ではないかという批判を受けることになる。また，様々なイデオロギーを媒介しようとするマンハイムの試みは，ワイマール共和国の諸党派の分立状態に対するアクチュアルな介入ではあったが，急進主義的な勢力の台頭とヒトラーの独裁を止めることはできなかった。彼の試みは，独断的な自己主張を前にして敗北せざるをえなかったのである。

ベルリンの壁崩壊以後，もはやイデオロギーの時代ではないといわれている。しかし，実際には経済的な格差が拡大し，宗教的・文化的な対立も深刻化している。こうした中で，いまいちどイデオロギーや党派性について考察してみようとするとき，『イデオロギーとユートピア』はなおも重要な手がかりになる。

③ ロンドンへの亡命とその後

1930年に，マンハイムはフランクフルト大学で社会学の正教授に就任した。しかしヒトラーが政権を掌握することで，マンハイムはロンドンへの亡命を余儀なくされる。そこで執筆したのが『変革期における人間と社会』（ドイツ語版1935年，増補英語版1940年）であった。

亡命後のマンハイムは，ファシズムに直面して，知識社会学から大衆社会論へと重心を移した。「機能的合理性」[49]は進んでいくが，それと同時にかえって「実質的非合理性」が蔓延することに，彼は現代社会の特徴を見出した。『現代の診断』（1943年）[410]では，社会的な紐帯から切り離された個人を「甲羅のない蟹」に喩え，「ナチの集団戦略」はこれにつけ込んだものだと論じた。

こうした大衆社会論を踏まえつつ，自由放任のリベラリズムと，全体主義的な独裁の双方をしりぞけるために，マンハイムは「自由のための社会計画」について考察し，「第三の道」を模索した。関連する論文は，死後に刊行された『自由，権力，民主的計画』（1947年）に収録されている。　　　　（野口雅弘）

▷6　**イデオロギー**
イデオロギーという語は，19世紀初頭のフランスの哲学者デステュット・ド・トラシーが『観念学原理』で用いたフランス語 idéologie に由来し，「観念の学」という意味だった。悪い意味になったのは，ナポレオンが彼に批判的な学者たちを指して，空理空論を弄ぶ「イデオローグ」と呼んで侮蔑したことによる。悪い意味でのイデオロギーの用法は，マルクス（⇨[Ⅱ-22]）の『ドイツ・イデオロギー』に引き継がれる。

▷7　⇨[Ⅴ-18]「ファシズム・全体主義」

▷8　⇨[Ⅴ-11]「フランクフルト学派」

▷9　⇨[Ⅵ-10]「高度経済成長期の思想」

▷10　民主体制は民主体制を否定する勢力に寛容であってはならず，断固として戦わなければならない。ナチズムへの反省から生まれた，こうしたデモクラシー理解は「戦う民主主義（闘う民主主義）」ないし「戦闘的民主主義」と呼ばれる（⇨[Ⅴ-26]「憲法パトリオティズム」）。主たる論者としてカール・レーヴェンシュタインが有名だが，『現代の診断』でマンハイムも同様の主張をしている。

（参考文献）
マンハイム（高橋徹・徳永恂訳）『イデオロギーとユートピア』中公クラシックス，2006年。秋元律郎『マンハイム 亡命知識人の思想』ミネルヴァ書房，1993年。

7 ラスキ

① リベラリズムの変容とラスキ

リベラリズムとは，近代以降，「自由」を中核的価値としながら積み上げられてきた一連の政治思潮であり，そのエッセンスを抜き出せば，エラスムスなどによって展開された寛容の伝統，カント哲学に示された個人の自律，ロックなど社会契約論に示された近代国家の基礎づけ，そしてアダム・スミスによる自由市場の擁護といった要素を挙げられよう。

しかし20世紀に入ると，ロシア革命や世界大恐慌，二つの世界大戦などを通じて，最広義のリベラリズムは，政治体制としては1930年代以降のニューディールや福祉国家の成立，思想としては1970年代以降のロールズら「リベラルな平等」の登場にみられるように，大きく「平等」へと接近してきた。

ここにあって，イギリスの政治学者**ハロルド・ラスキ**は，個人の自由の徹底的擁護から経済的平等への限りない接近を示したという点で，20世紀リベラリズムの「左旋回」を体現する人物といえる。

② 多元的国家論からの出発

19世紀末，ヘーゲル哲学に基づく一元的国家論が興隆するにつれ，イギリスではそれに抵抗する多元的国家論が生じる。多元的国家論とは国家の神秘化を拒絶し，それを他の結社と同一の資格において再定義するものであった。

ラスキは有力な多元的国家論者として学問的デビューを果たし，その初期三部作，すなわち『主権問題に関する研究』(1917年)，『現代国家における権威』(1919年)，『主権の基礎』(1921年) はいずれも主権国家の形成過程に対する批判的研究であった。これらの著作でラスキは，ローマ教会と近代国家とに共通する主権的権力の系譜を歴史的に暴き出し，画一的な政治空間を作りあげる一元的国家論に対して，個人の良心や自発的結社の多元性を対置させている。その結果，初期ラスキの政治理論は，個人の精神領域や団体の自治に対する国家の完全な不干渉義務という原則を導くものであった。

③ 『政治学大綱』からマルクス主義へ

国家主権への厳しい攻撃から出発したラスキは，しかし，ロシア革命のインパクトを受け，国家による福祉的機能の意義を認め，その独自の国家像を主著

『政治学大綱』（1925年）に結実させる。

『政治学大綱』におけるラスキの目的は，国家権力の肥大化に対する多元的制約の必要と，国家による福祉的機能の正当化という，相反した二つの目的を整合させることであった。そのためラスキは，一方で国家による福祉的機能の拡充の必要性，いわば社会主義国家の正当化を図りながら，他方でそのような社会主義国家に対する多元的抑制の必要性，いわば多元的権力構造の憲法構想の提示を行っている。このような国家像は，自由権の絶対的優位の下に社会権を基礎づける多元的社会主義の構想と呼べるものであった。

1930年代以降，ファシズム[8]と共産主義[9]が台頭すると，ラスキはファシズムを「文明の敵」として攻撃する反面，共産主義を「新しい文明」として肯定的に位置づけるに至る。

しかし，ラスキはマルクス主義へ接近した時期においてなお，アメリカのニューディールに強い関心を寄せており，アメリカ政治を通じた**政治の自律性[10]**に期待を寄せてもいた。ラスキは，ルーズヴェルトという卓越した政治家のリーダーシップに大きな関心を寄せ，そのような「政治」が自律性を伴って資本主義構造を統御する可能性を誰よりも強く希求していた。ラスキによるニューディール論は，「マルクス主義者ラスキ」においてなお消えることのない政治への希求を示すものであった。

❹　同意革命論と政治参加

第二次大戦期のラスキにとって，最大の関心事は，「革命」と「議会」との葛藤に移っていく。ラスキは一方で国家の抜きがたい「ブルジョア的性格」を悲観視するとともに，イギリス議会が果たしてきた討論と妥協による問題解決能力を強調し，資本と労働との対立の平和的妥協を模索している。ここに，議会政治における「同意」によって国家の資本主義的性格を変容させようとする，同意革命論というモチーフが生じることになった。

同意革命論とは，政治の自律性による資本主義の克服，すなわちデモクラシーを通じた経済構造の変革という課題を，第二次大戦下のイギリスで実演しようとした試みであった。ラスキは，チャーチル，アトリー，ルーズヴェルトといった有力政治家，そして何よりイギリスの「コモン・ピープル」に向かって，ナチス・ドイツへの戦勝はそのままイギリスの根本的体制変革に結びつかなければならないと訴えた。ラスキの同意革命論はイギリスの社会主義化を目指した，知識人による「知的道徳的ヘゲモニー」のための闘争であり，1945年総選挙での労働党勝利と第二次大戦後の**福祉国家[11]**の素地を作ったといえる。

個人の自由と平等との再帰的循環を示したラスキの理論は，1980年代以降の新自由主義的統治が閉塞している現在，それに代わるオルタナティヴ構想を展望する上で，重要な思想的遺産であり続けている。　　　　　（大井赤亥）

▷8　⇨ Ⅴ-18 「ファシズム・全体主義」

▷9　⇨ Ⅴ-8 「コミュニズム」

▷10　政治の自律性
マルクス主義においては，経済における生産関係のあり方（下部構造）が，法や道徳，政治（上部構造）の態様を規定すると考えられてきた。これに対して「政治の自律性」とは，国家や政党，政治運動が経済から自律して独自の影響力をもちえると考える立場のことである。

▷11　福祉国家
基本的に資本主義経済システムを認めた上で，国家の機能を治安維持や安全保障に限定することなく，財政政策や雇用政策，社会保障政策を通じて国民の福祉と厚生に責任をもつ国家のこと。

（参考文献）
ラスキ（飯坂良明訳）『近代国家における自由』岩波文庫，1974年。小笠原欣幸『ハロルド・ラスキ——政治に挑んだ政治学者』勁草書房，1987年。大井赤亥『ハロルド・ラスキの政治学』東京大学出版会，2019年。

シュトラウス

▷1　シュトラウス (Leo Strauss, 1899-1973)

ドイツの敬虔なユダヤ人の家に生まれる。学生時代にはフッサール，ハイデガーの講義を受けた。ユダヤ研究所の研究員となるが，ナチスの政権獲得直前にドイツを去る。フランス・イギリスを経て渡米し，シカゴ大学等で研究・教育活動に従事。広範な関心と独創的な視座から古典の再解釈を行い，20世紀における政治哲学の復権に貢献した。

▷2　⇨Ⅱ-1 「マキアヴェッリ」
▷3　⇨Ⅱ-3 「ホッブズ」
▷4　⇨Ⅱ-5 「ロック」
▷5　⇨Ⅱ-9 「ルソー」
▷6　⇨Ⅲ-1 「ニーチェ」
▷7　⇨序-2 「政治思想の方法」
▷8　⇨Ⅲ-4 「ウェーバー」

1　近代性の危機

　20世紀の西洋世界は，自由で平等な人々からなる豊かで正しい社会を理性的に構築するという，近代的プロジェクトへの確信を失った。**シュトラウス**は，西洋の危機を近代政治哲学の危機と同一視する。西洋の危機の根底には，時代や場所を超えて正しさの基準となる，近代自然権思想の否定があるからだ。

　この危機は，シュトラウスが「三つの波」と呼ぶ，近代政治哲学の自己展開によって生み出された。第一の波を開始したマキアヴェッリは，伝統的な理想主義と決別した。彼は政治目標を道徳問題から引き下ろし，実現可能な善き国家の組織化という技術問題に還元した。この延長で，ホッブズは自然権を暴力死の恐怖という人間の情念から引き出し，ロックはそれを快適な自己保存へと拡張した上で，正義を経済的な豊かさと結合する。第二の波はルソーに始まる。彼は人間性を歴史過程の産物とみなし，ただ一般的であることによってのみその正しさを保証される社会固有の意志を一般意志として社会の基礎に据えた。ドイツ観念論によって深化した歴史の概念は第三の波に引き継がれ，ニーチェを経由しハイデガーによって急進的歴史主義となる。ここでは，あらゆる人間思想は運命の配剤としての歴史状況に依存していると解される。歴史主義は，ウェーバーに代表されるような価値の客観的認識を否定する**実証主義**と相まって，自然権の存在のみならず，その探求たる**政治哲学**の成立そのものを否定する。これはニヒリズムと同義であり，ファシズムへの道を準備する。

2　神学 – 政治問題と著述の技法

　シュトラウスの探求の中心には神学 – 政治問題がある。それは，人間理性と神の啓示のどちらに従うべきかという生き方をめぐる問題であり，正しい社会の基準をめぐる政治的な局面で顕在化する。迷信を排除し理性に基づく社会構築を目指した近代啓蒙のプロジェクトは，リベラル・デモクラシーを体現したワイマール共和国の崩壊に象徴されるように，自らの限界を露呈した。その理論的基盤であるスピノザの宗教批判に啓示の論駁不可能性をみたシュトラウスは，理性と啓示の別様な関係を求め，中世合理主義へと回帰する。

　中世ユダヤ・イスラーム社会では，啓示は戒律として秩序を保つための政治的機能を有していた。ここでは哲学が宗教と緊張関係にあった。哲学は，人間

理性の力で社会的な意見を知識に置き換えようとする試みであるため，原理上，社会の基盤を危険に晒す。一方で社会秩序を保つために，他方で真理を伝達しながらも迫害から逃れるために，哲学者は独特な著述の技法を駆使した。**ファーラービー**や**マイモニデス**といった中世の哲学者は，あらゆる読者に接近可能な顕教と注意深い読者にのみ開示される秘教とを区別し，同一著作内に両者を巧みに混在させた。シュトラウスによる秘教主義再発見の射程は，「注意深い読み」に要約される単なるテキスト読解の方法論に留まらない。思想の内容ではなく形式こそが歴史的文脈に依存するとの洞察は，彼が哲学社会学と呼ぶように，哲学と社会さらには理性と啓示の関係の再考を要求する。それは歴史主義へのアンチテーゼであり，神学-政治問題への代替的な解答でもある。

３ 古典的政治哲学

　シュトラウスが中世哲学のルーツとみなし，近代政治哲学と対置したのは，ソクラテスを起源とする古典的政治哲学である。古典的政治哲学は哲学の一分野であり，政治的な事柄についての意見を知識に置き換えようとする試みである。科学的概念を媒介として客観的な観察者となるのではなく，古典的政治哲学は市民や政治家と同じ視角から政治現象を眺め，彼らと同じ言葉で語る。政治的事柄は本質的に論争的であって，善悪や正邪の観点から評価される。そのため古典的政治哲学は，その判断基準を知ろうとする規範的な営みとなる。プラトンやアリストテレスに典型的であるように，その中心的なテーマは，あらゆる政治的抗争が含意する，最善の国政とは何かという問いである。最善の政治秩序の構想を提示することで，古典的政治哲学は政治の実践的な導きとなる。

　古典的政治哲学の関心は個別の政治共同体に留まらない。最善の国政論があらゆる国家に適用可能な一般性をもつだけでなく，政治の目的である善き生の完全な実現が政治領域では到達できないからである。政治の限界を知った政治哲学は，一つの生活様式としての哲学の擁護に至る。古典的政治哲学のより深いテーマは，賢人あるいは哲学者の生である。それは，政治的法廷を前にした哲学の必要性の弁明であり，探求に捧げられた生への誘いである。

４ 教育とリベラル・デモクラシー

　シュトラウスの追随者はシュトラウシアンと呼ばれ，今世紀初頭には，アメリカ政府中枢で超越的な知恵に基づいた絶対支配の実現を企てるリベラル・デモクラシーの敵として注目を集めた。しかし実際は，シュトラウスの広範な関心を反映して彼らの政治的立場も関心も多様である。彼自身は近代政治哲学の批判者でありながらも，**一般教養教育**を通じたリベラル・デモクラシーの再建を訴えた。彼の政治哲学は，哲学が忘れられた時代に，その暫定性を受け入れた上で，善き生と善き秩序への問いを再開するための手引きである。（近藤和貴）

▷9　**実証主義**（positivism）
近代自然科学に基づき，事実と価値を分離した上で知識は前者にしか成り立たないとする立場。

▷10　**政治哲学**（political philosophy）
意見と知識の区別に無関心な政治思想とは区別される。

▷11　⇨Ⅱ-4「スピノザ」

▷12　**ファーラービー**（al-Fārābī, 870頃-950）
中世イスラームの哲学者。

▷13　**マイモニデス**（Moses Maimonides, 1135-1204）
中世ユダヤ教のラビ・哲学者・医者。

▷14　⇨Ⅰ-2「プラトン」

▷15　⇨Ⅰ-3「アリストテレス」

▷16　**一般教養教育**（liberal education）
シュトラウスは，古典教育を通じた過去の哲学者との対話を重視する。

（参考文献）
シュトラウス（塚崎智ほか訳）『自然権と歴史』筑摩書房，2013年。同（飯島昇藏ほか訳）『政治哲学とは何であるか？とその他の諸研究』早稲田大学出版部，2014年。石崎嘉彦ほか編『レオ・シュトラウスの政治哲学』ミネルヴァ書房，2019年。石崎嘉彦『倫理学としての政治哲学』ナカニシヤ出版，2009年。

9 アーレント

1 全体主義との対峙

　ハンナ・アーレント[1]はあるインタビューの中で哲学者と呼ばれることを拒否し、「あえて申し上げるならば、私の職業は政治理論家です」と答えている[2]。アーレントにとって、政治と哲学は常に緊張関係にあった。哲学が普遍的な「真理」を探求する営みであるのに対して、政治は複数的な「意見」を交わし合う営みである。このようにアーレントが政治において「複数性」を重視した背景には、彼女が若き日に体験したナチズムの恐怖がある。

　自身がドイツ生まれのユダヤ人であり、ナチスによる迫害を逃れて、18年間に及ぶ亡命生活を余儀なくされたアーレントにとって、全体主義との対峙は生涯のテーマであった[3]。亡命先のアメリカにて、1951年に発表した『全体主義の起源』で彼女は一躍有名になる。ナチズムとスターリニズムという二つの全体主義を対象として、「何が起こったのか？なぜ起こったのか？どのようにして起こり得たのか？[4]」を問うた大著であった。

　『全体主義の起源』では「反ユダヤ主義」（第1部）と「帝国主義」（第2部）とそれに随伴する諸要素（人種主義、官僚制、イデオロギー、プロパガンダ、テロルなど）がいかにして「全体主義」（第3部）へと結晶化していったのか、が論じられる。あるいはこれを「国民国家」と「階級社会」という19世紀秩序が解体され、「大衆社会」と「全体主義」という20世紀秩序へと雪崩打っていった歴史過程を描いた書として読むこともできよう[5]。

　結論部にあたるエピローグ「イデオロギーとテロル」に依拠すれば、全体主義とは「イデオロギーをテロルによって実現していく政治体制」であり、それによって人間の「自発性（spontaneity）」と「複数性（plurality）」を消去しようとする運動であったと定義しておくことができる。その運動が極点に達するのが強制収容所であり、そこでは人間が新たな事柄を始める能力としての「自発性」が完全に消去され、本来複数的であるはずの人間（Men）が単一的な人間の塊（One Man）へと縮減される。かような全体主義という「全く新たな統治形態」といかに対峙するかが、アーレントにとっての生涯の課題であった。

2 「活動」としての政治

　続いてアーレントは1958年に『人間の条件』を発表し、政治思想家としての

▷1　アーレント（Hannah Arendt, 1906-75）ドイツ生まれの政治思想家。ナチスによるユダヤ人迫害を逃れて、1933年にパリへ、1941年にニューヨークへ亡命する。戦後もアメリカに留まり、『全体主義の起源』、『人間の条件』、『革命について』、『エルサレムのアイヒマン』などの著書を次々と発表し、精力的な研究活動を行った。

▷2　アーレント著、J. コーン編（齋藤純一ほか訳）『アーレント政治思想集成1』みすず書房、2002年、2頁。

▷3　アーレントはマールブルク大学時代にハイデガーによる教えを受けた。しかしナチスが政権を獲得した1933年に、ハイデガーがナチスに入党しこれを支持したことは、アーレントに強い衝撃を与えた。二人はその後、決別状態に陥るが、戦後に再会と和解を果たし、晩年に至るまで交流を続けた。

▷4　アーレント（大久保和郎・大島かおり訳）『新版 全体主義の起原3』みすず書房、2017年、x頁（1968年英語版への序文）。

名声を確立する。この著書では，人間の営みが「労働（labor）」「仕事（work）」「活動（action）」の三つに分類され，それぞれが「生命それ自体」「世界性」「複数性」という人間の条件に対応していると分析されている。生命を維持するための「労働」，耐久的な人工物を製作する「仕事」，言論（speech）を介して他者と関わりあう「活動」，これらの営みによってわれわれの〈活動的生〉は構成される。これらのうちで，アーレントが最も政治的な営みと位置づけるのが「活動」である。「活動と言論」を通じて，われわれは自分が「誰」であるかを示しあい，複数的な「意見」を交換しながら，共通の「世界」で共生する道を探っていく。これがアーレントの構想した「公共性」のあり方であった。

　さらに「活動」は，他者とともに新たな「始まり」をもたらす営みでもある。他者との関わりを通じて，何らかの出来事が始まり，事前には予想もしなかったような過程が生じていく。こうして「世界」に新たな「始まり」をもたらす能力が「自発性」だが，この能力は「人間が一人一人誕生するごとに，何か新しいユニークなものが世界に持ち込まれる」という事実によって保証されている。それゆえに，「活動」は「出生性（natality）」という人間の条件と深い関わりをもつのだが，アーレントは「始まりを為さんがために人間は創られた」というアウグスティヌスの言葉を引きながら，「誕生／出生」という条件に基づく「始まり」に政治的希望を託している。

❸ 「始まり」としての革命

　1963年には『革命について』が出版される。この著書では，フランス革命とアメリカ独立革命が比較され，前者が新たな政治体の創設に失敗したのに対し，後者はその創設に成功したという大胆な革命観が示される。フランス革命では，貧民が政治の舞台に登場し，伝統的に私的な事柄であった生命維持の問題が公的な場に持ち込まれるという「社会問題」が生じたために，革命は失敗に終わってしまった。他方，アメリカ独立革命はそのような貧困問題から解放されていたために，新たな政治体の創設に専念することができ，人々が「活動」を実践するという公的精神を発揮することができた。タウンミーティングの習慣に基づいて，革命時にも人々が自発的に集まり，政治的問題を討議し，複数的な「意見」を交換しあったのである。その成果はとりわけ，アメリカ独立革命が憲法（＝国制 Constitution）の制定に成功した点に見出される。かようにアーレントは，革命の意義を「始まり」（新たな政治体の創設）に見出したが，ここにも『人間の条件』から引き継がれた「始まり」への政治的希望が発展的に引き継がれている。

　以上のように，アーレントは「複数性」と「始まり」を軸としながら，「活動」および「公共性」をめぐる独自の政治理論を構築したことによって，左／右を問わず，現代の政治思想に多大な影響を与えている。　　　　（百木　漠）

▷5　川崎修『ハンナ・アーレント』講談社学術文庫，2014年，第1章・第2章を参照。

▷6　活動と言論の関係については，『アーレント読本』（日本アーレント研究会編，法政大学出版局，2020年）所収の橋爪大輝「活動／行為」も参照。

▷7　アーレント（志水速雄訳）『人間の条件』ちくま学芸文庫，1994年，289頁。

▷8　アーレントの出生論について詳しくは，森川輝一『〈始まり〉のアーレント』岩波書店，2010年を参照。

▷9　同じ1963年にアーレントは『エルサレムのアイヒマン』を出版し，ナチスの元高官アドルフ・アイヒマンを「凡庸な悪」と表現したことで，国際的な論争を引き起こした。

（参考文献）

エリザベス・ヤング＝ブルーエル（荒川幾男ほか訳）『ハンナ・アーレント伝』晶文社，1999年。マーガレット・カノヴァン（寺島俊穂・伊藤洋典訳）『アレント政治思想の再解釈』未來社，2004年。デーナ・R.ヴィラ（伊藤誓・磯山甚一訳）『政治・哲学・恐怖』法政大学出版局，2004年。

10 オークショット

▷1　⇨ Ⅲ-7 「ラスキ」

▷2　**オークショット**（Michael Joseph Oakeshott, 1901-90）

英国の政治哲学者。LSE政治学教授（1951〜68年）。

▷3　「政治教育」（嶋津格ほか訳）『[増補版] 政治における合理主義』勁草書房, 2013年, 147頁。

▷4　⇨ Ⅱ-11 「ヒューム」

▷5　⇨ Ⅱ-15 「バーク」

▷6　第二次大戦後に, 社会計画のユートピアニズムに対抗した知識人として, アーレント（⇨ Ⅲ-9 ）, バーリン（⇨ Ⅲ-11 ）, シュトラウス（⇨ Ⅲ-8 ）, ハイエクなどの名が挙げられる。

▷7　英国に限定しない, 近現代ヨーロッパ政治思想史上の「保守」概念については, V-5 「保守・リベラル」を参照すると, その多義性と変遷がわかる。

▷8　オークショットは前者を「技術知」, 後者を「実践知」または「伝統知」と呼ぶ。

1 英国保守主義の正統継承者

ロンドン大学 LSE 政治学講座をラスキ▷1から継いだ**オークショット**▷2は, 1951年の教授就任演説で,「政治的活動において人間は, 果てしなく底も知れない海を航海している。そこには避難できる停泊港も投錨のための底地もない。出航地もなければ定められた目的地もない。その企ては船を水平に保って浮かびつづけることである」▷3と述べ, 社会主義の知的風土が強い LSE で凄まじい批判を浴びた。政治を「目的地」のない航海に喩えつつ, いかなる理想も羅針盤とはならないと理想主義を批判する一方で, 頼りになるのは「伝統的なふるまいの様式」のみとする保守主義を謳ったからである。

その発言に象徴されるように, オークショット政治思想には, ヒューム▷4とバーク▷5以来の英国保守主義の正統継承者という側面がある。バークの政治思想が, 反啓蒙・反フランス革命の時代精神を代表したのと同じく, オークショットの政治思想も, 反ユートピアニズム・反共産主義の時代精神を代表している。そして, 同様の知識人たちの中でも▷6, オークショットは, その苛烈な「政治における合理主義」批判で際立っている▷7。2で, その批判内容, および「目的地無き航海」というメタファーで表される保守主義を概観しよう。

2 政治における合理主義批判と保守主義

オークショットの主著『政治における合理主義』（1962年）で展開される「政治における合理主義」とは, 一言で「本の政治」といえる。つまり, 政治の未経験者がマニュアルを片手に行う政治だ。その政治の根本的欠陥は, 彼独特の知識論により明らかとなる。

政治を含むあらゆる人間行為には一定の知識が必要となる。マニュアルには, 言語で明確化できる知識しか書いていない。なるほどそれは本を通じて誰にでも教えられる。しかし, それと同時に, 言語で明確化できない知識が必ず存在する。それは, 言葉に表せずとも実践者が暗黙裡に体得している知であり, 実践者が身を以て教え伝えるしかない, いわば秘伝的知である▷8。例えば, 車を運転したことのない者に, 運転マニュアルだけを渡して運転できると思う人はいないはずだ。車の運転よりも複雑な政治の世界においては尚更そうであろう。

にもかかわらず, 普通選挙権拡大に示されるように, 政治を行う未経験者が

極限にまで増大していく近代の政治においては，「本の政治」の拡大度合いも著しい。16世紀のマキアヴェッリ『君主論』，17世紀のロック『統治論』，19世紀のマルクス『共産党宣言』は，それぞれ「新君主」，「市民」，「労働者階級」というその時代の政治未経験者に向けた政治マニュアル本であった。

そうした「本の政治」から不可避的に生じたのが，目的とすべき普遍的原理（理想）の選択から始めようとする，政治という営為の致命的誤解である。我々は，「自由」「平等」「正義」「民主主義」などの普遍的理想の選択から政治を開始する。だが，オークショットによれば，政治とはそうした理想の設定から始まる営為ではありえない。それら理想はすべて，特定の共同体で生じたローカルな「伝統」を後から普遍的理想へと要約したにすぎないからである。

抽象的理想という「目的地」選択から政治を始めようとする合理主義政治に対して，先人が営々と築いてきた「伝統的なふるまいの様式」に従って「船を水平に保って浮かびつづける」こと，つまり，自らの置かれた既存秩序保持に努めるのが政治本来の姿にほかならない。これが，目的地無き航海というメタファーで，あらゆる理想を幻想と退けたオークショットの保守主義である。

③ ホッブズ的国家論「公民的結社」

前述の政治理解は，たしかにバーク的な英国保守主義の系譜に連なるといえる。しかし，実はオークショットは，バークと違って，特定の国家的伝統に含まれる叡智という「出航地」に帰ることを訴えてはいない。ローティのようなポストモダンの左派から支持される，保守主義とは異なるオークショットのもう一つの主著『人間行為論』(1975年)のホッブズ的国家論を最後にみよう。

政治からあらゆる理想を幻想として排除し，ひいては過去の伝統に帰ることをも求めないオークショットの政治思想の範型は，ホッブズから着想を得た「公民的結社（civil association）」としての国家像である。およそすべての人間の結合には2種類の形式，すなわち，共通目的を全員が承認することで結合する形式と，いかなる共通目的もなく，各人の行為を制約する「法（lex）」の権威の承認においてのみ結合する形式とが存在する。オークショットは，前者を「企業的結社（enterprise association）」，後者を「公民的結社」と呼ぶ。

企業的結社ではなく，公民的結社という一切の共通目的なき結合体として国家を捉えた近代最大の政治哲学者——それがオークショットのホッブズ像である。国家から共通目的を取り除くことの現代的意義は，近代ヨーロッパに偶然生じた「個人性」の道徳と公民的結社との適合性にある。公民的結社としての国家という旧くて新しい結合理念は，極度に価値観の異なる個人が，その差異・多様性という「相互の針」で傷つけ合わずに共存できる社会を模索するという現代的課題への一つの回答と読める。ここに，21世紀政治の可能性を示したポストモダンの先駆けとしてのオークショットの姿がある。　　　（松井陽征）

▷9　オークショットが国と分野を越えて知られるようになったのは，ローティ（⇨IV-4）の影響が大きい（『哲学と自然の鏡』，『偶然性・アイロニー・連帯』）。

▷10　⇨II-3「ホッブズ」

▷11　独特のホッブズ解釈については，オークショット（中金聡訳）『リヴァイアサン序説』法政大学出版局，2007年を，有益な訳者解説とあわせて参照。

▷12　具体的にイメージしづらいこの種の結合のあり方の例として，『人間行為論』でオークショットが挙げるのは，「友人，隣人，法廷における訴訟当事者，あるいは共通言語話者」（野田裕久訳『市民状態とは何か』木鐸社，1993年，195頁）である。

▷13　「政治を語る」『[増補版] 政治における合理主義』469頁。

（参考文献）
添谷育志『現代保守思想の振幅』新評論，1995年，第1・2章。中金聡『オークショットの政治哲学』早稲田大学出版部，1995年。同「解説　ホッブズとオークショット」オークショット（中金聡訳）『リヴァイアサン序説』法政大学出版局，2007年。野田裕久「オークショット『政治における合理主義』」足立幸男編『現代政治理論入門』ミネルヴァ書房，1991年。

11 バーリン

▷ 1　バーリン (Sir Isaiah Berlin, 1909-97)

▷ 2　シオニズム運動
反ユダヤ主義が吹き荒れる19世紀末にユダヤ人の間でナショナル・ホームの建設を目指す動きが生じたが，これを近代シオニズム運動という。1897年には T. ヘルツルを中心に第1回シオニスト会議が開催され，その後バルフォア宣言（1917年），国連パレスティナ分割決議（1947年）などを経て，1948年にはイスラエル国の独立が宣言された。だがこの建国はパレスティナ・アラブの追放という，現在に至るパレスティナ問題の原因となっている。

▷ 3　論理実証主義
1920年代のウィーン発祥の哲学運動であるが，その後英米哲学界にも浸透して国際的な潮流となった。概念の混同や言語の誤用を廃し，事実の観察により検証可能な命題と命題間の論理的関係のみを有意味なものとして，旧来の哲学の一掃を目

1　生　涯

　バーリン[1]はバルト海沿岸の交易都市リガ（当時は帝政ロシア領）に，裕福な木材商人の一人息子として生まれた。バーリン家はユダヤ教超正統派（ハバド・ルバヴィッチ）の始祖に遡る家系であるが，彼自身は信仰生活からは距離を置いた（他方で母親の影響からシオニズム運動[2]を支持した）。ボルシェヴィキ革命の勃発を受けて一家は1921年にロシアを離れ，一転して彼は英国式の教育を受けることになる。オックスフォード大学に進学し，1932年にはオール・ソウルズ・カレッジのフェローとなる。第二次大戦中は英国情報省および外務省の命で米国とソ連に派遣され，そこで数多くの政治家や思想家，芸術家らと交流した。戦後は関心を哲学から政治理論・思想史に移し，『二つの自由概念』（1958年）をはじめ，ヨーロッパ思想史を中心に幅広い著述活動を行う。晩年には数多くのインタビューにも応じ，1997年に88歳の生涯を閉じた。

2　価値多元論とリベラリズム

　バーリンは1930年代に同僚の J. L. オースティン，A. J. エイヤーらと哲学研究会を開き，そこで論理実証主義[3]を批判した。彼によれば，自然科学のモデルに適合しない命題を無意味とする実証主義は知識に関する狭い見方に陥っている。加えて，実証主義を含む西洋哲学の大部分は，あらゆる真の知識や価値の調和的統一という「プラトン的理想」[4]を暗に前提としているが，そうした一元論的想定は無根拠である。これに対してバーリンは，人々が実際に抱き，必要とし，追求する諸価値の衝突・対立という観点から人間生活を展望する「多元論」の立場をとる。例えば自由と平等，芸術的卓越と家族愛，キリスト教道徳と異教的美徳はそれぞれ固有の価値を表現しており，一方を他方に還元することはできない（価値の複数性）。それらは常に両立できるとは限らず（両立不可能性），しばしば単一の尺度で比較評価することもできない（比較不可能性）。ここから彼は，諸価値のア・プリオリな調和を説く哲学説（ある種の観念論）や，単一の原理で万事を処理するタイプの規範理論（例えば単純な功利計算）に懐疑の目を向ける。等しく妥当な要求が相容れない状況では，選択に伴う価値の喪失は避けられない。だが人間の生命や尊厳を奪うような選択は回避すべきである。ここからバーリンは人間生活，特に政治における「妥協」の重要性を説く。必

要なのは理想社会の青写真ではなく，互いの信念に対する一定の寛容[5]を通じた，最低限の「品位ある社会」の実現である。

　価値多元論の枠組みの下，バーリンは『二つの自由概念』において，自由という理想の政治的な諸帰結を省察した。まず，「自由」という語が「干渉・妨害の不在」（消極的自由）と「自己決定・自己支配」（積極的自由）という二つの意味を含むことが確認される。次に，両者が多様な思想を介して「それぞれ異なる方向に展開され，最終的には両者が直接に衝突する[6]」様子が描かれる。例えば個人の自由を尊重するリベラルな政治観[7]は，集団的意思決定を重視するタイプのデモクラシーや，理性的指導者（あるいは民族精神の体現者）への服従を「真の自己支配」とみなす政治思想とは対立関係にある[8]。両者が等しく妥当な主張であることを認めつつも，彼は，積極的自由の概念が自己支配の教説を通じて変容し，最小限の個人的自由をも否定する事態を生み出した歴史的事実[9]に言及し，多元論の想定と親和的な消極的自由のほうが概して「より真実で，より人間味のある理想[10]」であると結論づけた。このようにして彼は，二つの自由概念が人間社会に与える影響を比較検討することで，両者の優劣に関する一つの判断を示したといえる[11]。

③ 啓蒙，ナショナリズム，シオニズム

　二つの自由の対立というモティーフは思想史に関する他の著作群にもみられる。論理実証主義批判のかたわら，『カール・マルクス』の執筆依頼を受けたバーリン[12]は，マルクスの思想的源流を求めて18世紀啓蒙思想に分け入った。ここから彼は啓蒙とその批判者との対抗関係を軸とした思想史を構想する。通常連想されるのとは反対に，彼は啓蒙主義（特にフランスの）を「自由の敵」と位置づける点で独特である（彼に対する批判もこの点に集中している）が，彼が言わんとしたのは，合理主義への過度の傾倒が「理性の祭壇」への人身供養をもたらすという逆説であり，この点は M. オークショット[13]による「政治における合理主義」批判や，K. ポパーの「開かれた社会」の議論に通じる。

　他方でバーリンはロマン主義（または反‐啓蒙主義）を，合理主義者が無視した個別的なもの（ローカルなもの，ユニークなもの，歴史的なもの）の逆襲として理解する。彼は J. G. ヘルダーを文化的多元主義の祖として評価しながら，文化集団への帰属が人間の本質的な必要の一つであることを認める。ここから彼は文化的ナショナリズム[14]を肯定するが，その集団的自己支配の理想が個人の自由を無化しないように，リベラルな諸価値との妥協を説いた。同じ論理の下，彼はシオニズム運動を支持したが，そのためにパレスティナ問題を憂慮する知識人たちから痛烈な批判を受けた。これらの問題は今なお未解決であるが，彼の思想は現代のリベラリズム[15]，多文化主義[16]，およびナショナリズムをめぐる論争に影響を与えている。　　　　　　　　　　　　（森　達也）

指した。B. ラッセル，エイヤー，初期の L. ヴィトゲンシュタインが英国における代表者である。

▷4　バーリン（河合秀和ほか訳）『理想の追求』（バーリン選集4），岩波書店，1992年，7-8頁。

▷5　⇨Ⅴ-20「寛容」

▷6　バーリン（小川晃一ほか訳）『自由論』みすず書房，1997年，320頁。

▷7　⇨Ⅴ-2「リベラリズム・ニューリベラリズム・ネオリベラリズム」

▷8　⇨Ⅱ-19「コンスタン」

▷9　⇨Ⅴ-18「ファシズム・全体主義」

▷10　バーリン，同上，389頁。

▷11　ただし，過度の自由放任もまた社会的弱者を破滅させる可能性があることを彼は認めている（バーリン，同上，308頁）。

▷12　⇨Ⅱ-22「マルクス」

▷13　⇨Ⅲ-10「オークショット」

▷14　⇨Ⅴ-19「ナショナリズム」

▷15　⇨Ⅴ-2「リベラリズム・ニューリベラリズム・ネオリベラリズム」

▷16　⇨Ⅴ-7「多文化主義」

（参考文献）

ジョン・グレイ（河合秀和訳）『バーリンの政治哲学入門』岩波書店，2009年。

濱真一郎『バーリンとロマン主義』成文堂，2017年。

森達也『思想の政治学』早稲田大学出版部，2018年。

12 フーコー

▷1　フーコー（Michel Foucault, 1926-84）

▷2　**講義録**
『ミシェル・フーコー講義集成』（筑摩書房）として，1998年から順次刊行されている。

▷3　例えば，受刑者とその家族や近親者を支援する「監獄情報グループ（GIP）」という団体の設立と運営に携わった。

▷4　**ポストモダン**
哲学，文学，芸術など様々な領域で，1960年代以降に展開された思想運動。その表現形態や主張は多様だが，「近代的」とされる価値観や世界像を批判する点では共通していた。哲学ではフランスのフーコーやドゥルーズ，デリダなどが知られている。

1　略　歴

ミシェル・フーコー[1]は20世紀フランスの哲学者である。フランス中部ポワティエの医学者の家系に生まれたが，文学・哲学方面に進むことを希望し，1946年にパリ高等師範学校に入学する。教授資格試験合格の後，リール大学で心理学の助手として医療の現場をみたことで，病院における医師－患者関係に興味を抱いた。その経験が，博士論文『狂気の歴史』（1961年）につながっている。1966年に出版された『言葉と物』は，当時流行していた構造主義の代表作のように受け止められた，難解で修辞に満ちた文学性の強い作品であった。1970年にはコレージュ・ド・フランス教授に選出される。同年の就任講演から亡くなる1984年まで講義を続け，その**講義録**[2]は彼の思考の現在形を示すものとして広く読まれてきた。エイズで死去したときは58歳だった。同性愛者であったことは生前から知られていたが，その死は衝撃をもって受け止められた。彼は，マイノリティは学者に先導される必要はなく自ら語るべきで，そのための場所の提供こそが重要だという発想をもっていた。こうした考えの下，受刑者や政治的文化的少数者の運動を支援した[3]。

日本では1980年代の**ポストモダン**[4]ブームで注目されるようになったが，当初は文芸批評家や文学研究者が注目する「人文系」思想家の扱いであった。だが，『監獄の誕生』など1970年代半ば以降の作品が知られるようになると，社会学や政治思想，社会思想史などの研究者からも関心が高まった。

2　狂人と受刑者：規律権力

『狂気の歴史』は，「狂人」とされた人々が時代や場所によって異なった扱いを受けてきたという指摘から出発する。彼らはいつ「精神病者」になったのか。精神病は古今東西変わらず存在する病ではなく，社会的・文化的な装置や実践によって形づくられたのではないか。これがフーコーの問いである。彼が注目したのは，病院への閉じ込めと精神医学の成立において，患者がどのように処遇され，いかに医学の対象となったかであった。

『監獄の誕生』では，監獄と受刑者に関心が向けられた。そもそも監禁という刑罰は近代以前には一般的でなく，身体刑が広く行われていた。ではなぜ監獄がヨーロッパ中に広がり，近代的な刑罰として世界に輸出されたのか。ここ

でフーコーは「規律」という権力の形態に注目する。監獄，病院，工場，学校，兵舎などの建物を思い浮かべると，その建築構造が似ていることに気づくはずだ。これらに共通するのは，多くの人が集まり，混乱や無秩序が起きやすいことだ。こうした場所で，安全を確保しながら生産性や衛生を保つために導入されるのが，規律のテクニックである。整然とした碁盤目状の空間配置，時間割，絶えざる監視，賞罰による位階の形成などが規律の特徴となる。18世紀末，ベンサムの**パノプティコン**[5]には規律の建築学的な特徴が表現されている。

3　フーコーと政治思想

　こうした歴史の考察を通して，フーコーは権力についての新しい見方を獲得していった。それは，権力は誰かが所有していて上から下に降りてくるといった見解の否定を伴っていた。権力とは所有されるモノではなく，関係の中で行使される。私たちの周囲を見渡せば，権力の関係を至るところに見出せる。親子の関係，教師と生徒の関係，政治家と有権者の関係などである。そこでは当事者の相互行為を通じて権力が行使され，関係が形づくられる。そうした関係全体が権力であり，どこかに誰かが固定した権力を「持って」いるのではない。

　このような権力観は，政治学にも影響を与えた。政治学は，政治制度，政治権力，そして政治的実践や政治行動を研究してきた。関係の集積としての権力という着想によるなら，例えば政治制度の研究は制度の形成と維持と変容をもたらす人々の相互行為の観点から捉え返されることになる。投票行動も単なる意見表明ではなく，アクター間の相互行為によって変化する動態的プロセスとなる。また，社会運動も抑圧と抵抗の二分法ではなく，多様なアクターの複雑な相互行為によって反転しつづける諸関係として捉えられる。

　政治思想に対しては，フーコーは次のような問題提起をしている。彼は法－主権－契約といった権力の正統性についての考察を，「所有される権力」というイメージと重ねていた。自然法論や社会契約論から説き起こす政治思想は，こうした見方の典型として忌避される。近代を常に「裏から」読むフーコーは，正しい政治とは何か，どのような手続きで正統な政治共同体が形成されるかといった問いは立てない。それよりむしろ，膨大な国民を擁する巨大国家が生まれた近代という時代に，大衆，民衆，あるいは人口はいかに統治され，秩序のうちに組み込まれてきたかを問うのである。これがオモテの近代である政治の正統性論と対比される，裏に存在した統治性からみた近代国家の系譜学であった[6]。1970年代後半にフーコーは古代から現代に至る統治の歴史を構想し，80年代にはそこから発展してきたテーマである「自己統治」を研究した。『快楽の活用』『自己への配慮』，そして2018年に出版された『肉の告白』は，自己への配慮，他者への配慮，また共同体における自己の位置という観点からの，フーコーの統治に関する研究の到達点であった。　　　　　　　（重田園江）

▷ 5　**パノプティコン**
ベンサム（⇨Ⅱ-25）が弟に書き送った書簡などで表明したアイデア。監獄を効率よく秩序立てて管理するため，建築学上のアイデアだけでなく，民営化による採算や公衆による経営監視といったプランが提示されている。

▷ 6　⇨Ⅴ-13「統治性」

参考文献
フーコー（田村俶訳）『監獄の誕生』新潮社，1977年。同（渡辺守章訳）『性の歴史Ⅰ　知への意志』新潮社，1986年。重田園江『ミシェル・フーコー——近代を裏から読む』ちくま新書，2011年。慎改康之『ミシェル・フーコー——自己から脱け出すための言説』岩波新書，2019年。

13 ハーバーマス

▷5　**妥当要求**
社会で通用している解釈枠
組みに適合しているがゆえ
に自身の主張が妥当性をも
つという要求。例えば，社
会で，性別役割分業のよう
な規範が受容されている文
脈では，「家事を行わない
のは怠慢だ」という夫の妻
に対する詰問は，その社会
の解釈枠組みに適った主張
となる。ただし，解釈枠組
みは可変的である。現在性
別役割分業のような規範は
一般に受容されておらず，
疑問に付されうる。

1 初期の公共性論

　ハーバーマスは，フランクフルト学派第２世代を代表する理論家で，公共性
論や熟議デモクラシー論において知られている。また，NATO によるコソボ
空爆や近年のヨーロッパ統合に伴う時事的問題にも積極的に発言しており，ヨ
ーロッパを代表する知識人としての一面ももつ。

　彼を最初に有名にしたのは，『公共性の構造転換』(1962年) での公共性論で，
そこでは初期近代における市民的公共圏の成立が明らかにされた。市民的公共
圏は，自由で平等な市民が公共の関心事を議論することで形成される討論空間
を意味し，批判的公開性を原理とした自由な言説空間とされる。しかし，一度
は成立し，啓蒙の理想を体現した市民的公共圏も，社会（福祉）国家の進展に
伴い，その輝きを失う。市民が公共の関心を喪失するに伴い，議論を消費する
存在となったことで，公共圏は公開性に基づく操作の場へと変質したのである。

　こうした公共圏への悲観的見通しは，アドルノなどフランクフルト学派第１
世代の影響下でなされたものであった。ハーバーマスは，これ以降，コミュニ
ケーションを基軸とする理論展開を通し，独自の理論を構想していく。

2 コミュニケーション的行為と生活世界の植民地化

　彼独自の理論の中核には，他者との了解を志向するコミュニケーション的行
為がある。コミュニケーション的行為とは，相手を目的として扱い，そのこと
で相互理解の形成を目指す行為で，行為者が一方的に相手を手段とみなし，利
用することで目的の達成を目指す戦略的行為と対比される。

　コミュニケーション的行為は，反省形態としての討議を通じて，独自の合理
性を保持する。コミュニケーション的行為は，**妥当要求**を提起しあうことで営
まれ，相互に要求を受け入れることで相互理解は成立する。しかし，時に妥当
要求自体が疑問に付される。その場合，妥当要求が前提とする解釈枠組みそれ
自体を問い直す討議が必要となる。討議での反省的な問い直しを通じて，戦略
的行為が依拠する個々の行為者の観点からなされる計算としての合理性と区別
された，間主観的なコミュニケーション的合理性が成立する。

　その上で，ハーバーマスは，コミュニケーション的行為の場を生活世界，戦
略的行為の場をシステムと捉え，現代社会の病理として，生活世界がシステム

の論理に服する**システムによる生活世界の植民地化**[▷6]を指摘する。

③ 規範理論としての討議倫理

ハーバーマスは，先のコミュニケーション的行為と討議との関係に依拠し，討議倫理として知られる規範理論を定式化する。その根幹には，「討議を経た規範のみが妥当性をもつ」という討議原理があり，規範の条件が討議での正当化であることが議論の基点となる。討議では，解釈枠組み自体を問い直すため，現在通用している解釈枠組みを棚上げし，「よりよい論拠」だけに依拠した正当化が求められる。そのため，そこでの正当化根拠は普遍性の要請を満たさなければならず，討議倫理は普遍主義的な規範理論となる[▷7]。

④ 法・政治理論の展開：熟議デモクラシー論の源流

ハーバーマスは，討議倫理を土台として自身の政治理論を展開する。近代社会において，法が社会調整のメディアとして不可欠であることを前提に，その法を生み出す政治過程が討議として構成されることを要求する。なぜならば，討議原理に基づき，規範としての法は，討議での正当化を必要とするからである。討議として構成された政治過程での正当化に服することで，法を制定する政治決定はレジティマシー[▷8]を得る。

政治過程は，自由な議論が営まれる公共圏と主に政治的決定を行う議会などの政治システムの役割分担を通じて，全体として討議とみなしうる。そこでは，初期の悲観的理解は撤回され，公共圏はもっぱら非公式の意見形成を担う自由な言説空間として自律性をもつ。他方，政治システムは決定を行い，その責任を担う公式の意思決定の場とされる。公共圏での討議で蓄積された理由が公論へと高められ，政治システムは，その公論をアジェンダとして取り上げ，それについての議論を通じて法制定を行う（加えて，制定された法の枠内に行政が制約され，経済も行政を通じて間接的に制御されることで，社会全体が統合される）。こうした一連の流れにより，コミュニケーション的合理性に基づく政治が可能となり，先の植民地化の克服が志向される。

ハーバーマスは，討議として構成された政治過程という理解が，人権（立憲主義）を重視するリベラリズム[▷9]と人民主権を重視する共和主義[▷10]の間にあり，人権と人民主権が互いを前提・制約し合う中で生まれるとする。そこで憲法は，その内に含まれる普遍的規範を具体化していくプロジェクトとして捉えられ，そこから憲法パトリオティズム[▷11]の構想も導かれる。

こうした議論は，熟議デモクラシー論の隆盛にも影響を与え，その源流の一つとみなされている。この文脈で現代リベラリズムを代表するJ.ロールズ[▷12]との論争も生じ，彼の議論における普遍主義，そして（相対的な）デモクラシー重視という特徴がより鮮明に示された。

（田畑真一）

▷6　システムによる生活世界の植民地化
本来コミュニケーション的行為の領域である生活世界で戦略的行為が支配的となってしまった状況。社会国家の進展とそれに伴う法化によって生じたとされ，そこでは（生活世界の一部である）家族や学校が法的関係を介して行政システムや経済システムの論理に服するようになる。例えば，学校は行政システムによって雇用機会を割り振る場として捉えられ，扱われる。

▷7　1980年代後半以降，フェミニズムなどからの批判に応える中，道徳と区別された倫理の次元，従来の規範の基礎づけと区別された適用の次元を討議に取り入れることでより特殊性を取り込んだ構想となっている。

▷8　⇨ Ⅴ-29「レジティマシー（正当性・正統性）」

▷9　⇨ Ⅴ-2「リベラリズム・ニューリベラリズム・ネオリベラリズム」

▷10　⇨ Ⅴ-4「共和主義」

▷11　⇨ Ⅴ-26「憲法パトリオティズム」

▷12　⇨ Ⅳ-1「ロールズ」

（参考文献）

ジェームズ・ゴードン・フィンリースン（村岡晋一訳）『ハーバーマス』岩波書店，2007年。田村哲樹・加藤哲理編『ハーバーマスを読む』ナカニシヤ出版，2020年。ハーバーマス（河上倫逸・耳野健二訳）『事実性と妥当性』上・下，未來社，2002・2003年。

ロールズ

▷1　ロールズ（John
Rawls, 1921-2002）

20世紀を代表するアメリカの政治哲学者。プリンストン大学ならびに大学院修了。1962年からハーバード大学哲学部教授。主著に『正義論』（1971年），『政治的リベラリズム』（1993年），『万民の法』（1999年）。規範的政治理論の礎を築くほどの影響を与えた。教育者としても，多数の女性研究者を含む，多くの後進を育成した。

▷2　⇨Ⅴ-1「功利主義」

▷3　⇨Ⅱ-9「ルソー」

▷4　⇨Ⅱ-13「カント」

▷5　正義の二原理
社会の基礎構造に適用され，憲法・立法・政策のあり方の指針となるべき根本的なルールのこと（『正義論』11節）。このうち格差原理は，先行する他の原理と矛盾しない仕方で，可能な制度編成中，最も不遇な人々

① 『正義論』：正義原理と正義感覚の擁護

　ロールズ[1]が『正義論』を公刊したのは50歳のときである。ゆえにそれは，彼の前半生が反映された著作でもあった。彼の学士論文は罪と信仰の意味を論じたものだったが，従軍体験を経て信仰の道からは離れる。博士論文の主題は〈正しい原理を導く倫理学上の手続き〉であり，その基礎は理に適った人々の熟考された判断に求められた（主な論敵は情動主義と権威主義である）。その際，原理と判断とはいずれか一方が優越するのではなく，演繹と帰納，双方のプロセスにおいて，全体論的に正当化される（反省的均衡）。また，彼の関心は当初からあるべき社会の構想にも向けられていた。その試みは，人々の熟慮された判断＝常識＝コンセンサスを基盤とする社会像というヴィジョンに結実する。人間本性と正義が親和性をもつことの弁証は終生の課題となる。

　以上のことは『正義論』の二つの主要論題の背景をなしている。①熟慮された判断に最も適合した正義原理の導出（第1部）。②導出された正義原理が実際の人々の心理に照らして安定的であることの論証（第3部）。①に関しては功利主義[2]がライバルとなる。それは利点をもつ一方で，少数者の犠牲可能性・他者収奪的な効用の算入・統治に受動的な人格像といった難点を抱えている。そこで彼は，ルソーやカント[3][4]を導きとした独自の契約論を展開し，**正義の二原理**[5]——平等な基本的諸自由の原理（第一原理），公正な機会均等原理（第二原理前半），格差原理（第二原理後半）——からなる〈公正としての正義〉を導出する。ただし，この仮説的契約の当事者は公正性を担保する無知のヴェールを被されているために，〈公正としての正義〉が実際の人々から支持されるかは定かではない。これをテストするのが②である。そこでは，道徳心理学に即して，正義に応じる生は善き生でもあることの論証が試みられる。そして，この正と善の合致が成立するとき，市民の正義感覚は強固なものとなり，公正な協働のシステムとしての政治社会は世代を越えて安定することができるとされる。

② 『政治的リベラリズム』：理に適った多元主義の事実への応答

　ノージック，ドゥオーキン，サンデルらによる批判的受容をはじめ，『正義論』は多大な反響を引き起こした。そうした中，彼は「理に適った多元主義の事実」という新たな想定を認め，政治的リベラリズムを提示する。現代世界に

おいては，理に適ってはいるが共約不可能な複数の価値観が併存している。これが包括的教説である。異なった包括的教説を信じる者——例えば敬虔なイスラム教徒とキリスト教徒——は，仮定からして完全な同意に至ることはできない。世俗的な包括的教説を信じる人々も同様である。だが，そうした教説が理に適ったものである場合，彼らは重要な政治的価値についてなお多くを共有しており，相互に改宗を強制することなく，同じ社会での共生が可能となる。ただし，自らの包括的価値を独善的に提示しないシヴィリティの義務を身につけ，その実践が相互承認されつづける限りで，この共存は安定性をもつ。

　こうした想定に立ち，『政治的リベラリズム』は次の理論構成をとる。①政治的構想と包括的教説との区別，ならびに前者における共有可能な理由づけの要請（**公共的理性**）。②同一の政治的構想に対する各々の包括的教説からの異なった理由づけの承認。つまり本著は，価値の多元性に感応的な，新たな公共性のあり方を再検討するものなのだ。①については，〈公正としての正義〉がなお最も望ましい構想とされるが，導出においては公共的政治文化に潜在する理念からの練成も重視されるようになる。これに応じて，格差原理以外の原理も正統な政治的構想たりえる可能性が認められる。②は『正義論』の安定性問題の再説である。実は，そこでの正と善の合致の論証はカント的な包括的教説に依拠するものであった。だが，いまや政治的構想（正）へのコミットの仕方は，各々の包括的教説（善）に委ねられねばならない。この事態を図示したのが重なり合うコンセンサスである。このとき，正への理由づけはプルーラルに共存可能であり，理想的には各々が誠実なものであることへの相互承認が成立している（このことの妥当性をめぐってはハーバーマスとの論争がある）。

3　『万民の法』：現実主義的ユートピアの希求

　『万民の法』は一国内の正義論をグローバルなレベルに拡張する試みである。そこでは，リベラルな社会のみならず品位ある社会も対等なメンバーとして承認される。〈万民の法〉には援助義務も含まれており，これによって国家間での不平等は是正される（ただしそれは，一国内の分配的正義と同レベルの平等を要請するものではない）。国際的な平等論・寛容論・正戦論を展開した本書は，グローバル・ジャスティス論に多大な影響を与えた。

　ロールズは〈万民の法〉が遵守される理想的世界を現実主義的ユートピアと呼ぶ。それは，深刻な政治的不正義が除去され，不正な戦争，宗教的迫害，飢餓や貧困等の巨悪が消滅した世界のことである。これを実現するためには現行の社会制度の変革が求められるが，私たちが何か別様の存在に変化する必要はない（理想理論／非理想理論の区別を用いて彼はこの論証を試みている）。つまり，現実主義的ユートピアとは人間本性と正義との親和性を示す構想でもある。ロールズは生涯を賭して彼自身の問いを探究したのである。　　　　　（田中将人）

の生の見込みをできるだけ改善するオプションを指図するものである。強い平等主義的な含意をもつこの原理については，その内実や導出の是非をめぐって多くの論争が展開された。

▷6　**公共的理性（公共的な理由づけ＝推論）**
憲法の必須事項や基本的正義の問題を議論する際に要求される，関連するすべての人々に正当化可能な価値や論拠，ならびにそれらを用いた推論方法や対話作法のこと（『公正としての正義　再説』26節）。政治的リベラリズムの中心的主張の一つであり，その内実をめぐる規範理論研究は「公共的理性リベラリズム」とも呼ばれ，今日盛況を博す研究分野になっている。

▷7　⇨Ⅴ-27「公共性」

▷8　⇨Ⅲ-13「ハーバーマス」

▷9　⇨Ⅴ-23「正しい戦争」

▷10　⇨Ⅴ-24「グローバル・ジャスティス」

（参考文献）
ロールズ（川本隆史・福間聡・神島裕子訳）『正義論』紀伊國屋書店，2010年。同（田中成明・亀本洋・平井亮輔訳）『公正としての正義　再説』岩波現代文庫，2020年。同（中山竜一訳）『万民の法』岩波書店，2006年。同（神島裕子・福間聡訳）『政治的リベラリズム』筑摩書房，2022年。齋藤純一・田中将人『ジョン・ロールズ』中央公論新社，2021年。

2 ノージック

▷1　**ノージック**（Robert Nozick, 1938-2003）

アメリカの哲学者。その著作の主題は多岐にわたるが，ロールズ『正義論』に触発された1974年の最初の著書『アナーキー・国家・ユートピア』はリバタリアニズムに現代正義論での確固たる地位を与えた重要文献である。その後，ノージックが政治哲学的な主題から離れたため，方法・内容に対する多くの批判は応答されずに残された。後の著作においてはすでにリバタリアニズムの見解を支持していないとも述べている。しかし，魅力的な思考実験に彩られた本書は通読に値する。現在日本語で読める他の著作には『考えることを考える』青土社，1997年，『生の中の螺旋』青土社，1993年がある。（図版：Harvard Univ. News Office.）

▷2　⇨Ⅳ-1「ロールズ」

1 ノージックのリバタリアニズムと権利観

ロバート・ノージック[1]はジョン・ロールズ[2]と同時期に活躍した哲学者で，リバタリアニズム[3]の記念碑的著作『アナーキー・国家・ユートピア』において，夜警国家的な最小国家を擁護し，国家による再分配政策を強く批判した。

　ノージックのリバタリアニズム思想は権利，特に自然権としての**自己所有権**[4]を基礎に組み上げられている点に大きな特徴がある。ノージックのプロジェクトは個人の権利を基礎にしたとき，そもそも国家は正当化されるか，されるとすればどのような役割を担うのか／担えないのかという，国家に関する根本問題を問うものであった。彼が展開する衝撃的な提案も厳しい批判もすべてこのような論の展開と関心からもたらされている。

　ノージックのリバタリアニズムが衝撃的な示唆をもちえたことの一因は，彼が権利を横からの制約として理解したことによる。横からの制約は，社会全体や道徳的に高邁な目標を個人がもつ権利とトレード・オフすることを許さず，それによって個々人を不可侵な存在として扱うことを意味する。例えば，ある人の権利を侵害することによって，社会のより多くの権利侵害が避けられ，最小化するのであれば，その人の権利を侵害すべきとする権利功利主義は，社会全体の目的のためにある人の権利を犠牲にするので許されない。横からの制約は，権利を達成されるべき結果状態に組み入れるのではなく，他人の権利不可侵を前提として選択可能な行為を認めるものである。

2 最小国家論

　ノージックはアナーキズムの克服，つまり「なぜ無政府状態にしておかないのか？」という問いが政治哲学の根本問題であると考えた。彼はこの問題に仮想史的な方法で答えてみせる。

　ノージックは議論の出発点としてロック的な自然状態を選ぶ。そこでは個々人が身体・財産について自由に決める権利をもち，自然法は他人の生命・健康・自由・財産の侵害を禁じており，これらが侵害された場合には個々人には自力救済する権利がある。しかし，自然状態には様々な不都合がある。これらの権利を個々人で十分に保護したり，起きた紛争を適正に決着させることは容易ではない。そこで人々はお互いに協力するグループを作り，後には保護サー

ビスを提供する相互保護協会（保護会社）が現れ，これに加入するようになる。このような保護協会は初め多数作られるが，やがて保護協会間でのやり取りや競争などを経て，地域を独占する支配的保護協会，そして超最小国家へと収斂していく。しかし，超最小国家は加入しているメンバーに保護サービスを提供するだけで，その地域の加入していない独立人の存在を排除できていない。独立人はいまだ自然状態の個人がもつ自力救済の権利を保持しているため，超最小国家はいまだ国家と呼べない。国家を正当化するためには独立人たちをどのように保護サービスに組み入れるかが問題になる。

　もっとも，独立人に自力救済の権利があることは確かだが，個人だけで適正な紛争解決や権利の十分な保護が難しいことは変わらない。そのような独立人がいては加入者の安全が脅かされるので，超最小国家は独立人の実力行使を禁じて，その補償として保護サービスを提供することになる。このようにして，誰の権利も犠牲にせずに，権利の保護や紛争解決だけを独占的に行う国家＝最小国家は見えざる手によってできてしまうのだと，ノージックは考えた。

③ 歴史的権原理論と再分配批判

　ノージックは最小国家を擁護する一方，それ以上の役割を果たす拡張国家を批判した。特に，平等などの望ましい状態（パターン）を再分配によってもたらそうとする，ロールズ『正義論』に代表される分配的正義論を結果状態原理と呼んで批判した。

　ノージックは人の保有物の正当性は①獲得における正義，②移転における正義，③匡正の正義によって決定されるとする歴史的権原理論を提出し，正義はある時点での結果状態にではなく，歴史的なプロセスの正しさにあると考えた。ある正当な分配状態から，正当なプロセスを経て生じた分配状態はどれほど不平等でも正当であり，正義は保存されている。このような考えから彼は，人々が自由に財産を使えるならば，どんな理想のパターンも即座に崩壊するし，労働や取引で正当に手に入れた財産に課税して理想のパターンに再分配することは，その課税した額だけ強制労働させているのと変わりがないと批判した。

　もっとも，彼はこのような議論の前提としてロック的但し書き（「他人にも十分な善きものが残されている場合には」）が満たされなければならないと考えた。しかし，彼はこの但し書きが満たされないのはカタストロフィのような場合だけだと考え，事実上無効化し，自由市場経済を肯定した。貧困者の救済は問題になるが，それは正義（国家）ではなく私的な慈善の問題だと考えていた。

　ノージックはここまで論じてきたような無政府でも拡張国家でもないリバタリアンな最小国家は，多様な人が作る多様な理想の共同体（＝ユートピア）の共存を可能にする，「枠」としてのメタ・ユートピアなのだと論じた。

（福原明雄）

▷3　⇨V-3「リバタリアニズム」

▷4　**自己所有権**（self-ownership）
各人の身体の道徳的に正当な所有者は各人だという考え方。リバタリアニズムにおいては，この権利は身体に付随している能力も当人のものであることを意味し，身体による労働や付随する能力によって手に入れた財は当人のものである，と理解される（自己所有権テーゼ）。この点について分析的に鋭く迫る批判としてG. A. コーエン『自己所有権・自由・平等』青木書店，2005年，擁護するものとして森村進『財産権の理論』弘文堂，1995年を参照。

▷5　⇨V-9「アナーキズム」

▷6　⇨II-5「ロック」。ノージックが参照するロックの所有権論，ロック的但し書きについては『統治二論』第二論文第5章第27節を参照。

(参考文献)
ノージック（嶋津格訳）『アナーキー・国家・ユートピア』木鐸社，1992年。ジョナサン・ウルフ（森村進ほか訳）『ノージック』勁草書房，1994年。森村進編著『リバタリアニズム読本』勁草書房，2005年。井上彰「再分配は自由を侵害するか」宇佐美誠ほか編著『正義論』法律文化社，2019年。福原明雄『リバタリアニズムを問い直す』ナカニシヤ出版，2017年。

3 ドゥオーキン

▷1　ドゥオーキン（Ronald Dworkin, 1931-2013）

現代の英米圏を代表する法哲学者・政治哲学者。主にオックスフォード大学とニューヨーク大学にて教鞭を執った。主著に，『権利論』（1977年），『平等とは何か』（2000年），『ハリネズミのための正義』（2011年・未邦訳）。ハリネズミとは「ただ一つの大きなことを知っている」ことの象徴であり，「たくさんのことを知っている」狐と対比される。つまり彼は，法解釈論ならびに価値論における統一性（integrity）を追求したのである。

▷2　⇨ Ⅴ-29 「レジティマシー（正当性・正統性）」

▷3　アファーマティブ・アクション

歴史的不正に起因する不平等の是正を目的として，不利を被っている属性をもつ人々を，各種選抜試験において優先的に処遇する試みのこと。積極的差別是正措置ともいわれる。大学入試における黒人の優先的処遇が代表例だが，逆差別では

① 平等な配慮と尊重：市民を対等者として取り扱うこと

　ドゥオーキン[1]はまずもって法を統一性を有すべきものとして考察した法哲学者であるが，本項目では彼の政治思想に話を限定する。その基盤は，平等な配慮と尊重への権利にある。ここで，配慮とは人々を困窮したり危害を被りうる存在者として処遇すること，尊重とは人々を独自の価値観に基づいた生を営みうる存在者として承認することを意味する。この権利をシリアスに受けとめるとすれば，政府は市民を対等者として取り扱わなければならない。この取り扱いは単なる形式的平等に留まらない。各人は様々な星の下に生まれ，また周囲からの不可避的な影響を受けつつ，その生の軌跡を描いていく。そうした人生航路が対等者間のそれであるべきだとしたら，政府は可能な限り各人の生がそこにおいて営まれる環境を実質的にも平等なものとする必要がある。この要件は，政府の作る法が正統性をもつための前提ともなる[2]。

　以上のことは二つの要請を課す。第一に，政府は立法過程から特定の選好を除去し，その健全さを保持せねばならない。代表制デモクラシーにおいては，通常，各アクターの多種多様な意見や利害の入力が試みられる。だが，平等な配慮と尊重の理念からすると，他者の財や機会への不当な意識に発する外的選好の算入は端的に認められないし，少数派の自律を損なう仕方で多数派の利益を増進することも許されない。この意味で，各人（とりわけ少数者）には切り札としての権利が保障される。第二に，政府は市民の人生計画に対して平等な考慮を払い，その実現を支援せねばならない。一方で，各人は様々な社会的属性——人種・性別・階層・資質など——を有するが，これらは基本的に当人が選んだものではない以上，不当な影響を及ぼす場合，政府による積極的是正が求められる（彼はアファーマティブ・アクション[3]を肯定した）。他方で，各人は自律した存在者でもある以上，自らの選択に責任を負う者としても尊重されねばならない。よって，偶然事の是正を超えたパターナリズムは認められない。

　まとめるならば，可能な限り人生の来し方が対等な環境下で形成されること，かつ，偶然事（chance）に由来しない当人の選択（choice）の帰結だけがその行く末に反映されること，これらが彼の政治思想の基本的着想となる。それは，ロールズ[4]のものとは異なった，強い個人像に基づく平等主義的リベラリズム[5]の構想に結実する。

2　何の平等か？：資源の平等と運の平等主義

　以上の着想は〈資源の平等〉という構想に敷衍される。ドゥオーキンは「何の平等か？」を問うことから議論を始める。まず，個人の選好や目標の等しい充足，すなわち〈厚生の平等〉を目標とする構想を想定できる。しかし，この立場は難点を抱えている。例えばそれは，ワインがなければ耐え難いと感じる人に対し，安全な水さえ飲めれば満足という人に比べ，多大な財の再分配を命ずる（高価な嗜好の問題）。だが，これは先述の基本的着想と整合しない。

　そこで彼は〈資源の平等〉という代替的な構想を打ちだす。各人には，それを用いて自らの生を形作っていく資源こそが平等に分配されるべきなのだ。よって，偶然事が適切に是正されているなら，仮に挑戦的な人生計画を選択した結果（あるいは怠惰の結果）不遇を託ったとしても，その責を必要以上に他人に転嫁することはできない。このようにして，平等の基盤は，個人間での財の公平な関係性に据えられる。彼は，無人島でのオークションや仮想保険市場といった思考実験を用いて，〈資源の平等〉の論証を試みている。

　選択／偶然の分割というこのアイデア——各人の意欲を反映するが，資質を（全面的には）反映しない——は，G. A. コーエン[46]らによる批判的受容を経て，1980〜90年代に〈運の平等主義[47]〉という有力な分配的正義論を形成する。2000年代には，財や資源の個別的分配パターンに還元されない社会構造の公平性を主題する〈関係論的平等論〉が，〈運の平等主義〉と対比的に打ち出された。だが，2010年代以降，後者の再評価あるいは両者の調停を試みる研究も出てきている（もっとも，ドゥオーキン自身は〈運の平等主義者〉と呼ばれるのを嫌った）。

3　リベラルな共同体と政治的自律

　リベラルな政府はこのようにして市民を対等者として処遇する。翻って，市民の側も正義に適った政府を積極的に支持・促進する責務を負う。この意味で，ドゥオーキンの政治思想は古典的リベラリズムではなく共和主義[48]と親和的である。リベラルな共同体と個人の生は切り離されえない。正しい法の立法・施行と市民の善き生とは連続しているのである。

　こうした政治的自律の要請は以下の特徴を合わせもつ。第一に，市民が互いに負う責務，すなわち特定の国家に対する政治的責務が強調される一方，人間一般が負う自然の義務は後景に引く。少なくとも，後者は前者と同等の効力をもつことはない（国家主権[49]の重視）。第二に，この集合的意思決定が正統であるためには，各人には公正な発言の機会が必要だとされる。よって，表現の自由は最大限尊重されねばならず，外的選好の二重算入は無論除外されるが，ヘイト・スピーチを検閲するような法律は退けられる。ドゥオーキンによれば，それは法の正統性が支払うべき対価なのである。

（田中将人）

ないかとの反論もある。ドゥオーキンの見解は『平等とは何か』11〜12章を参照。

▷4　⇨Ⅳ-1「ロールズ」

▷5　⇨Ⅴ-2「リベラリズム・ニューリベラリズム・ネオリベラリズム」

▷6　**コーエン**（Gerald Allan Cohen, 1941-2009）カナダ出身の政治哲学者。オックスフォード大学で分析的マルクス主義の旗手として活躍する一方で，ロールズやノージックへの批判的検討でも知られる。

▷7　**運の平等主義**
当人がコントロールすることのできた選択の運（option luck）と，そうではない自然の運（brute luck）とを分けて，後者に発する不平等のみを是正しようとする平等論の立場。よって，生来の病気や自然災害による不利益は是正対象となるが，リスクを承知の上で被った損害は該当しない。自己責任の公平な分担に配慮した平等論といえる。強い平等主義的含意をもつ一方，二つの運を明確に区別可能か，区別できたとして望ましくない事態をも容認するのではないかといった批判がある。

▷8　⇨Ⅴ-4「共和主義」

▷9　⇨Ⅴ-22「主権」

（**参考文献**）

ドゥオーキン（木下毅ほか訳）『権利論 増補版』木鐸社，2003年。同（小林公ほか訳）『平等とは何か』木鐸社，2002年。同（森村進・鳥澤円訳）『原理の問題』岩波書店，2012年。宇佐美誠・濱真一郎編『ドゥオーキン——法哲学と政治哲学』勁草書房，2011年。

４ ローティ

① 反基礎づけ主義のネオ・プラグマティズム

　20世紀言語哲学に関する優れたアンソロジーの編集等によってすでに知られていた**リチャード・ローティ**[1]が，一躍哲学界の寵児となったのは1979年の『哲学と自然の鏡』によってである。同書は，デカルト，カント[2]，ロック[3]に由来し，いまなお一般的に受け入れられた近代の哲学観を根底から批判する。この哲学観によれば，哲学の役割は知識を客観的真理として基礎づけることにある。具体的には，自然という対象を心が鏡のように正確に映すと想定する。だがこの想定自体には根拠がないとローティは主張し，哲学は知識の基礎づけという企図自体を放棄すべきだという反基礎づけ主義の立場を提唱した。

　同書の中心的な主張は **W. v. O. クワイン**[4]や**ウィルフリド・セラーズ**[5]など20世紀後半の分析哲学者[6]の議論に基づきなされているものの，狭義の分析哲学を超えた射程を有している。まず，ローティは反基礎づけ主義の思想をジョン・デューイ[7]ら20世紀前半のプラグマティズムに見出し，自身の立場を「ネオ・プラグマティズム」と称した。さらに，従来分析哲学とは犬猿の仲だとみなされてきた大陸哲学のマルティン・ハイデガーにも同様の反基礎づけ主義が存在すると彼は主張した。ここにおいて，ローティの反基礎づけ主義は，ハイデガーの影響を受けたジャック・デリダらのポスト構造主義[8]と接近することになる。

　だが，真理の基礎づけを放棄した哲学にいかなる役割が残るのか。それは相対主義に道を開くのでないか。ローティによれば，哲学は真理の探究ではなく，参加者の間で継続して行われる会話の一種である。そして彼は相対主義を認めつつも，「何でもあり」とは異なるという。我々は自身の属する社会で行われている会話に参加し，継続させるという形で哲学等の活動を行うのであり，社会での会話は「何でもあり」ではない（会話というアイデアをローティはマイケル・オークショット[9]から得ている）。こうした立場をローティは自文化中心主義と呼ぶ。自文化中心主義といっても，排他的な価値観を支持するのではなく，自身の文化から出発するしかないということである。

② リベラル・アイロニズムの政治思想

　反基礎づけ主義によって，規範的な政治構想の普遍的正当化という従来の政治哲学観も崩壊する。かわってローティは1989年の『偶然性・アイロニー・連

帯』で「リベラル・アイロニズム」という立場を提唱する。

　同書でローティは基礎づけを放棄しながらも，リベラル・デモクラシーを肯定する。アメリカ等西欧先進国で歴史的に形成されてきたリベラル・デモクラシーについては，普遍的な正当化は不可能だとしても，その優位性は揺るがないものとローティはみる。自文化中心主義の面目躍如たる部分である。また，政治理論家**ジュディス・シュクラー**に倣い，「残酷さは避けるべきである」という，多くの人が納得しうる立場から人々の連帯を広げていこうと試みる。

　ポスト構造主義者のフーコーらが普遍的理性と既存の西洋社会への懐疑から新たな政治を模索したり，彼らに影響を与えたハイデガーがナチズムに関与したのに対して，同書のローティはあくまでリベラル・デモクラシーの枠内に留まる。というのも，ローティのみるところ，公私の区分をわきまえていれば，既存の規範に収まらない私的な生き方を追求することと，公的なリベラル・デモクラシーの擁護との間に矛盾は存在しないからである。

　ローティのフーコー批判にもみられる通り，ローティは基礎づけ批判ではポスト構造主義と軌を一にしつつも，リベラル・アイロニズムという政治的立場では彼らと袂を別つ。両者はともに普遍的な基礎づけを放棄しつつも，ポスト構造主義者がなお何らかの政治社会のビジョンを哲学的に示そうとするポスト基礎づけ主義の立場を採るのに対し，ローティは一切の基礎づけを放棄する反基礎づけ主義者なのである。

　実際，ローティは，ポスト構造主義の影響を受けた「文化左翼」が差異やアイデンティティという問題に過度に集中していると批判し，経済問題の漸進的改良を目指す左派のあり方を20世紀前半のプラグマティストやニューディール運動に見出し，肯定的に評価している。

③　ローティ以降のプラグマティズム

　プラグマティズムが哲学的伝統として再評価されたのは，ローティの貢献によるところが大きい。しかしながら，ローティ以降のプラグマティズム研究では，むしろローティが批判した「真理」が重視されている。シェリル・ミサクやローバート・タリスら新世代の研究者は，プラグマティズムを真理探究のモデル構築を試みた運動とむしろ理解し，また，政治決定を認知的な正しさによって正当化する仕組みとして熟議デモクラシーを肯定的に評価する。とはいえ，これをもって，ローティの知見が否定されたとみるのも早計であろう。というのも，新世代のプラグマティストたちも，対象についての知識という真理観を否定し，共同の取り組みとして真理の探究を捉える点では，ローティと共通しているからである。ローティが死去してすでにしばらくになるが，彼のテキストはまだ多くの可能性を秘めている。

（乙部延剛）

▷10　**シュクラー**（Judith Shklar, 1928-92）
ラトヴィア生まれ。第二次大戦時にカナダへ亡命し，戦後は米国ハーバード大学で政治学を学び，教鞭を執った。論文「恐怖のリベラリズム」では，ユートピア的な社会構想を追求する「希望の党派」に対し，過去の悲惨な出来事の再来を避けようとする「記憶の党派」の立場から，残酷さの回避を第一義とするリベラリズムを提唱した。

▷11　⇨ Ⅲ-12 「フーコー」

▷12　⇨ Ⅴ-17 「熟議」

（参考文献）
ローティ（齋藤純一・山岡龍一・大川正彦訳）『偶然性・アイロニー・連帯』岩波書店，2000年。渡辺幹雄『リチャード・ローティ＝ポストモダンの魔術師』講談社学術文庫，2012年。伊藤邦武『プラグマティズム入門』ちくま新書，2016年。

キムリッカ

▷1　キムリッカ（Will Kymlicka, 1962-）
カナダのクィーンズ大学政治哲学教授。同大学で学士号を取った後，イギリスのオックスフォード大学で博士号を取得。指導教授は分析的マルクス主義の研究で知られるカナダ出身の G. A. コーエンだった。

▷2　⇨Ⅴ-7「多文化主義」

▷3　テイラー（Charles Taylor, 1931-）
カナダのマギル大学名誉教授。近代やアイデンティティについての社会，政治，宗教といった幅広い観点からの研究で知られる哲学者。主著は『自己の源泉』（1989=2010年），『世俗の時代』（2007=2020年）など。カナダのケベック州モントリオールのバイリンガル家庭出身で，フランス語圏であるケベック州が直面するナショナリズムや文化間摩擦の問題にも積極的に取り組んできた。2007年には，社会学者のジェラール・ブシャールとともに，合理的配慮の文化的多様性への適用が問われた州の委員会の委員長を務めた。

① リベラリズムと文化

ウィル・キムリッカは，多文化主義や文化的権利に関する政治思想研究で知られる。キムリッカが文化的権利をめぐる問題に関心をもったきっかけは，オックスフォード大学在学中の1985年に出席したカナダの哲学者，**チャールズ・テイラー**の講演がきっかけだったという。テイラーの考えでは，カナダはアメリカのような国とは異なり，先住民や，ケベック州を中心に在住するフランス語系住民のように独自のネイション意識をもつ集団が複数存在するため，集団的権利の承認が不可避であるが，集団的権利とリベラルな政治哲学の発想には根本的な対立があり，両立させることはできない。これに対してキムリッカは，集団的権利の承認とリベラリズムが根源的に対立することはなく，両立させることができると考え，狭義の個人主義に依拠するリベラルな政治哲学を，より複雑で多様な社会に適応させて再解釈することを試みる研究に着手したという。

② 『多文化時代の市民権』

キムリッカの著作の中でも，最もよく知られているのが『多文化時代の市民権』（1995=1998年）である。本書の中でキムリッカは，リベラリズムを適切に理解すれば，文化的権利の承認はリベラリズムの中から要請されると主張する。通常リベラルな政府は，特定の文化が優先されることのないよう，市民の多様性やアイデンティティに特別な配慮をせず，そうすることで公平であろうとする。これは，文化を宗教に類似したものとして扱い，各個人にとって大切なものであるからこそ，文化を国家が立ち入らない領域に置く発想である。キムリッカはこのような中立性の原理を「善意からの無視」と呼ぶ。だがキムリッカによれば，中立性を保とうとしても国家はほぼ不可避的に特定の言語や文化——しばしばその社会の多数派の——を奨励してしまうのであり，それによって少数派の文化は周縁化されてしまう。それゆえに，国家が市民の多様性に対して中立的であることはそもそも不可能だとキムリッカは論じる。

また，政治において文化という文脈が無視されることによって，かえって個人の自由が制約される場合がありうる。キムリッカは，個人が自分の生についての選択をする際に依拠する価値に注目する。自分が属する文化が経てきた歴史によって育まれ，継承されてきた価値の文脈の中で人は選択や決定を行う。

そうであるとすれば，文化は自己決定を重視するリベラリズムにとって，極めて重要なものであるはずだろうというのが彼の主張である。

　この議論を展開する上で，キムリッカは文化集団として，少数派ネイションとエスニック集団とを区別する。少数派ネイションとは，何らかの自治や自立を求める集団である。前述したカナダの先住民や，ケベック州を中心として在住するフランス語系住民がこれに相当する。これに対してエスニック集団とは，主に自発的な移民を指す。エスニック集団は主流派と異なる言語をもつことがあるが，彼ら自身の言語に基づく自治を求めることはしない。彼らはいかにして主流の社会，経済，文化に参加するかを模索している。この区別の妥当性については批判もあるが，キムリッカは文化集団の種類によって，比較的安定した要求の違いがあると考える。

　さらにキムリッカは社会構成的文化という概念を通じて，文化的な少数派が直面する不正義を示した。社会構成的文化とは，共有の言語に基づく社会制度を中心に特定の領域に存在する文化を指し，例えば日本であれば日本語，アメリカであれば英語によって運営される社会制度に基づく文化を指す。社会構成的文化への参加はもろもろの機会へのアクセスをもつことを意味するので，個人が自由であるために不可欠である。だが，社会構成的文化が支配的な特定の文化のみを反映するものである場合には，これを受け入れがたいと考える少数派文化集団がいる可能性がある。アメリカや日本においては社会構成的文化は単一的であるが，キムリッカは社会構成的文化は多元的であることもできると主張する。そして彼は，社会構成的文化の多元化によって文化間の支配関係を是正し，不正義を縮減する道を模索する。彼は，カナダのような国では，一つの国民（ネイション）に一つの国家という近代的な国民国家ではなく，複数のネイションが一つの国家への帰属意識を共有するマルチナショナルな国家を目指すことができると考える。[45]

③ 動物の政治的権利

　近年のキムリッカは，政治的な権利や自由を動物にも適用するべきだという動物の政治的権利に関する研究も行っている。動物の権利については，倫理学・哲学分野におけるピーター・シンガー『動物の解放』（1975=1988年）の種による差別の撤廃を求める議論が知られているが，キムリッカは政治的権利が人間にのみ限定されるべきではなく，一定の動物にも拡大されるべきだという主張をする。[46] また，より最近の論考では，人権に関する従来の思想が人間とそれ以外の動物とを区別し，人間の動物に対する優越を自明視することにより成立していることを批判している。動物の政治的権利は日本ではまだ聞き慣れない概念だが，英米では大きな注目が集まっており，今後日本でも研究の展開が期待される分野である。

（石川涼子）

▷4　⇨ V-2 「リベラリズム・ニューリベラリズム・ネオリベラリズム」

▷5　⇨ V-19 「ナショナリズム」

▷6　スー・ドナルドソン／ウィル・キムリッカ（青木人志・成廣孝監訳）『人と動物の政治共同体』尚学社，2016年。妻のスー・ドナルドソンとの共著である本書でキムリッカは，シティズンシップ理論に依拠し，人間のために労働を提供し，時に食糧となり，また友でもあるような家畜については，一定の市民権を認めるべきだと述べる。

（参考文献）

キムリッカ（角田猛之・石山文彦・山崎康仕 監訳）『多文化時代の市民権』晃洋書房，1998年。同（岡﨑晴輝・施光恒・竹島博之監訳）『土着語の政治』法政大学出版局，2012年。

功利主義

▷3　**シジウィック**（Henry Sidgwick, 1838-1900）
ケンブリッジ大学に学んで以降，同大学講師，ナイトブリッジ教授などを歴任。女性の高等教育の普及にも尽力した。主著は『倫理学の方法』（1874年）。

▷4　**ムーア**（George Edward Moore, 1873-1958）
ケンブリッジ大学を卒業後，同大学講師，教授などを歴任。ムーアの倫理学は，ケインズなど同時代の知識人や芸術家にも大きな影響を与えた。

▷5　**シンガー**（Peter Singer, 1946-）
オーストラリア出身。プリンストン大学とメルボルン大学の教授。『動物の解放』，『実践の倫理』，『グローバリゼーションの倫理学』，『あなたが救える命』など，翻訳多数。

▷6　**二層功利主義**
ヘアが提唱した功利主義。道徳的思考を，直観的レベルと批判的レベルとに区別する。人々は日常生活では直観的規則に従っているが，

1　功利主義の特徴と変容

　功利主義は，ベンサム[1]やJ. S. ミル[2]を中心とする古典的功利主義者によってその理論的基礎が確立された。功利主義の特徴は主に以下の三点に集約される。第一は帰結主義である。個人の行為や政府の政策は，それらがもたらす結果によって評価される。行為の動機はそれ自体では道徳的評価の対象とならない。第二は幸福主義である。帰結について評価する際，関係者の幸福に与える影響が考慮の対象となる。ただし，幸福の意味は功利主義者の中でも違いがある。第三は総和主義である。功利主義は，関係者の幸福の総量を最大化することを要請する。したがって功利主義は，自己利益のみの追求を推奨する規範的利己主義や，それを人間の本性とみなす心理的利己主義とは，全く異なる。

　古典的功利主義者は，関係者の幸福最大化を実現するために政治制度のあり方を決定的に重視した（政治的功利主義）。古典的功利主義者の一人である**シジウィック**[3]も，ベンサムやミルのようにラディカルな改革を求めてはいないが，『政治学原理』（1891年）において，政府の役割や望ましい政治制度について論じている。しかし，このような功利主義の政治的性格は，**ムーア**[4]が『倫理学原理』（1903年）で提示した「理想的功利主義」によって大きく失われることになった。ムーアによれば，人間の追求に値する内在的価値は，「人格間の愛情」と芸術や自然などの「美しいものの鑑賞」であった。愛情と美の享受が人間の行為の究極目的とするムーアの倫理学は，同時代の知識人に「生き方」の指針を提供し，その後の功利主義の展開を方向づけることになったのである。

2　倫理学としての功利主義

　20世紀以降，個人の倫理としての功利主義を最も先鋭的な形で展開したのが**シンガー**[5]である。シンガーは，25歳で刊行した「飢えと豊かさと道徳」（1972年）以来，先進国に住む豊かな人々は，途上国で飢えに苦しむ人々を援助する道徳的義務をもつと主張している。人々が日常生活で依拠する道徳的直観は，これまで身近な人間のみを配慮する形で進化してきたが，グローバルな問題に対しては有効に機能していない。その場合，人々は推論能力を働かせて功利主義的に思考し，不偏的観点から飢えに苦しむ人々に対する道徳的義務を果たすべきだとされる。このようなシンガーの主張は，「**二層功利主義**」[6]に基づく。

シンガーが「正しい」と考えた援助義務の水準は，自分や扶養家族が途上国の人々と同程度の貧困状態にならない限り，寄付すべきだというものである。したがって義務の遂行のためには，浪費的生活を根本的に改め，家族も犠牲を払うことが要請される。このラディカルな提案は物議を醸し，多くの批判も寄せられた。例えば功利主義は，不偏性を重視するあまり身近な人間に対する愛情を考慮しない，冷徹な道徳だと批判される。また功利主義は，個人に対してあまりにも過剰な要求を突きつける，聖者の道徳だともいわれる。

これらの批判を受けて，シンガーは様々な著作の中で，現実的な観点から義務の水準を弱めた提案も行っている。とはいえ，飢えに苦しむ人々を援助することは，気前のよさとしての慈善行為ではなく，果たさなければ非難されるべき義務とされていることに変わりはない。援助義務だけでなく，動物の解放や環境問題についても大胆で実践的な提案がなされているように，シンガーの功利主義は個人に対して倫理的な生き方を強く迫るものである。

③ 政治的功利主義の復権

シンガーの倫理学としての功利主義を意識しつつ，功利主義の政治的性格を復権させる試みが，**グッディン**[7]の『公共哲学としての功利主義』（1995年）である。グッディンによれば，功利主義に対する先の批判は，功利主義を個人の倫理ではなく，公共政策に関わる公職者の倫理とすることで回避できる。家族など身近な人間に対する愛情を考慮せず，不偏的立場から行為することは，個人の行為としては冷徹でも，公務員や政治家などの公職者の行為としては美徳といえる。公職者は身近な人間を贔屓してはならないからである。

また，世界中の貧困状態にある脆弱な人間を保護する責任は，個人ではなく，当該の人々が所属する国家の公職者に求められる。もっともグッディンは，すべての個人が危機に瀕しているすべての人々を援助する「一般的義務」をもつことを認める。しかし，すべての個人がそれぞれに義務を遂行しようとすれば，各々の行為が相互に調整されないために，かえって混乱が生じかねない。そこで，自国民を優先的に保護する「特別な責任」をあらかじめ各国家に割り当てておくことが，効率的な義務の遂行を可能にし，より望ましい結果をもたらすと考えられる。国家は，最低所得保障や社会保険などの制度によって最も効果的に援助義務を遂行しうる主体だからである。このように効率性の観点から，それぞれの国家がそれぞれの国民を保護する責任を果たすべきだというグッディンの主張は，「**割当責任論**」[8]と呼ばれる。

グッディンの割当責任論に対しては，シンガーの影響を受けた人々が「**効果的利他主義**」[9]の運動を展開するなど，様々な応答もなされている。また，効率性や効果を重視する功利主義的思考そのものに対する批判もある。功利主義をめぐる論争は現在，活況を呈した状況にあるといえよう。　　　（小畑俊太郎）

直観のみでは問題が生じる場合，批判的レベルに相当する功利主義的観点から道徳判断を行うべきだという考え方。

▷7　**グッディン**（Robert Edward Goodin, 1950-）
アメリカ生まれ。オーストラリア国立大学特別栄誉教授。『政治道徳の動機づけ』，『制度設計の理論』など編著書多数。

▷8　**割当責任論**
国家が自国民を保護する「特別な責任」は，個人がすべての脆弱な人間に対して有する「一般的義務」を効率的に遂行するために，便宜的に割り当てられたものとされる。したがって，ある国家が自国民を保護する能力や意志をもたない場合，保護する責任の再割当が要請され，他の諸国家がその国民を援助する義務を負う。

▷9　**効果的利他主義**
利他的行為の効果的実践のため，エヴィデンスを重視し，費用対効果の高い援助団体への寄付を推奨する運動。2009年に，実績のある援助団体を周知するための組織「我々ができることを与える」が設立されたときに始まる。

参考文献
カタジナ・デ・ラザリ＝ラデク／ピーター・シンガー（森村進・森村たまき訳）『功利主義とは何か』岩波書店，2018年。児玉聡「幸福を増大することが正義なのか」宇佐美誠・児玉聡・井上彰・松元雅和編『正義論』法律文化社，2019年。

リベラリズム・ニューリベラリズム・ネオリベラリズム

1 リベラリズム

　個人の自由を尊重する政治的立場を表す言葉として「リベラリズム」が使われはじめるのは19世紀初頭のことであるが，今日一般にリベラリズムないしリベラルに分類されるタイプの政治思想はそれ以前にも数多く見出される。他方で中世や古代にまで遡る要素が比較的少ないことを踏まえると，リベラリズム[▷1]は基本的に近代の思想であるといえる。

　リベラリズムの特徴として，服従の合理的根拠を問う姿勢が挙げられる[▷2]。政治的権威の必要性を無政府状態（＝自然状態）から問い直した T. ホッブズ[▷3]の『リヴァイアサン』（1651年）は，この種の思考の嚆矢とされる（ただし彼は保守派の論客だった）。現代のリベラリズムにより近い議論を同時代に展開したのは J. ロック[▷4]である。彼は自然権の保障という目的に適う政府の正統性[▷5]を説く一方で，これを侵害する政府を取り替える権利を唱えた。濫用防止のために権力に制度上の縛りを加えるという考えはモンテスキュー[▷6]に継承され，立憲主義と呼ばれる近代憲法の主要原理となる。服従の合理的根拠を問う姿勢は精神的領域にも適用可能である。ロックは国家権力による特定信仰の強要に反対し，世俗的な事柄と宗教的な事柄の間に区別を設けて個人の信仰を擁護した[▷7]。宗教的自由の擁護は後に世俗化・一般化され，J. S. ミルの『自由論』（1859年）[▷8]にみられるような，個人の内面および言論・表現の自由の擁護へと展開する。他方で個人の財産権および経済活動の自由の保障は資本主義の発達を促した。A. スミス[▷9]は『国富論』（1776年）の中で，分業と自由な交換が社会全体を豊かにする様子を「見えざる手」という言葉で表現した。D. リカードはこれを国際経済に適用して比較生産費説（国際的分業と自由貿易の優位）を唱えた。以上の考えを一括して，一般に「古典的リベラリズム」と呼ぶ。

2 ニューリベラリズム

　産業革命期のヨーロッパ諸国では，契約自由の原則の下に雇用された労働者の大多数が経済的に悲惨な状態に陥った。彼らの貧困・失業・飢餓，また圧倒的な不平等の出現は，古典的リベラリズムが孕む重大な矛盾を人々に印象づけた[▷10]。すなわち，政治権力を抑制するだけでは万人の平等な自由は実現せず，むしろ別種の支配従属関係が生み出されるということである。英国観念論の哲学

▷1　キケロ（⇨Ⅰ-4）は「自由市民にふさわしい（liberalis）」徳性として「寛大さ」や公共精神を説いたが，これが「リベラル」の古典的意味とされる。初期近代以降，この道徳的用法は徐々に後退してゆく。

▷2　服従や支配そのものは否定しない点で，リベラリズムはアナーキズム（⇨Ⅴ-9）から区別される。

▷3　⇨Ⅱ-3「ホッブズ」

▷4　⇨Ⅱ-5「ロック」

▷5　⇨Ⅴ-29「レジティマシー（正当性・正統性）」

▷6　⇨Ⅱ-7「モンテスキュー」

▷7　⇨Ⅴ-20「寛容」

▷8　⇨Ⅱ-26「ミル」

▷9　⇨Ⅱ-12「アダム・スミス」

▷10　⇨Ⅱ-22「マルクス」

▷11　グリーン（山下重一訳）『國學院大學栃木短期大學紀要』第8号，1974年，67-86頁。

者 T. H. グリーンはリベラリズムの言語を拡張し，それを政府の新たな役割と結びつけた。「自由立法と契約の自由」（1881年）[11]の中で，彼は自由の「積極的」観念を提示している。自由は単なる放任ではなく，各人が善き社会生活を送るための知的・道徳的能力の獲得を意味する。そして国家には，個人の自己完成を促進する条件の整備（具体的には労働法の整備，公衆衛生，義務教育の実施など）という積極的な役割が与えられる。「ニューリベラリズム」という言葉は1880年代の終盤から英国で使われはじめ，リベラル派の政治評論誌などを通じて普及[12]した。その代表者 L. T. ホブハウス[13]は，『リベラリズム』（1911年）[14]の中で自由放任主義と機械的・官僚主義的な社会主義の双方を退け，自由権と並んで一定の社会権を保障する平等主義的なリベラリズムの輪郭を示した。同じく著述家として活躍した経済学者の J. A. ホブソンは，自由貿易の大義名分に乗じた英国の帝国拡大を批判するとともに，富者の過剰貯蓄と貧者の過少消費を是正するための積極的な再分配政策を支持した。彼の経済学説に影響を受けた J. M. ケインズ[15]は「自由放任の終焉」を唱え，国家の積極的な市場介入と混合経済による雇用創出，および社会保障の充実により，市民が平等な経済的自由を享受する社会を構想した。この構想はベヴァリッジ報告（1942年）に代表される戦後福祉国家政策の理論的支柱となった。[16]

3　ネオリベラリズム

　市場の周到な管理を目指すケインズ派の経済政策が綻びをみせはじめた1970年代に登場するのがネオリベラリズムである。その理論的主柱は経済政策にあり，それはスミスの「見えざる手」やリカードの比較生産費説の現代版と形容できる。F. A. ハイエクは自生的秩序論と知識の社会的分業論を通じて完全な社会計画の不可能性を説き，市場における自由競争を擁護した。彼の信奉者として知られる M. サッチャーが1979年に英国首相に就任すると，政府部門の縮小・独法化や市場規制撤廃などの一連の改革が実施された。同種のプログラムは日本でも導入され，三公社民営化から労働者派遣法改正に至る一連の「構造改革」をもたらした。政治的保守と結合することが多いネオリベラリズムであるが，同様の考えは後に一部の中道左派にも浸透した。T. ブレア英国労働党政権は従来の福祉政策を大きく転換させ，グローバル経済に適合する柔軟な労働力を確保する目的で，教育・職業訓練プログラムを福祉給付と紐づけるワークフェア政策を推進した。国際機関もまたグローバル化の追い風を受けて経済自由化の方向に舵を切ってきた。世界銀行と IMF は1980年代以降，債務国に対して規制緩和・民営化を通じた財政再建を軸とする「構造調整」を課す動きを強めた。だが他方，世界的な格差拡大や地球環境問題といった「市場の失敗」への対処を迫られている昨今，ネオリベラリズムの「改革」路線が大きな曲がり角を迎えているのも事実である。　　　　　　　　　　（森　達也）

▷12　寺尾範野・馬路智仁「ニューリベラリズム：有機的社会観に基づく社会統合の構想」P. ケリーほか編『多元主義と多文化主義の間』早稲田大学出版部，2013年，49頁。

▷13　ホブハウス（Leonard Trelawny Hobhouse, 1864-1929）
英国の哲学者，社会思想家。オックスフォード大学コーパス・クリスティ・カレッジのフェロー，『マンチェスター・ガーディアン』主筆，ロンドン大学教授などを歴任。グリーンの観念論やスペンサーの社会進化論などの影響を受け，社会の合理的発展と人間性の多様な開花に寄与する社会科学の発展を目指した。

▷14　ホブハウス（吉崎祥司監訳，社会的自由主義研究会訳）『自由主義』大月書店，2010年。

▷15　ケインズ（John Maynard Keynes, 1883-1946）
英国の経済学者，官僚。ケンブリッジ大学キングス・カレッジを卒業後，インド省，大蔵省に勤務し，パリ講和会議に大蔵省首席代表として参加。主著『雇用・利子および貨幣の一般理論』（1936年）。

▷16　⇨ V-5 「保守・リベラル」

参考文献

ヘレナ・ローゼンブラット（三牧聖子ほか訳）『リベラリズム』青土社，2020年。
M. フリーデン（山岡龍一ほか訳）『リベラリズムとは何か』平凡社，2021年。

リバタリアニズム

1　リバタリアニズムの自由観

　リバタリアニズム（Libertarianism）と呼ばれる思想を一言で表現するならば，個々人の自由を一貫して尊重し，これに対する強制的介入を排除するものである。標語的に表現すれば「放っておいてくれ（Mind your own business!）」であろう。この立場は通常，政府による介入の排除，自由市場経済の重視，再分配の否定などを求めるものと理解される。しかし，これほどシンプルな言説にも様々な論理と少しずつ異なる立場が存在する。

　リバタリアニズムはその名の通り自由こそが重要であると考える。しかし，他の様々な政治思想も声高に自由を称揚してきたことを考えれば，リバタリアンのいう「自由」がどのようなものかを特定することは重要であるし，現にリバタリアニズムは明確に特定の自由観を採っている。その基本的な発想は，何かを実際に為しえることではなく，他者からの干渉の排除を要求する消極的自由であり，この自由観がどのような政治的帰結を支持するかを示すものに，図1のような**ノーラン・チャート**[1]がある。

　この図の人格的自由とは，主に精神的自由（信教，思想・良心，表現など）や政治的自由を指し，アメリカの文脈では薬物使用や人工妊娠中絶も含む。一方，経済的自由とは経済活動の自由を指し，自由市場経済と関係する。このチャートでは，ここでの自由をどちらも重視しないものを権威主義，人格的な自由だけを尊重するものをリベラル，経済的な自由だけを尊重するものを保守，どちらも最大限尊重する見解をリバタリアニズムだと理解している。リバタリアンは人格的自由においては個人の選択に対する政府の不干渉を要求し，経済的自由においては政府による経済活動への介入や平等主義的な再分配を否定し，自由市場経済を擁護する。ここでの自由の理解は，自由をより尊重することが政府の干渉をより小さくすることと連関しており，それはリバタリアニズムを徹底するほど，より小さな政府を肯定することを示唆する。

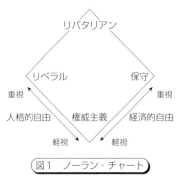

図1　ノーラン・チャート

出所：森村編著，2005年，3頁。

▷1　ノーラン・チャート
1971年にアメリカで創設されたリバタリアン党の創設者の一人である政治家，デイヴィッド・ノーラン（David Nolan, 1943-2010）によって作られた。従来の右／左という政治信条の理解を自由に関する二軸で捉え直すもの。

▷2　フリードマン（Milton Friedman, 1912-2006）
シカゴ学派の代表的経済学者。1976年，ノーベル経済学賞受賞。『資本主義と自由』（1962年）は金融・財政から貧困対策まで，様々な面での彼の自由社会像を展開した著作。

▷3　⇨Ⅳ-2「ノージック」

▷4　⇨序-2「政治思想の方法」

▷5　ロック的但し書き
ロックが『統治二論』第二論文第5章第27節で私的所有権を正当化する際に課した制約の表現「共有物として他人にも十分な善きものが残されている場合には」の文言を指す。ノージックがこの文言を取り上げたことから，その解釈が論争の的になった。

❷ リバタリアニズムの多様性

　もっとも，リバタリアンたちが正当だと考える政府の規模とその正当化根拠は一様ではない。リバタリアンたちは正当化する政府の規模で三つに，正当化根拠で三つに分けられ，これらを組み合わせた全九つに分類できる。政府の規模は，政府の存在を認めず市場による秩序を求める無政府資本主義（アナルコ・キャピタリズム），国防・治安維持・司法の最低限の役割だけを認める最小国家論，ある程度公共財の供給や社会保障も認める古典的自由主義の三つに分けられる。一方で正当化根拠は，個人がもつ権利の尊重に訴える自然権論，リバタリアンな社会がもたらす好ましい福利的・経済的帰結に訴える帰結主義，合理的な人であればリバタリアンな社会に同意するはずであることに訴える契約論の三つに分けられる。例えば，**ミルトン・フリードマン**[42]は，経済学的な観点から教育バウチャーや負の所得税を正当化する帰結主義的古典的自由主義であり，ロバート・ノージック[43]は自己所有権を根拠に最小国家を正当化する自然権論的最小国家論である。このようにリバタリアンにも様々なタイプがある。

❸ 左派の登場による意味の変化

　このようなリバタリアニズム像は，現在「リバタリアニズム」と呼ばれる政治思想群の重要な部分に共有されるものだが，しかし必ずしも全部に共有されるものではなくなってきている。特に20世紀末から，政府による平等論的な再分配を正面から肯定する，左派リバタリアニズムと呼ばれる哲学的な立場が登場した。政治的な立場が明らかに違うにもかかわらず，この立場がリバタリアニズムと呼ばれる理由は，現在の分析的政治哲学において，ノージックと同様に自己所有権をベースにした正義論に「リバタリアニズム」のラベルが貼られるからである。左派とノージックの違いは，主に分配上の考慮要素である**ロック的但し書き**[45]の解釈の違いに起因する。ノージックがこれを事実上無効化して自由市場経済を擁護した一方，左派の論者はこれに平等論的な意味を読み込むことで政府による分配を擁護する。このように，両者はともに自己所有権を根拠にもちながら，分配的考慮において全く違う政治的な示唆をもつのである。

　このような議論状況をどう捉えるべきだろうか。従来の理解からは，左派はリバタリアニズムを騙るただの分配的平等論者だという批判があり，逆に左派からは，従来の理解はイデオロギー性に足元を掬われて理論的統一性がないという批判がある。小説家**アイン・ランド**[46]の市民宗教的な力をもつ資本主義擁護論と**ヒレル・スタイナー**[47]らの分析哲学的な平等主義的議論をともに「リバタリアニズム」と呼びえてしまうことをどう考えるべきだろうか。レッテル自体に固執する意味はないという主張はもっともだが，では一体レッテル貼りとはどのような作業なのか。よく考えてみる必要がある。　　　　　　（福原明雄）

▷6　ランド（Ayn Rand, 1905-82）
ロシアに生まれ，アメリカで活躍した作家。その長大な小説『水源』（1943年）や『肩をすくめるアトラス』（1957年）で知られる。小説での成功後，小説の主人公たちに託してきた自身の思想的立場を「客観主義（Objectivism）」と呼んで，積極的な思想・政治活動を展開した。思想的な著作を集めたものに『利己主義という気概』（1964年）がある。アメリカの多くの政治家・知識人に影響を与え，リバタリアニズム思想を最もよく広めた人物ともいわれる。その思想は劇的な賛否両論を巻き起こしたが，今なお強い影響力をもつ。

▷7　スタイナー（Hillel Steiner, 1942-）
マンチェスター大学名誉教授。左派リバタリアニズムの代表的論者の一人。『権利論』（1994年）では徹底した分析哲学の議論で，自己所有権と資源価値の平等分割の両立を論じ，本格的な左派リバタリアニズム擁護の先駆けになった。

（参考文献）
森村進『自由はどこまで可能か』講談社現代新書，2001年。森村進編著『リバタリアニズム読本』勁草書房，2005年。井上彰「再分配は自由を侵害するか」宇佐美誠ほか編著『正義論』法律文化社，2019年。福原明雄『リバタリアニズムを問い直す』ナカニシヤ出版，2017年。渡辺靖『リバタリアニズム』中公新書，2019年。

共和主義

① 共和主義の多様な意味内容

　共和国（republic）という言葉は，レス・プブリカ（res publica）という古代ローマの用語から形成されたものであり，それは公共への献身を意味していた。そしてこれが共和主義という政治思想となったのは，啓蒙の時代を経た18世紀であったといえよう。さらにこの政治思想は恣意的な権力の行使を抑制する制度をもつ国家的共同体の構想に拡張された。絶対王政による主権の確立と，常備軍の成立という西ヨーロッパ政治の潮流に対抗する，専制政治を批判する政治思想としてこの時代の知識階層の基礎教養となったのである。

　こうした18世紀の共和主義思想についての研究に先鞭をつけたのが，J. G. A. ポーコックの『マキャヴェリアン・モーメント』(1975年) である。ポーコックは，**財政軍事国家**化を進めるイギリスの国家体制を腐敗として批判するカントリー派の思想の系譜を共和主義として位置づけ，その特徴を「自由な国家」と表現した。「自由な国家」とは，混合政体論や民兵制度に基づく統治形態である。

　以上のことから，ポーコックによる共和主義の政治思想史研究は，ニッコロ・マキアヴェッリの『ディスコルシ』(1517年) に示される徳を有する市民による統治体制から始まり，反専制の政治思想に至る系譜を跡づけたものである。それゆえ共和主義はより広範な概念となった。

② 環大西洋世界における共和主義の普及：コモンウェルス・マン

　共和主義思想の著作を普及した人物としてトマス・ホリス（1720-74）の名を外すことはできない。彼はイングランドの非国教徒の出版業者の家に生を受けた慈善家であった。非国教徒であったため正式な教育の機会には恵まれなかったが，書籍蒐集家でもあった彼は，ジェイムズ・ハリントン，アルジャーノン・シドニー，ジョン・ロック，ロバート・モールズワースなど，彼が共和主義者であると考えた思想家たちの著作を「リバティ・ブック」と称して，ヨーロッパとアメリカのあらゆる教育機関や個人に寄贈していた。この過程で，コモンウェルス・マンという言葉が定着していく。それは端的に共和主義に相当する英語であると同時に，「自由な国家」を構想する諸思想の総体となった。例えば，モールズワースの定義するコモンウェルス・マンとは，1者，少数者，多

▷1　⇨ [V-12]「ケンブリッジ学派」

▷2　**財政軍事国家**
主権の確立により，巨大な税収と国債発行能力を有することにより，常備軍と官僚機構を保持しうる国家。

▷3　⇨ [Ⅱ-1]「マキアヴェッリ」

▷4　⇨ [Ⅱ-5]「ロック」

数者による混合政体論という古来の国制によって「自由な国家」を維持する信念を有する者を意味していた。これは国王が存在するからといって，その国家が共和国ではないとはいえないとする立場でもあった。これは，アメリカで広く受容されたモンテスキューの『法の精神』（1748年）の理論と整合性があるため，植民地時代末期のアメリカで受け入れられた。

アメリカ革命を代表する理論的指導者であり，第2代大統領となったジョン・アダムズ（1735-1826）もまた，若き日にホリスの寄贈した書物を読んでいた。彼は，『政府論』（1775年）および『アメリカ諸邦憲法擁護論』（1787-88年）において大統領と二院制議会による混合政体論を基礎とした政府構想を提起している。この構想は，1787年に制定されたアメリカ合衆国憲法に明記される連邦政府の構成として結実しているのである。

3 大きな共和国と共和主義

18世紀の末葉になると，商業の発展，人口規模の大幅な拡大によって人々の利益が多様化したため，有徳な市民による公共への献身という古典古代を範とする共和主義は困難になった。こうした近代的な状況に，より適合的な共和主義思想が模索されるようになる。

トマス・ペインは，『コモン・センス』（1776年）において，政府とはあくまで人間の悪徳から人間の自然権を保全するために存在する必要悪であると定義し，その中でも王政は最悪の統治形態であり，共和政を必要悪の中では最良の統治形態であると論じ，アメリカの独立を「常識」として強力に推奨した。しかし，ペインにあっては，混合政体論あるいは古来の国制を重視する発想はもはやみられず，その指し示すところは代表制による統治体制であった。

近代的な状況における共和主義の困難とは，「大きな共和国は可能であるか」という問いにある。モンテスキューの『ローマ人盛衰原因論』（1734年）は，それが不可能であったと主張している。しかし，ジェイムズ・マディソンは，『ザ・フェデラリスト』の第10編において，その原因が直接民主政に依拠していることにあると論じた。彼によれば，多様で複雑な利益が混在する近代国家における病弊は，人々の党派心であり，党派は「多数者の専制」をもたらすという。この分析に基づきマディソンは，共和政国家を「代表という制度をもつ統治構造」と再定義し，代表制に共和政の本質を求めたのである。マディソンもまた代表者の徳には期待せず，抑制均衡の制度を構想した。

ただし，こうした代表制に基づく共和政理解は，古典古代を参照した共和主義とは大きく乖離したものであり，その定義において民主政との区別が曖昧なものとなったのである。

（石川敬史）

▷5　共和国の最も素朴な定義は国王のいない政治体制であるが，共和主義思想の要諦は，国王の有無ではなく，専制に対抗する「自由な国家」体制にある。

▷6　⇨ Ⅱ-7 「モンテスキュー」

▷7　古代ギリシアの都市国家，および初期の共和政ローマが示すように，徳を有する市民が公的な事柄に献身できるのは各人の顔が認識できる小さな共和国においてのみであるという理解があった。

▷8　⇨ Ⅱ-14 「ハミルトン」

（参考文献）

ポーコック（田中秀夫・奥田敬・盛岡邦泰訳）『マキャヴェリアン・モーメント』名古屋大学出版会，2008年。キャロライン・ロビンズ（田中秀夫訳）『イギリス一八世紀のコモンウェルスマン』ミネルヴァ書房，2020年。

5 保守・リベラル

▷1　**保守主義者**
1818年に創刊された同名の雑誌に由来。16年の選挙で敗北したユルトラ（超王党派）の主張を支持した。ベリー公暗殺事件（20年）をきっかけに反動化した政府の検閲制復活への抗議を理由に廃刊。
▷2　⇨Ⅱ-17「ド・メストル」
▷3　⇨Ⅱ-18「スタール夫人」
▷4　⇨Ⅱ-19「コンスタン」
▷5　**ギゾー**（Francois-Pierre-Guillaume Guizot, 1787-1874）

南仏ニーム出身の歴史家，政治家。弱冠20代でソルボンヌ大学の近世史学教授に就任，七月王政では大臣を歴任し主導的な役割を担うが，二月革命によって失脚。著書は多数あるが，主著『ヨーロッパ文明史』（1828年）の影響は大きく，日本でも福澤諭吉への影響がよく知られている。
▷6　⇨Ⅱ-26「ミル」

1 右と左：その来歴

　保守・リベラル，二つがこうして並べられるのは対立する政治的座標軸（political spectrum）としてである。しかし，同じ座標軸なら右・左の成立のほうが早く，またよりよく知られているのではないだろうか。実際，右・左の来歴は，保守・リベラルの変遷にも深く関わっている。

　周知のように，右・左の区別はフランス革命期の憲法制定議会（1789年）の座席位置に由来する。国王が人民の代表者の決定に対して拒否権を有するべきか，また二院制が採用されるべきかどうかをめぐって，賛成する国王派が右側に，反対する共和派が左側に陣取った。しかし実は，思想としての「右」が生まれたのは四半世紀後，復古王政期においてだった。それは，自らを保守（**保守主義者**）と名乗った思想家たちによって形成されたのである。ボナルドやド・メストル，シャトーブリアンらは反革命を唱える一方，王政とその伝統的な価値（権威）や秩序（社会的不平等）を擁護した。これに対して，革命の諸理念（特に個人の自由）を擁護する自由主義というイデオロギーが生まれ，このとき——近代初期の自由主義以前の「古典的」自由派とは区別される——スタール夫人やコンスタンによって代表される近代最初のリベラル（自由主義者）が登場した。こうして，保守・リベラルが政治的対立軸として誕生したのである。

　ところが，当初リベラルは「左」ないし共和派ではなかった。基本的には立憲君主政を唱え，革命の理念を擁護する一方，人民主権とその行き過ぎを批判した。例えば，**フランソワ・ギゾー**は富裕層（ブルジョア）からなるエリートの支配を正統化する「理性主権」を唱えた。他方，保守の側でも，シャトーブリアンのように革命の理念を漸進的に受け入れながら王権の集中（専制）を批判するという政治的にリベラルな傾向がみられた。つまり，もともと保守・リベラルは右・左と同定されず，また明確な対立図式をなしてはいなかったのである。

2 ニューリベラルの登場

　保守・リベラルの対立図式が成立するうえで，一つの転換点となったのはJ. S. ミルの登場である。彼の『自由論』（1859年）は，ジョン・ロックやアダム・スミスをはじめとした「古典的」自由派のように個人の自由を擁護する一方，新しい自由の観念を提示した。それは「個性」と表現される各人の能力が

十分に発揮・開花されうる自由のことである。それには国家や他人の権力（の干渉）からの解放だけでなく，能力を発揮するために環境改善を権力に対して求めてゆく行為も含まれる。自由は個人的であると同時に社会的なのだ。

こうしたミルあるいはより直接的には T. H. グリーンの思想を受け継ぐかたちで，L. T. ホブハウスの『リベラリズム』（1911年）が提唱したのがニューリベラリズムである。それは個人の自由と同時に，労働者の境遇を改善するための社会改革を主張するもので，1920年代の福祉国家論そしてケインズを介してベヴァリッジ報告[9]に結実する。アメリカでも同様な議論がジョン・デューイら[10]の革新主義と呼ばれる思想によって展開され，ニューディール政策に反映される。この「社会主義」的と称されるニューリベラルの登場によって，リベラルは「左」へと旋回を遂げる。このとき政治体制よりも社会経済の選択の座標軸をなすようになっていた左右の対立と重なるかたちで，保守・リベラルの対立図式が成立したといえる。

もっとも，この構図の成立の裏で，すでにねじれが生じていた。例えば，イギリスでいえばリベラルを名乗った自由党と労働党とでは主張が異なり，また保守党でもディズレーリ[11]以後は保守的な価値とされる（社会的上位者の）義務に訴えて社会改革を漸次的に引き受けてゆく傾向がみられた。さらに，ワイマール期ドイツで保守革命[12]を唱える新保守主義や，国家社会主義を標榜するナチズムのように，各国で両立場や思想が一義的に理解されていたわけではなかった。

③ 新保守と対立の先鋭化

左傾化するリベラルに反撥する自由主義。その古典的な自由観の復権を主唱したことで有名なのが，フリードリッヒ・ハイエクである。彼の著書『隷従への道』（1944年）に象徴されるように，現実政治で自由主義圏と共産主義圏が対立する構図ができあがる中，その思想は市場原理主義的なものへとより極端化してゆく。そして，この新古典派のリベラリズムに共鳴したのが，英米でとともに「大きな政府」を批判する保守主義者たちだった。彼らは新保守（ニュー・ライト）と呼ばれる。

こうして保守・リベラルの座標軸は三度（みたび）混乱をきたす。リベラルのほうでは冷戦体制の崩壊で革新（左派）に代用される傾向が強まる一方，「第三の道」のように新古典派の自由観の影響を受けた経済路線も生まれた。他面，アメリカでは新保守がキリスト教原理主義（福音派）と手を結び，伝統的な家族や女性観，社会的権威の復権を改めて強調しはじめた。そして今，政治的には多元主義で結束しようとするリベラルに対して，人種主義を信奉する「オルトライト[13]」と呼ばれる右派が欧米で急成長している。その結果，保守・リベラルは混乱しつつも政治的には右・左の図式と交錯しながらその対立を先鋭化させている。この極端化の代償は，かつて西欧の保守が共有していたリベラルの政治的な価値の喪失だろう。

(高山裕二)

▷7 ⇨ II-5「ロック」

▷8 ⇨ II-12「アダム・スミス」

▷9 ベヴァリッジ報告
経済学者ベヴァリッジを長とする委員会が1942年に英国政府に提出した社会保障制度に関する報告書。戦後英国では同報告書をもとに福祉国家化が本格化する。

▷10 ⇨ III-3「デューイ」

▷11 ディズレーリ（Benjamin Disraeli, 1804-81）
ヴィクトリア期を代表する政治家，小説家。保守党にいながら第2回選挙法改正（1867年）を推進する一方，第二次政権では労働者の住宅改善等社会政策を実行した。

▷12 保守革命
ワイマール期ドイツで，真正な秩序の建設と平等に代わる内面的価値の実現には不可欠だと主張された革命。1920年代の生（Leben）＝魂を破壊する合理主義への反撥と反議会制民主主義が結びついて生まれた思潮を指す。代表的な人物に，メラー（1876-1925）や E. ユンガー（1895-1998），E. J. ユング（1894-1934）などがいる。

▷13 オルトライト（オルタナ右翼）
既存の主流派保守に代わる選択肢として白人至上主義などを唱え，多文化主義や移民・難民に激しく反撥する運動。共通のイデオロギーがあるわけではないが，特にアメリカではトランプ大統領の登場によって存在感を近年増している。

（参考文献）

佐々木毅『アメリカの保守とリベラル』講談社学術文庫，1993年。

6 ラディカル・デモクラシー

▷1　⇨Ⅱ-22「マルクス」

▷2　⇨Ⅴ-17「熟議」

▷3　**ラクラウ**（Ernesto Laclau, 1935-2014）
アルゼンチン出身の政治理論家。ポスト構造主義や精神分析の議論を積極的に取り入れ，ポスト・マルクス主義，ラディカル・デモクラシーの議論を牽引した。シャンタル・ムフとの共著『民主主義の革命』のほか，『現代革命の新たな考察』や『ポピュリズムの理性』といった著作がある。

▷4　**ムフ**（Chantal Mouffe, 1943-）
ベルギー出身の政治理論家。ラクラウとの共著のほか，『政治的なるものの再興』，『政治的なものについて』など著書多数。また近年，『左派ポピュリズムのために』を刊行し，ポピュリズムを肯定的に評価する代表的な論者の一人である。

1 ラディカル・デモクラシーの多様性

　カール・マルクス[△1]はかつて「ラディカルであるとは，事柄を根本において把握することである」と言ったことがある。「ラディカル・デモクラシー」とはまさに，デモクラシーをその原義に遡って捉えることで，現行の自由民主主義体制が抱える様々な限界を厳しく問いただそうとする理論的潮流の総称である。

　ラディカル・デモクラシー論を系譜的にみた場合，主に三つのカテゴリーに分類することができる。第一のカテゴリーは，米国における左派の危機に対する現実的要請から現れた潮流である。スタンリー・アロノウィッツは，「米国における左派の状況」（1994年）の中で，デモクラシーの現状に不満を示し，いっそう広い参加と平等を求める多様な諸運動を包括するものとして「ラディカル・デモクラシー」を提案し，社会主義に代わる左派のビジョンを示した。

　第二のカテゴリーは，「批判理論」の系譜を継ぐものであり，それは今日「熟議デモクラシー（熟議民主主義）[△2]」として展開されているものだ。熟議デモクラシーの基本的な発想は，自由で平等な個人の間で行われる合理的で公正な熟議のみが，意志決定の正統性を保障することができるというものだ。ある主張を支持する理由を公開の討論に差し出し，他者による検証に晒すプロセスを通じて，人々の間に共通理解を形成し，集合的な問題解決は可能になる。

　最後のカテゴリーは，いわゆるポスト構造主義の思想に影響を受けたものである。この立場は，同一性よりも差異，合意よりも対立，必然性よりも偶然性にデモクラシーの本性を見，調和した敵対性のない社会というユートピア的幻想を批判する。その限りでこれは，先にみた批判理論に基づく熟議デモクラシーと対立すると理解されるのが一般的である。

2 エルネスト・ラクラウとシャンタル・ムフの『民主主義の革命』

　ラディカル・デモクラシーの理論が一枚岩でないことを確認した上で，ここでは第三のカテゴリーに当てはまるアルゼンチン出身の**エルネスト・ラクラウ**[△3]とベルギー出身の**シャンタル・ムフ**[△4]の議論を取り上げよう。1985年に刊行された『民主主義の革命——ヘゲモニーとポスト・マルクス主義（*Hegemony and Socialist Strategy*）』において，ラクラウとムフは，伝統的なマルクス主義が本質主義に陥っていると批判する。つまり，変革の担い手をもっぱら労働者階級

に見出し，また経済的な審級に特権的な役割を与えつづける従来のマルクス主義の考え方には限界がある。それに対し，ポスト構造主義的な議論を受容しつつ，政治を経済から自律した領域として捉えようとする彼らの立場は「ポスト・マルクス主義」と呼ばれる。

さらに同書の背景には，市民社会の活性化がある。この時期，ゲイ／レズビアンの平等な権利を求める運動やエコロジー運動，公民権運動やフェミニズム，そして反戦運動など，従来のマルクス主義的なアプローチではうまく捉えることのできない「新しい社会運動」が現れた。ラクラウとムフのラディカル・デモクラシーは，ヘゲモニー戦略によって，社会の中に噴出するこれらの敵対的な不満や諸要求を節合し，不平等と不公正に対抗するフロンティアを形成するプロジェクトである。この理論は，新自由主義に対抗するための左派の新しい指針を提示したことで様々な論争を呼んだ。

▷ 5 ⇨ Ｖ-10「フェミニズム」

この理論は，2000年代以降になると「ポピュリズム」の理論として展開されることも付言しておこう。そこでポピュリズムは大衆迎合主義や民主主義の腐敗としてではなく，既存の政治秩序から排除されてきた人々に声を与えるものとして，肯定的に位置付けられる。

▷ 6 ⇨ Ｖ-16「ポピュリズム」

③ 闘技デモクラシー

1990年代になると，シャンタル・ムフは「闘技デモクラシー（闘技民主主義）」という立場を打ち出すことになる。「闘技」とは「アゴーン（agon）」という古代ギリシアの言葉から来ており，これは観衆を前に，競技者たちがお互いに技を競い合うことを意味している。したがって闘技デモクラシーは，和解や合意よりも対立や不和を重視し，それを民主主義の活力とみなす立場である。

ムフは，熟議デモクラシーが価値の複数性を政治から排除するような包括的な合意の可能性を前提としており，合意から排除された声にあまりに無自覚であると批判する。政治とは様々な価値観が相争うことにほかならず，この抗争の存在こそが政治における多元主義を擁護できるとする。

さらに，闘技デモクラシーは，熟議デモクラシーが「理性」や「合理性」の役割を強調するあまり，政治における感情の役割を軽視していると考える。感情の意義を民主政治が取り逃がしてしまうならば，その感情は行き場を失い，ゆくゆくは排外主義的なポピュリズムに回収されてしまうだろう。闘技デモクラシーは，情動／情念を政治に不可避の次元として認識しようとするのである。

そのほかにも「闘技」から民主主義を定式化する議論として，ウィリアム・コノリーやボニー・ホニッグが挙げられる。これらはいずれも，熟議デモクラシーとは異なった仕方でデモクラシーを捉え，政治を差異や偶然性の観点から語ろうとする注目すべき試みであるといえよう。 （山本　圭）

（参考文献）

千葉眞『ラディカル・デモクラシーの地平』新評論，1995年。山本圭『不審者のデモクラシー』岩波書店，2016年。

7　多文化主義

1　承認の必要性

　多文化主義とは，一つの社会の中に複数の文化集団が存在することを尊重し，それらの文化的独自性を維持するための支援を積極的に行う政策を指す。政治[1]思想の文脈では，リベラリズムはロックの寛容論に見られるように異なる信仰をもつ人々とどのように共存するかを考えてきた。また，ミルの自由論に見ら[2]れるように，人々の多様性を擁護してきた。だが，多文化主義を擁護する論者[3]によれば，このようなリベラリズムでは文化集団に対する配慮は不十分である。

　このことをナンシー・フレイザーによる「再分配の政治」と「承認の政治」という区別を用いて説明しよう。再分配の政治は，社会経済的な構造から生じる不平等に対して，所得の再分配などの経済改革を通じて格差の解消を目指す。格差原理を軸とするロールズの正義論は，この再分配の政治に相当する。だが[4]格差原理に基づく再分配の政治は経済的不平等の解消を目的とするため，市民の文化的多様性について特別な配慮はしない。これに対して承認の政治は，経済格差の是正だけでは必ずしも解消されない文化的な支配関係や抑圧，差別といった不正義を問題にする。例えば日本で文化的少数派とみなされる在日朝鮮人や先住民のアイヌの人々は，文化的多数派の日本人に比べて低い地位に貶められてきた。多文化主義の政治思想は，こうした不正義を是正するために文化集団の独自性を認め，文化的権利を承認する。そうすることで，文化間の不平等な力関係を変革し，より平等な社会を築くことを目指すのである。

2　多文化主義論の展開

　多文化主義をめぐる政治思想研究の展開は，個人の自由と文化的権利との関係から，少なくとも二つの段階に分けることができる。ウィル・キムリッカによれば，1980年代の多文化主義の政治思想では，少数派文化の権利はリベラルな個人主義に対立するものとして捉えられていた。このとき多文化主義は，共同体主義的なリベラリズム批判として用いられていた。キムリッカは，この議[5]論は個人主義と集団主義という対立軸を立て，多文化主義を後者に属するものとして論じたため，ミスリーディングであったと述べる。これに対して90年代以降にみられる議論では，「リベラルな理論として可能な多文化主義はどのようなものか」が問われた。すなわち，文化的権利の承認が，必ずしも個人の自

▷1　多文化主義を国策としている国としては，カナダやオーストラリアが知られている。ドイツのアンゲラ・メルケル首相は，2010年に行ったスピーチで「多文化主義は死んだ」と述べた。彼女は，現行のドイツの多文化主義が移民のような文化的少数派の分離・隔絶に至り，ドイツ社会への統合には至らなかった点を指してそのように述べた。その上で，文化的少数派の社会統合を進め，彼らを市民のまっとうな一員として迎え入れる政策こそが必要であることを訴えたのであり，このスピーチで彼女はドイツの多文化社会化の促進を求めていた。しかし，「多文化主義の死」という言葉ばかりがセンセーショナルに，ドイツの多文化主義政策は失敗に終わったというメッセージとして受け止められた。

▷2　⇨Ⅱ-5「ロック」，Ⅴ-20「寛容」

▷3　⇨Ⅱ-26「ミル」

▷4　⇨Ⅳ-1「ロールズ」，Ⅴ-2「リベラリズム・ニューリベラリズム・ネオリベラリズム」

由に対立するものではなく，リベラリズムの延長線上にあるものとして考えられるようになったのである。

個人の自由と両立しうる文化的権利を考える際には，リベラリズムに適合した「良い」権利と，リベラルではない「悪い」権利との区別が問題となる。この判断基準として，キムリッカによる区別が知られている。キムリッカによれば，対内的制約を課す文化的権利は容認できない。これは，文化の存続のために，文化集団内部の人が伝統や規範に反対する余地をなくすような文化的権利を指す。例として，その文化における伝統的な男女の役割に従うことを強要したり，文化集団に属さない他所の人と結婚することを認めない事例が考えられる。このような制約は，個人の自由を奪うものであるため正当化することはできない。これに対して対外的防御としての文化的権利は容認できる場合がある。これは文化集団の存続のために，外部からの影響力に制約をかけるものである。例としては，カナダのケベック州でフランス語を公用語とし，英語の使用を制限している事例が挙げられる。対外的防御は，集団間の力関係の公平性を保つために行使されるのであれば，限定的に承認されるべきものであるとされる。

③ 多文化主義論への批判

多文化主義を擁護する議論に対しては，文化集団に対して特別な権利を付与することにより，その集団のメンバーの個人的権利が侵害される可能性があるという批判がしばしば向けられる。これはフェミニズムの観点からの多文化主義批判にも繋がっている。例えばスーザン・オーキンは「多文化主義は女性にとって悪いものか」(1999年・未邦訳) と題した論考の中で，イスラム教徒の女性がスカーフの着用を「強制」されることに触れ，彼女たちの自由が文化や宗教の尊重を言い訳に制約されているとして批判した。文化集団はしばしば男性によって支配されているので，多文化主義では「少数派の中の少数派」である彼女たち個人の自由が保障できないとオーキンは主張する。

また，文化は変容し続け，他の文化と混じり合うものであるのに，どのように文化を定義し，権利を与えるのかという批判もある。ジェレミー・ウォルドロンは「少数派文化とコスモポリタンな代替策」(1995年・未邦訳) で，多文化主義政策は消滅しつつある文化の一面だけを切り取って「本質」を無理やりに作り出し，それを維持するための保護政策になっていると主張する。だが今日，文化の混交性は少数派文化の側も受け入れている。例えば日本人にとって昼にハンバーガーを食べ，夜には中華料理を食べるような生活が当たり前になっても，私たちは日本に独自の食文化があると考える。同様に多くの少数派文化も様々な文化と混合し変化するが，それでも多数派とは違う独自の文化を主張し，その文化の存在を国として承認する多文化主義を求めるのである。

(石川涼子)

▷5 1980年代に，ロールズ流の再配分の政治を支持し，個人の自由と平等の優先を重んじるリベラル（自由主義）派と，ロールズ流の正義論に批判的で共同体や共通善を重視するコミュニタリアン（共同体主義）派との間で論争が起きた（リベラル・コミュニタリアン論争）。スティーヴン・ムルホール／アダム・スウィフト（谷澤正嗣・飯島昇藏訳者代表）『リベラル・コミュニタリアン論争』勁草書房，2007年を参照。⇨ IV-5 「キムリッカ」

▷6 ⇨ V-10 「フェミニズム」

(参考文献)
キムリッカ（角田猛之・石山文彦・山崎康仕監訳）『多文化時代の市民権』晃洋書房，1998年。松元雅和『リベラルな多文化主義』慶應義塾大学出版会，2007年。

8　コミュニズム

1　「プロレタリアート独裁」構想の変化

　共産主義や社会主義といえば，ソ連や中国の一党独裁という否定的イメージが強い。資本主義こそが人間の自由と民主主義を実現する最終段階だという「歴史の終わり」が宣言されて久しい。

　実際，マルクス・レーニン主義の思想は，共産党が，労働者たちに指示を出して，全体の統制と指揮をするという前衛党モデルである。プロレタリアートが国家権力を奪取し，中央集権的な国有化によって――「プロレタリアート独裁」――，私的所有の廃棄を達成することが，共産主義への移行に向けた必須条件と考えられてきたのである。

　こうしたマルクス主義の構想に対して，アナーキズムは全体主義の危険があると非難し，アーレントのように，スターリン主義の下での大粛清は，マルクス主義の必然的な帰結であったと批判する者も少なくない。批判を受けて，（ポスト・）マルクス主義者の中にも，共産主義の理念を捨て，ラディカル・デモクラシーを擁護する者もいる。

　このような非民主的な共産主義のイメージは，マルクス自身にも一因がある。『共産党宣言』（1848年）では，労働者階級が，「あらゆる生産用具を国家，すなわち支配階級として組織されたプロレタリアートの手に集中し，生産力の量をできるだけ急速に増大させる」ことが目指されていた。しかも，この変革は，最初は「専制的に」行われざるをえないというのである。だが，革命後，この集権化がどのようにして民主主義体制に移行できるのかは不明瞭なままであった。前衛党中央集権モデルが，「実在する社会主義」における非民主主義的な共産党一党独裁の永続化を正当化してしまったのは否定し難い。

　ところが，『資本論』（1867年）では，中央集権的な変革という構想が姿を消している事実はあまり知られていない。マルクスは，恐慌を皮切りとした労働者の革命的蜂起ではなく，10時間標準労働日の制定や労働組合運動，労働者協同組合などによる改良闘争を重視するようになっているのである。

2　アソシエーショニズムとしてのコミュニズム

　さらに，1870年代にパリ・コミューンを経験することで，よりいっそう分散型の自治モデルとしてマルクスは将来社会のあり方を具体的に構想するように

なっていく。つまり，一般的な「共産主義」のイメージとは異なり，マルクスはむしろ国家権力の介入範囲をできるだけ制限しようとしていた。例えば，パリ・コミューンが「閉鎖されたすべての工場と作業場を……労働者のアソシエーションに引き渡した」ことが，高く評価されているのである。ここでは，国家権力の奪取ではなく，労働者による生産の自治が，肯定的評価につながっている。

さらにこのような分散型の労働者自身による自治モデルを，マルクスが「アソシエーション」と呼んでいた事実も重要である。実は，マルクスは，将来社会を描くとき，「共産主義」や「社会主義」という言葉を稀にしか使わず，むしろ，「アソシエーション」を用いていたのである。

▷8 ⇨ V-15 「アソシエーション」

『フランスの内乱』では，協同組合的生産の発展が資本主義システムに取って代る可能性が指摘されている。そして，もしアソシエートした協同組合的諸組織が一つの計画に基づいて全国の生産を調整するようになり，「資本主義的生産の宿命である不断の無政府状態と周期的痙攣とを終わらせるべきものとすれば」，その先に待っているのは，共産主義，「『ありうる』共産主義」だと，マルクスは述べたのである。ここには，ボトムアップ型のコミュニズムの展望を見て取ることができる。

❸ ソ連は「国家資本主義」である

マルクスのアソシエーション論が重要なのは，私的所有を国家所有によって置き換えるのがコミュニズムではないという点が明確化されるからである。つまり，アソシエーションという概念によって，労働者たちが，生産過程そのものを変革することに，将来社会への移行の戦略的力点が置かれるのである。

別の言い方をすれば，ソ連が目指したような中央集権モデルでは，所有の次元での改革ばかりが問題となっていた。私有と国有が対置され，後者が社会主義への道を切り開くというような，所有を基礎とした資本主義把握（「所有基礎論」）に陥ってしまったのだ。そのため，労働者たちによる自律的な生産と経営の管理・運営が過小評価されることになったのである。つまり，生産過程の変革は国家統制下の計画経済という問題に矮小化され，ただ，国営企業の官僚が私営企業の資本家の代わりの役割を果たすことになった。

それに対して，マルクス自身は，労働者たちによる生産の次元での自治を重要視していたのであり，だからこそ協同組合を高く評価していたのである。ここには，コミュニズムへの移行方法をめぐって，『共産党宣言』からの大きな立場の転換が存在することがわかる。そして何より，マルクスのコミュニズムをソ連のような国家資本主義とは別の仕方で解釈するような可能性が，21世紀にも残っているのである。

(斎藤幸平)

参考文献

大谷禎之介『マルクスのアソシエーション論』桜井書店，2011年。パレッシュ・チャトパディヤイ（大谷禎之介ほか訳）『ソ連国家資本主義論』大月書店，1999年。大橋龍介『マルクス社会主義像の転換』御茶の水書房，1996年。

9 アナーキズム

▷ 1 ⇨ Ⅱ-23「プルード
ン」
▷ 2 バクーニン(Mikhail
Bakunin, 1814-76)

ロシア出身の革命家。貴族
の家に生まれながらヨーロ
ッパ各国で民衆蜂起に加わ
り，投獄とシベリア流刑，
脱走を経て，国際的な労働
運動の指導者となる。第一
インターナショナルにおい
て K. マルクスと衝突し，
プロレタリアート独裁の問
題性をいち早く指摘した。
主著に『国家制度とアナー
キー』などがある。
▷ 3 クロポトキン (Pe-
ter Kropotkin, 1842-1921)

ロシア出身の革命家。名門
貴族の子弟として生育し，
軍人生活と地理学研究の後，
労働運動に身を投じる。著

1 支配に抗する思想

　政治思想におけるアナーキズムは，支配のない自由な社会を実現しようとする立場を意味する。日常的語感では，アナーキーは無政府や無秩序を，アナーキズムは無政府主義，あるいは単に放埒な行動様式や，暴力・犯罪を称揚する破壊的態度をも指すと考えられているだろう。なるほど確かにアナーキストを自称する者の多くは国家の廃絶を掲げてきたし，統治権力との闘争の中でテロルに手を染めた例も少なくない。だが，もともと anarchy は「無支配」を意味しており，anarchism が希求するのは秩序の欠如ではなく支配の不在である。したがって，この立場を無政府主義とのみ捉えることも正確とは言い難い。支配・被支配の関係は政府と民衆の間だけでなく，様々な差別や搾取，専制として，人間社会の随所にみられるからである。あらゆる支配を一掃しようとすれば，宗教や資本主義，家父長制など，非国家的な権力への抵抗も欠かせない。

　人為的な法や政府を否定・拒絶したり，確固たる国家を伴わない共同生活ないし自治を賛美・実践したりする立場は，洋の東西を問わず，古代から多様な形で存在する。ただし，アナーキズムは19世紀以降に登場したイデオロギーであり，自由かつ平等な個人から成る社会を理想とする点で，近代ヨーロッパの啓蒙思想に多くを負っている。

　アナーキズムの基礎は，個人の自由を奪う権威を批判し，克服すべき混沌状態とみなされがちなアナーキーにこそ秩序があると主張した P. J. プルードン[1]によって形成された。これを受け，より積極的にアナーキストを自認したのが，**M. バクーニン**[2]と **P. クロポトキン**[3]である。神・国家・資本への反乱に一生を捧げたバクーニンは，現存の秩序を転覆することが人間性の回復に必要だと考える一方，（プルードン同様に）権力奪取を通じた政治革命には懐疑的で，集権的な国家から解放された労働者の連合に基づく分権的な集産主義社会を目指した。生物の進化過程における相互扶助の役割を重視して人間の利他性を強調したクロポトキンは，無政府社会を「万人の万人に対する戦争」（T. ホッブズ[4]）と考えるのは誤りだと説いた。彼らを中心に19世紀後半から20世紀初頭に確立されたアナーキズムは，世界的に拡大する。日本でも，議会主義を棄てて直接行動（ゼネスト）の唱道に至った**幸徳秋水**[5]や，国家共産主義（ボルシェヴィズム）を論敵とした**大杉栄**[6]などが現れた。

2 多面性と現代性

　無支配が追求される文脈に応じて，アナーキズムは多面的でありうる。国際的に展開されたアナーキズム運動は非ヨーロッパ地域の植民地独立運動にも影響を及ぼし，アナーキストと反植民地主義ナショナリストの連帯さえ生み出した。アナーキズム＝無政府主義との規定からは奇妙に映るナショナリズムとの交差も，専制への抵抗に共通項を見出せば理解しやすい。また，貧しい労働者を苦しめる国家および資本主義への攻撃から形成されたアナーキズムは，基本的に社会主義の一種（無政府共産主義）とみなされてきた。しかし20世紀後半のアメリカでは，市場メカニズムがあれば国家を廃止しても社会は成り立つと唱える無政府資本主義が登場し，リバタリアニズムの一角を占めるようになる。リバタリアニズムがアナーキズムの影響下に形成された点を踏まえれば，無政府資本主義を不当な逸脱とは捉えにくい。資本主義が支配より自由をもたらすと考えられるなら，アナーキズムの親市場的な解釈も可能なのである。

　私的所有権の絶対性を否定する無政府共産主義もまた，国家による独占的所有は暴政と搾取を生み出すと指摘し，無政府社会への過渡的な体制としてプロレタリアート独裁に基づく国家を承認するマルクス主義に対しては，権力者が腐敗して独裁の永続を望むことは避けられないとの批判を向けてきた。統治権力の掌握ではなく解体を求めるアナーキストは，政党活動や選挙への参加などの手段を遠ざけるし，代表制デモクラシーも個人に服従を迫る支配の一形態であるとする。運動の方針をめぐっては，社会変革に不可欠な集合性を重視する社会的アナーキズムが，集団における抑圧を警戒して自発的同意に基づく結合だけを認める個人主義的アナーキズムを「ライフスタイル・アナーキズム」と呼び，社会変革を放棄するものと論難してきた。しかしながら，「今・ここで」の実践を求め，社会変革を展望しつつも日常生活や社会運動の中のミクロな支配を看過しない姿勢は，アナーキズムが一貫してもつ重要な一面であり，コンセンサス型の意思決定を尊重した脱中心的な運動形態を支えてもいる。

　アナーキズムはロシア革命を契機として徐々に勢いを失ったが，1960年代以降は反官僚制化への関心から再評価される。理論的にも，国家の統治は正統性をもたないとする哲学的アナーキズムは，今なお有力な主張である。私たちが生まれつき特定の国家に帰属しているからといって，その法や政府の命令に従う責務があるといえるだろうか。この責務の存在が論証されない限り，不服従を規範的に正当化できる余地は大いに残る。さらに，20世紀末からグローバル資本主義や官民協働型の統治が隆盛するにつれ，国境横断的に種々の支配と闘ってきたアナーキズムの意義は認識されやすくなった。情報通信技術を駆使した直接行動であるハクティヴィズムの普及や，オンラインによる直接デモクラシーの萌芽も，アナーキズムの現代的性格を際立たせている。　　　　（松尾隆佑）

作を通じて無政府共産主義の理論化と普及に大きく貢献した。主著に『パンの略取』，『相互扶助論』などがある。

▷ 4 　⇨ II-3 「ホッブズ」

▷ 5 　幸徳秋水（1871-1911）
高知出身。記者活動の傍ら社会主義運動に従事し，やがて直接行動を重視するアナルコ・サンディカリズムへと傾斜した。大逆事件により刑死。主著に『帝国主義』など。

▷ 6 　大杉栄（1885-1923）
香川生まれ・新潟育ち。幸徳死後のアナーキズム運動を主導し，山川均らとの間でアナ・ボル論争を繰り広げる。関東大震災後，憲兵に虐殺された。主著に『自叙伝』など。

▷ 7 　ベネディクト・アンダーソン（山本信人訳）『三つの旗のもとに』NTT出版，2012年。

▷ 8 　⇨ V-3 「リバタリアニズム」

（参考文献）
ジョージ・ウドコック（白井厚訳）『アナキズム I・II』紀伊国屋書店，1968年。猪木正道ほか編『世界の名著 プルードン バクーニン クロポトキン』中央公論社，1967年。森政稔「アナーキズム的モーメント」『現代思想』第32巻第6号，2004年。田中ひかる「「新しいアナーキズム」はなぜ「新しい」のか」『歴史研究』第52号，2015年。ジェームズ・C.スコット（清水展ほか訳）『実践 日々のアナーキズム』岩波書店，2017年。横濱竜也『遵法責務論』弘文堂，2016年。

10 フェミニズム

1 政治思想における公と私

　スーザン・オーキンは『政治思想のなかの女』（1979年）において，政治哲学の偉大な伝統が，男性による，男性のための，そして男性を主題にした著作によって構成されてきたと述べた。たしかに政治思想の古典には，女性によって書かれたものはほとんどない。政治思想の伝統において，女性は無視されているか，家族を支え再生産（生殖）に従事する存在とされ，政治をめぐる対話や決定への参加者としては認められてこなかった。

　これは，政治思想において公と私の区別があり，女性は私的領域に属すると考えられてきたことに由来している。キムリッカによれば，公私の区別には2種類ある。第一に，ロックに始まる国家と市民社会の区別である。国家を公的なものとしたとき，国家の権力が立ち入らず，個人が自由を行使する私的な領域が市民社会である。この区別の下では，国家も市民社会も男性の領域であり，女性が属する家庭はこれらの外にあるとみなされた。第二の区別はロマン主義に端を発する公私の区別で，公的な場は国家だけでなく市民社会も含む。これらに対して，人々の批判や意見に晒されないプライバシーの領域が私的領域とみなされた。この区別では家族は私的領域に属し，女性が受ける抑圧は公的な正義の及ばないものとなった。リベラリズムはこれらの区別を前提として，家族の問題は政治の外にあるとし，また女性が私的領域に属するとみなすことで自由の抑圧を黙認してきた。そのため，女性が直面する不正義を是正するためには，家族，そして私的領域を正義の対象とすることが必要になる。

2 フェミニズムと正義論

　フェミニズムとは，一般に女性が男性と同じ権利や機会を得ることができ，同等に処遇される社会を目指す思想や運動を指す。政治思想におけるフェミニズムの重要な貢献の一つは，自己や自由といった概念が男性をモデルにしていると示したことにある。例えば，ロールズの正義論では，カント的な自律的自己が前提とされ，理性を備え自立した自由な個人が無知のヴェールの下で合理的に正義の二原理を選ぶとされる。だが，正義の二原理は，自由を万人に保証し（第一原理），格差原理（第二原理）によって最も恵まれない人に資する社会経済的な制度を採用するが，男女間の不正義に特段の配慮はしない。この点に

▷1　公私の区別については，ハンナ・アーレントによる古代ギリシアにおける区別がよく知られている。アーレントによれば，公的領域はポリスの政治に参加する自由と平等の領域である。これに対して私的領域は生物としての人間の生命維持のための領域とされる。ハンナ・アーレント（志水速雄訳）『人間の条件』筑摩書房，1994年，第2章。
⇨Ⅲ-9「アーレント」

▷2　⇨Ⅴ-2「リベラリズム・ニューリベラリズム・ネオリベラリズム」

▷3　⇨Ⅳ-1「ロールズ」

ついてオーキンは，原初状態における契約者たちは，男女間の不正義に対しても さらに踏み込んだ措置を要求するはずだと指摘する。

　また，フェミニズムの思想家たちは，一見すると中立的に見える「自立して自由な選択をする合理的な個人」という前提に対して，自己や自由を人間同士の関係性の中で考えることの重要性を示した。例えば，「ケアの倫理」と呼ばれるアプローチによれば，人は特定の他者との関係の中で選択や決定を行う。子どもをもつ親や家族を介護する人であれば，相手の要求に応えながら自らの選択を決定する。**アイリス・ヤング**は，ロールズ流の分配的正義論では社会・経済あるいは文化的な構造や規範の是正には至らないため，女性が育児や介護を引き受けざるをえないことは変わらず，それゆえに女性が直面する不正義が解消されないと指摘している。このように自己を関係性の中で捉えると，ロールズの正義論は社会経済的な不平等の一側面にしか取り組んでいない。

❸ 「女性」とは誰か

　フェミニズムは，すべての女性のための思想であるといわれる。だが，この一見すると単純にみえる「女性」というカテゴリーそのものが今日問題視されている。まず，女性だけを取り出して考察の対象とすることに伴う困難がある。例えば今日ではレズビアン，ゲイ，バイセクシュアル，トランスジェンダー（LGBT）といった様々な性的少数者の存在が知られるようになった。戸籍上は男性であっても，女性として生きたい人はフェミニズムが対象とする「女性」に含まれるのだろうか。あるいは，女性でも男性でもありたくないという人は，フェミニズムの対象ではないとして除外してもよいのだろうか。

　次に，女性の中にも様々な立場の女性がおり，人によって経験する生は大きく異なる。アメリカの例で考えてみよう。一方で豊かな家庭に育ち，名の通った大学を卒業した上で，有名企業での昇進の際に女性差別があると訴える白人女性がいるとする。他方で，貧しい家庭に育ったために十分に教育を受けることができず，また避妊の十分な知識がないがために若くして妊娠し，不安定な低賃金の仕事にしか就けないアフリカ系アメリカ人のシングルマザーが，性教育の充実やひとり親家庭への支援の拡充を訴えるとしよう。この二人の女性はそれぞれに女性の地位向上や支援の充実を求めているという点ではフェミニストである。だが，彼女たちにどれだけの共通点があるといえるだろうか。彼女たちには，共通点よりも断絶のほうが深いのではないだろうか。このように，女性が受ける抑圧といっても，人種，エスニシティ，社会的地位，教育程度，国籍，宗教などによって抑圧の様相が異なることを，近年ではインターセクショナリティという概念を用いて説明する。交錯する分断が複雑な抑圧を生じさせていることを前提として，どのような連帯を実現できるかを示すことがフェミニズムの一つの課題である。　　　　　　　　　　　　　　（石川涼子）

▷4　ケアの倫理については，キャロル・ギリガン（岩男寿美子監訳，生田久美子・並木美智子訳）『もうひとつの声』川島書店，1986年を参照。

▷5　ヤング（Iris M. Young, 1949-2006）アメリカの政治理論家。『正義と差異の政治』（飯田文雄ほか訳，法政大学出版局，2020年）では，女性や文化的少数派といった一部の社会集団を周縁化し，支配と抑圧を継続させる社会構造を前にして，ロールズ流の分配的正義論がこの不正義を是正するためには不十分であることを指摘した。その上で，社会集団毎の差異の表出を政治参加の基盤とするデモクラシー，すなわち「差異の政治」によって人々の多様性を肯定する正義の実現を目指すべきであることを述べた。また，特定の個人に責任を帰することができないグローバルな「構造的不正義」に対する責任について，この不正義を生じさせるプロセスに関与するすべての人が責任を分かち合うという「責任の社会的つながりモデル」を主張した。邦訳書としては，岡野八代・池田直子訳『正義への責任』岩波書店，2014年がある。⇨ V-6 「ラディカル・デモクラシー」，V-24 「グローバル・ジャスティス」

参考文献

前田健太郎『女性のいない民主主義』岩波新書，2019年。岡野八代『フェミニズムの政治学』みすず書房，2012年。

11 フランクフルト学派

▷1　ホルクハイマー
（Max Horkheimer, 1895-
1973）
ドイツの社会哲学者。『理
性の腐食』（1947年）など。
「フランクフルト学派」と
いう呼称は，後から，主と
してジャーナリズムの世界
で用いられるようになった
ものである。1965年にマル
クーゼがホルクハイマーを
「フランクフルト学派の創
始者」と呼んだことが始ま
りとされる。

（図版：左がホルクハイマ
ー，右がアドルノ。）

▷2　アドルノ（Theodor
Adorno, 1903-69）
ドイツの哲学者・音楽批評
家。この学派の代表的な存
在。キルケゴールに関する
論文で教授資格取得。ホル
クハイマーと『啓蒙の弁証
法』を共同執筆した。「ア
ウシュヴィッツの後で詩を
書くことは野蛮である」と
いう箴言でも有名。

1　フランクフルト社会研究所と批判理論

　いわゆる「フランクフルト学派」とは，**ホルクハイマー**の周辺に集った一群
の研究者を指す。彼は1924年に設立されたフランクフルト社会研究所の2代目
の所長として，困難な状況において研究所の運営に手腕を発揮した。狭義のフ
ランクフルト学派は第1世代の**アドルノ**，**ベンヤミン**，マルクーゼ，フロムら
を指すが，ナチ・ドイツの権力構造を分析した古典的研究である『ビヒモス』
を書いた政治学者・法学者のノイマンや，『オリエンタル・デスポティズム』
の著者で，中国研究者のウィットフォーゲルらも，広い意味ではこの学派に含
まれる。

　フランクフルト学派の旗印は，「批判理論（Kritische Theorie; critical theory）」
である。ホルクハイマーは「伝統理論と批判理論」（1937年）で，イデオロギー
的に世界を追認し，既存の社会秩序を物神化してしまう伝統理論を問題にする。
デカルトを典型とする伝統理論に対抗して提唱されたのが，批判理論である。
彼らはこれによって伝統理論の学のあり方を批判の俎上にのせ，現実の社会秩
序の病理を考察しようとした。

　この学派の理論には様々な知的遺産が動員された。中心的なものは，マルク
スの経済学批判とフロイトの精神分析，そしてニーチェの文化批判である。マ
ルクスに依拠したとはいっても，フランクフルト学派の思想家たちは経済決定
論の傾向が強い正統派マルクス主義，そしてソ連型の社会主義体制とは距離を
とった。このとき彼らが依拠したのが，ベルリンでジンメル，ハイデルベルク
でウェーバーに師事したハンガリー出身の社会哲学者ルカーチの『歴史と階級
意識』（1923年）だった。「西欧マルクス主義」の代表であるルカーチは，マル
クスの「商品の物神的性格」の分析とウェーバーの合理化の理論を結びつけ，
プロレタリアートの物象化された意識構造を批判的に考察した。

　政治学の領域において重要なこの学派の貢献に，権威主義研究がある。初期
にもホルクハイマーらによる共同研究『権威と家族に関する研究』（1936年）が
あるが，一般によく知られているのはフロムの『自由からの逃走』（1941年）で
あろう。フロムはウェーバーによる禁欲的プロテスタンティズムの「内面的孤
立化」についての記述にも言及しながら，社会的紐帯から解放された個人が再
び共同体に溶解することを求める心理的機制を考察した。

② アメリカへの亡命と『啓蒙の弁証法』

　1933年にヒトラーが政権を掌握すると，社会研究所のメンバーのほとんどが亡命を余儀なくされた。ベンヤミンはフランスとスペインの国境で自殺した。その他のメンバーの多くは，最終的にアメリカに亡命することになった。

　もちろんナチズム下における亡命は，個々の思想家にとっては悲惨で，不幸な出来事であった。アドルノの『ミニマ・モラリア』（1951年）を読めば，その鋭い哲学的な考察がアメリカ社会への彼自身の文化的不適応と密接に結びついていることがわかる。しかし，学問史的にみると，彼らが亡命することで，ドイツ観念論をベースにした左派知識人が，実証主義の志向が強いアメリカの社会科学者と出会い，知的に交流する，類稀なる機会となった。

　アドルノがアメリカの研究者とともに，実証的な調査をもとにして執筆した『権威主義的パーソナリティ』（1950年）は，ヨーロッパとアメリカの知的交流の，特筆すべき成果である。また，アメリカの諜報機関の中央情報局（CIA）の前身組織である戦略情報局（OSS）では，ノイマン，キルヒハイマー，マルクーゼといったフランクフルト学派のメンバーによってナチ・レジームの分析と，ドイツの民主的再建のためのレポートが執筆された。戦後，マルクーゼは『一次元的人間』（1964年）で「抑圧的寛容」を論じ，1968年の学生運動に多大な影響を及ぼすことになった。

　フランクフルト学派による最も重要な作品は，何といっても，亡命先のカリフォルニアでホルクハイマーとアドルノによって書かれた『啓蒙の弁証法』（1947年）である。ナチズムと対峙しながら，彼らはホメロスの『オデュッセイア』から始めて，啓蒙の思想史的な検討を行い，「なぜ人類は新しい野蛮状態に陥っていくのか」を問うた。同書の執筆は強制収容所における「行政的大量虐殺」の事実が知られる以前であったが，この研究はアウシュヴィッツにおける人類史上最悪の犯罪についての最も重要な考察である。

③ ハーバーマスとその後

　既存の社会の不正義を指摘し，歪んだ現実を暴露するためには，批判のための理性的な基準が必要である。しかし『啓蒙の弁証法』では，人間を解放するはずの理性から自然や社会を支配する「道具的理性」への変容が論じられることで，「理性の自己崩壊」という袋小路に陥ってしまう。フランクフルト学派の第2世代以後は，この袋小路からの脱出口を探ることになる。

　『公共性の構造転換』（1962年）においてバーバーマスは，第1世代の「意識哲学の陥穽」を乗り越えるために，社会批判のポテンシャルを「公共圏」に求めた。さらに第3世代のホネットはヘーゲルに由来する「承認」をキーワードにして批判理論を継承している。　　　　　　　　　　　　　　　（野口雅弘）

▷3　ベンヤミン（Walter Benjamin, 1892-1940）
ドイツの哲学者・批評家。文芸批評的なエッセーで知られるが，政治思想的貢献も大きい。「暴力批判論」における神話的暴力と神的暴力の区別，「複製技術時代の芸術」における「アウラ（オーラ）」の概念，またカール・シュミット（⇨Ⅲ-5）の『政治神学』から影響を受けた『ドイツ悲劇の根源』のバロック王権論など。

▷4　⇨Ⅱ-22「マルクス」

▷5　⇨Ⅲ-2「フロイトとラカン」

▷6　⇨Ⅲ-1「ニーチェ」

▷7　⇨Ⅲ-4「ウェーバー」

▷8　OSS で執筆されたレポートは，ノイマンほか（野口雅弘訳）『フランクフルト学派のナチ・ドイツ秘密レポート』（みすず書房，2019年）にまとめられている。

▷9　⇨Ⅲ-13「ハーバーマス」

▷10　⇨Ⅱ-21「ヘーゲル」

（参考文献）
M. ジェイ（荒川幾男訳）『弁証法的想像力』みすず書房，1975年。細見和之『フランクフルト学派』中公新書，2014年。A. ホネット（出口剛司ほか訳）『理性の病理』法政大学出版局，2019年。

12　ケンブリッジ学派

① 行為における意図とコンテクスト

　ケンブリッジ学派とは主に第二次世界大戦後の英国ケンブリッジ大学で学んだ，あるいは研究した人々が発展させている政治思想史方法論の学派である。現在まで非常に多くの研究者が輩出されているが，名前を挙げるなら J. G.A. ポーコック[1]，ジョン・ダン[2]，クェンティン・スキナー[3]が有名である。

　ケンブリッジ学派の特徴として，著作が書かれた当時の歴史的コンテクストに戻してその著作を読み直すことが挙げられる。例えば，ジョン・ロックの[4]『統治二論』は1689年に刊行されているが，ロックが執筆していた時期は1680年代初めの頃まで遡るとされている。刊行時点ではイギリス名誉革命の後になるので，名誉革命を正当化している著作として『統治二論』を解釈してしまうが，執筆当時のコンテクストに戻せば，そうした解釈は妥当ではない。むしろ叛乱・蜂起寸前の状況下で叛乱を擁護する著作として読める。

　そこでケンブリッジ学派が焦点を当てるのは執筆している意図である。単に著作の中で述べられていることを分析するだけでは不十分である。というのも，著者は皮肉を込めて，あるいは政治戦略上のねらいがあって執筆しているかもしれず，書かれている文章の意味がそのまま著者の意図を表しているとは限らないからである。つまりケンブリッジ学派は著者がそれを言うことで何をしようとしているのかを明らかにしようとする。

　ただしケンブリッジ学派はコンテクストが政治思想の内容を因果的に決定しているとは考えない。ある種のマルクス主義であれば，経済社会の構造や支配者の利益が政治思想の内容を決定しているかのように扱うかもしれない。それに対しケンブリッジ学派は，コンテクストが執筆者に対して，何をどのように執筆し，それがどう理解されることになるのかについて制約を与えていることを認めると同時に，執筆者がそうした概念枠組みに執筆行為を通して影響を与えられることも認めている。政治思想史の研究者が分析するのは，こうしたコンテクストと，その中で執筆している著者の意図，そして著者が執筆によって行ったこと（つまり他の人にとって意味されたこと）である。

② 個別の問い

　ケンブリッジ学派は，政治思想の著作が歴史的コンテクストを超えて普遍的

▷1　ポーコック（John G. A. Pocock, 1924-）
ニュージーランドや英国で学び，ジョンズ・ホプキンス大学教授として活躍。邦訳書として『マキャヴェリアン・モーメント』や『島々の発見』。

▷2　ダン（John Dunn, 1940-）
長らくケンブリッジ大学で政治理論の教授として活躍。邦訳書として『政治思想の未来』や『ジョン・ロック』。

▷3　スキナー（Quentin Skinner, 1940-）
ケンブリッジ大学教授，2008年からロンドン大学クィーン・メアリー・カレッジ教授。邦訳書として『近代政治思想の基礎』や『思想史とは何か』。

▷4　⇨ Ⅱ-5 「ロック」

含意をもっているとは考えない。従来の政治思想史では、理想の国家とはどのようなものか、なぜ政治権力が存在しなければならないのか、正義とは何か、といった普遍的問題に対して過去の思想家がどのように考えているのかを探究してきた。しかしケンブリッジ学派からすれば、こうした態度は過去の政治思想を歪めて理解していることになる。どの著作も当時の状況における一定の言語行為として理解すべきであり、個別の問題に対する個別の解答しかない。読者である私たち現在の視点から過去の著作を読み込んではならず、現在に対してどのような意義があるのか、普遍的問題に対してそれぞれの著者がどのような貢献をしているのかを探究するのは適切な手法ではない。

　研究資料として「古典」となった著作だけでなく、政治的パンフレットや手紙や未公刊の草稿にも着目することになる。政治思想史は偉大な政治哲学者たちの偉大な作品の歴史になるとは限らない。従来の政治思想史では古代ギリシャのプラトンやアリストテレスから始まり、古代ローマやキリスト教の思想家たちを経由して、トマス・ホッブズやジョン・ロックやジャン＝ジャック・ルソーなどの偉大な政治哲学者たちを扱うことになる。しかしケンブリッジ学派は偉大な著作もあくまで歴史的コンテクストの中で書かれ読まれたものとして扱う。むしろ焦点を当てるのは、様々な資料を駆使して、当時の概念枠を描き出し、歴史の中でその概念枠がどう変化していくかである。

③ 転向以後

　ただし、ケンブリッジ学派も次第に現代への意義を考察するようになっている。ダンは「政治理論の歴史」という論文において、「政治理論史上の偉大なテクストは、今日なにを意味し、我々にとって何を意味するのか」という問いが重要であることを認めている。ポーコックによれば、歴史が社会の構造や市民のアイデンティティに正統性を与えているが、歴史家はそうした歴史を複数の仕方で語り、論争の対象にすることで批判的に考察できるとしている。スキナーは解釈学に影響を受けて、過去の異質な思想が現在の支配的な思想の枠組みとは別の選択肢を提供してくれると議論している。

　スキナーの仕事を例に取れば、リベラルな政治思想が支配的な地位を占めている社会で、共和主義の政治思想史を描けば、別の理解を選択肢として提示している。言い換えると、他から干渉されない消極的自由を擁護する政治思想に対して、市民が自分たちの法律の制定に寄与することで守られるネオ・ローマ的自由を擁護する政治思想の枠組みを提示している。消極的自由の政治思想は徐々に西洋政治思想史の中心を占めることになるが、それは歴史の中で偶然の結果として生じたにすぎない。私たちの社会の理解には別の仕方もありえたのであり、ネオ・ローマ的自由の政治思想史を描くことによって、現状の理解に対して批判的になることができる。　　　　　　　　　　（稲村一隆）

▶5　⇨ V-2「リベラリズム・ニューリベラリズム・ネオリベラリズム」

▶6　⇨ V-4「共和主義」

（参考文献）
ポーコックほか「(特集)政治思想史における近代」『思想』岩波書店、2017年5月。川出良枝ほか「(特集)政治思想史の新しい手法」『思想』岩波書店、2019年7月。

統治性

1　統治性とは

「統治性（governmentality；仏 gouvernementalité）」は，20世紀フランスの思想家ミシェル・フーコーの造語である。1978年2月1日のコレージュ・ド・フランス講義で，彼は自らの企図を「統治性の歴史」を描くことと表現した。これは，近代国家を特徴づける秩序形成のあり方を，人と人との関係の枠組みという観点から捉える歴史を意味する。

「統治（government）」は，人を導く様々な事柄に用いられてきた言葉である。教師による子どもの統治，医者による患者の統治，そして自分自身の魂の統治など。フーコーはこの言葉が，長い間政治的な支配については用いられていなかったとする。統治が政治の世界の用語となったのは，15～16世紀以降の行政国家（ポリツァイ国家）の出現による。国家が領土に住む人々の生活に行政装置を用いて直接介入するようになる際に，人と人との関係を整序するための統治のテクニックが政治の世界に導入され，磨き上げられたのである。

2　統治性の歴史

フーコーは1978・79年の講義で，西洋世界における統治性の歴史を集中的に検討した。その叙述は古代にまで及び，統治の源となる人を導くタイプの共同体を，古代ギリシアではなくオリエントおよびヘブライに遡るものとした。フーコーの見立てでは，中世に至るまでヨーロッパでは政治と統治が結びつくことはなかった。また，中世の「**君主鑑**」というジャンルの叙述においては，よき統治をもたらすのは君主の立派な人格や徳性だとされていた。しかし，ヨーロッパの帝国的世界が崩れ主権国家が台頭するにつれ，よき統治には徳だけでなくそれ相応のテクニックや知が必要だと考えられるようになった。

こうした技術知は「**国家理性**論」と呼ばれる著作群で検討された。そこでは正しい支配とは質的に異なる，国家の豊かさと秩序と保全をもたらす統治が模索されている。17世紀には，主権国家の登場によって「**諸国家の競合**」という新しい国際関係秩序が出現した。その中で他国との競争にしのぎを削る諸国家は，国力増大のために知力を尽くしていた。その過程で生じたのは，そもそも国家の力とは何であり，どうやってそれを測るのかという根本的な問いであった。この問いは国家についての学問，すなわち国家理性論，国家学，官房学，

ポリツァイ学[45]，統計学などの知の発展を促した。

3 自由主義の統治

国力増強と中央集権を推進するため，君主の行政装置を用いて規律化を行う
こうした統治スタイルは，18世紀半ばに二つの陣営から批判を受ける。一つは
人間の権利や自然法の観点からの批判で，簡単にいえば人権侵害の告発だった。
もう一つは，仰々しく大がかりな行政装置がもたらす統治の非効率への批判だ
った。批判者たちは，統治の効率を改善し人々の一挙一動を監視する手間を省
きつつ，自由な行為が無秩序を生まないようにする方法を模索した。そこで，
禁止し強制するのではなく一定の自由の下で行為を調整する統治スタイルが提
案される。フーコーの理解では，これが**自由主義経済学**[46]のはじまりである。

こうしたフーコーの歴史像は，都市化をキーワードにするとわかりやすい。
近代は都市の人口増大の時代で，とりわけロンドンやパリなどのメガシティに
人が集中した。これを放っておけば衛生や秩序の面で大きな問題を生み出す。
その解決のための装置が工夫されたが，都市開発や大衆の監視などが大がかり
になると，制度を維持するためのコストも膨大になる。人やモノの移動が富を
生み出す資本主義が胎動する時代には，人間活動に伴う弊害を抑えるが活発な
動きは止めないことが重要であった。急速に進む社会の複雑化により，行政装
置による監視と介入という方法はこうした要望に応えきれなくなった。そこで
代わって，人々の活動を基本的には放っておいて，限度を超えたときだけ介入
や調整を行い「自然な流れ」に引き戻すという発想が出てくる。これが経済的
自由主義であり「見えざる手」[47]の発明だというのがフーコーの主張である。

4 現代の統治性

フーコーはさらに，こうした調整型（規制型と対比される）の統治の現代版と
して，サッチャーやレーガンの政策で知られる20世紀の新自由主義[48]を研究した。
人の生涯全体を資本として扱う人的資本論や，犯罪政策をコスト計算によって
捉えるリスク論，**環境犯罪学**[49]の展開を取り上げ，新しい時代の統治を批判的に
検討した。新自由主義の統治性についての議論は多くの論者を刺激し，ニコラ
ス・ローズ，デイヴィッド・ライアン，酒井隆史などが80年代以降の社会分析
の道具として用いた。現在では，新自由主義の統治性は，南米の自由主義化に
みられた権威主義独裁体制と自由の抑圧，IMF-WTO 体制下での財政規律の
強要と国際競争力強化という指針の途上国への負の影響，競争の用語がレトリ
カルなやり方で教育や福祉の領域に持ち込まれることの弊害，そして表向きの
自由や規制の撤廃が裏では権威主義と管理と官僚制の強化をもたらしたことな
どが指摘され，新自由主義による「自由の強制」がもつ害悪が知られるように
なっている。

（重田園江）

グルネーサークルからケネ
ーに至る18世紀半ばのフラ
ンスと，少しあとのヒュー
ム，スミスの英国にみてい
る。哲学的には英仏両地域
の感覚論，人間像としては
ホモエコノミクスをその出
発点としている。

▷**7 見えざる手**（invisi-
ble hand）
アダム・スミスが『国富
論』などで用いた表現。摂
理神学の流行によって当時
しばしば使われた。スミス
は決定的な箇所で用い，個
人の自己利益追求の結果，
全体の利益が誰も意図しな
いのに得られることを指し
た。⇨Ⅱ-12「アダム・ス
ミス」

▷**8** ⇨V-2「リベラリ
ズム・ニューリベラリズ
ム・ネオリベラリズム」

▷**9 環境犯罪学**
犯罪を，犯人の内面や意図
ではなく，起こりやすい環
境に焦点を合わせて捉える
学問。例えば，他者の目か
ら死角になる場所を作らな
いことで性犯罪を減らす，
割れた窓をすぐに修理する
ことで治安の悪化を食い止
めるなど。

参考文献

フーコー（高桑和己訳）
『安全・領土・人口』筑摩
書房，2007年。同（慎改康
之訳）『生政治の誕生』筑
摩書房，2008年。重田園江
『統治の抗争史』勁草書房，
2018年。ニコラス・ローズ
（檜垣立哉監訳）『生そのも
のの政治学』法政大学出版
局，2014年。デイヴィッ
ド・ライアン（河村一郎
訳）『監視社会』青土社，
2002年。酒井隆史『自由
論』青土社，2001年。

14 代　表

① 代表論の成立

　政治における代表を最も広く定義するならば，ある者が他の者に代わって政治的決定に関わること，となるだろう。この意味での政治的代表の考え方や実践は，古くから存在する。例えば**ローマ法**では，皇帝は人民に代わって，人民の福利のために統治するものと考えられた。また中世においては，統治者をキリストないし神の代理とする見方や，国全体のイメージを代表する者とする見方が登場した。

　しかし，代表という概念を明確に用い，初めて一貫した政治理論を打ち立てたのは，T.ホッブズである。ホッブズは，ある者（行為者）が他の者（本人）からの委任や許可によって権威を与えられ，その権威の下に行為することを，代表だと考えた。この代表観に基づき，国家の設立とは，契約によって人々がすべての力を主権者たる一人の人または一つの合議体に付与し，その人または合議体の行為や判断を人々が本人として権威づけることだと定義される。つまりホッブズの主権者は，代表者として構成されているのである。

　契約による権威の付与は両義的で，一方では合意によって政治社会を形成するという民主的意味をもつが，他方では主権者にすでに権威を与えている以上は反論の余地は認められないという非民主的な含意も伴っている。実際，代表と民主主義の関係は，その後の代表論の大きなテーマとなっていく。

② 代表と民主政

　現代では代表民主制という形で自然に結びついているようにみえる両者だが，その結合は必然とはいえない。中世の王権は王国を象徴的に代表したかもしれないが，人々により選出されていたわけではない。**初期のイングランド議会**でも，州や都市から議会へ集った者たちは，課税への形式的同意や各地の情報の提供など，国王の便宜上の理由で招集されているにすぎなかった。

　民主主義の側からみても，J.‐J.ルソーによれば，そもそも主権は人民全体によって形成される一般意志のうちにあるのだから，代議士など一部の人が主権を代表することはできない。したがって，議員選挙が行われているイギリスの人民は，一見自由にみえてもそれは選挙の間だけで，選挙が終われば奴隷であり無に等しい，と酷評される。

▷1　ローマ法
ローマ建国から皇帝ユスティニアヌス1世による6世紀の『ローマ法大全』へと至るローマの法体系をいう。中世以降ヨーロッパ諸国に受け継がれ，共通法の役割を果たした。

▷2　⇨Ⅱ-3「ホッブズ」

▷3　初期のイングランド議会
初期の議会では，州から小貴族の騎士層が，都市からは市民層が召喚された。国王は，代表を通じて各地の情報を得るとともに，決定を各地へ通達した。議会招集も国王の意向次第だったため，手続き的にも実体的にも，代表制ではあるが民主政とは言い難い。

▷4　⇨Ⅱ-9「ルソー」

しかし，代表と民主政を組み合わせた政治の可能性にも次第に目が向けられるようになる。E. シィエス[5]は，『第三身分とは何か』で，身分制議会である三部会に独自の代表を出す貴族や聖職者は共通の法律の外部に存在する特権集団であるのに対し，共通の法律の下で市民としての共通の権利をもつ第三身分こそ国民の名にふさわしく，したがって階層利益にとらわれない第三身分の代表からなる立法府こそ国民議会としての資格を有すると主張した。また，アメリカ独立に際し，J. マディソン[6]は『ザ・フェデラリスト』第10編で，広大な領域に生きる多数の市民から代表者を選出する共和政が，直接民主制とは違って，世論を洗練させ，派閥の力を削ぐと主張した。T. ペイン[7]も，『人間の権利』で，単純な民主政に代表制を接続することにより，広大な領域と多くの人口と様々な利害が結びつけられ，農業や工業や商業など多様な産業の振興に必要な知識を獲得することが可能になると論じた。

③ 現代の代表論と代表制論

国民の代表である議員が政治的活動の多くを担う代表制民主主義は，現代ではごく一般的な政治制度となっている。しかし，代表と民主主義をめぐる論争は多岐にわたる。

まず，民主主義下で代表の果たすべき役割については，E. バークのブリストル演説（1774年）を題材に「委任－独立論争」として定式化されてきた。バークは，議員の主たる役割を，選挙区利害を代表することではなく，国全体の利害を代表することだと考えた。したがって，選挙区からの指図を受ける委任型代表は望ましくないとされ，議員の独立した判断に重点が置かれる。

こうした議論は，代表の役割は何かについての様々な分類論を生み出していく。しばしば参照される H. ピトキンの『代表の概念』は，無条件の権威付与を起点とする権威付与型，比例代表制を典型とし有権者団の構造を鏡のように写し出す描写型（記述型ともいわれる），有権者の利害を考慮する実体型という分類を示す。委任－独立論争は，ピトキンの分類では，実体型代表のカテゴリー内に，有権者自身による利害の判断を重視する委任論と，代表が有権者の利害について判断する独立論の対立という形で組み込まれている。

また，代表者自体に関する論争とはいったん切り離された形での，代表制民主主義をめぐる論争も盛んである。通常，代表制民主主義といった場合，代表者の選出ルールや，代表者が集まる立法府と行政府および司法府との関係といった制度面での論点も視野に入ってくる。代表をどのように理解するかは，代表者をめぐる制度の理解によっても大きく左右される。

さらにごく最近では，議会などの公式制度における代表に留まらず，有権者が社会運動などによって意思や利害を代表させていく面を強調する，構築主義的と呼ばれる代表論も登場してきている。　　　　　　　　　（早川　誠）

▷5　シィエス（Emmanuel Joseph Sieyès, 1748-1836）
フランスの政治家・思想家。聖職者出身でアベ・シェイエスとも呼ばれる。フランス革命直前に出版したパンフレット『第三身分とは何か』が反響を呼び，三部会に第三身分代表として選出された。

▷6　マディソン（James Madison, 1751-1836）
アメリカ独立革命期に活躍し，第4代合衆国大統領を務めた政治家。ハミルトン（⇨Ⅱ-14）とともに『ザ・フェデラリスト』で論陣を張った。

▷7　ペイン（Thomas Paine, 1737-1809）
イギリス出身の政治著述家で，アメリカ移住後，義勇兵や外務委員会書記として独立に貢献した。独立支持の主著『コモン・センス』は大衆にも広く浸透した。

▷8　⇨Ⅱ-15「バーク」

（参考文献）
早川誠『代表制という思想』風行社，2014年。H. ピトキン（早川誠訳）『代表の概念』名古屋大学出版会，2017年。待鳥聡史『代議制民主主義』中央公論新社，2015年。

アソシエーション

1　アソシエーションの定義

　一般的にアソシエーションとは，集団・団体の一種で，平等な各個人が，何らかの共通の利害や関心の下，自発的な選択によって加入しているものをいう。この場合，自発的選択による所属は，地縁や血縁など選択に基づかない紐帯による所属と対比されている。社会学者のR.マッキーヴァーが『コミュニティ』（1917年）で提示した，コミュニティは村や町や国など人が共同生活を送る一定の領域であり，アソシエーションは社会的存在が何らかの共通の利益を追求するため結合した組織である，とする定義は，現在でもよく引用される。また，アソシエーションを，一方で権力機構である国家と，他方で人々の生計を支え経済活動に従事する企業と区別する場合も少なくない。自発性を特に強調してボランタリー・アソシエーションと表現される場合，一般的にはクラブやサークルなどが典型例として想定される。現代でいえば，社会運動やNGOをイメージすればよいだろう。日本語では，自発的な合意や契約のニュアンスを込めて，アソシエーションを結社や協会などと訳す。現行日本国憲法第21条の**結社の自由**は，英語ではフリーダム・オブ・アソシエーションである。

　ただし，実際にどの集団がアソシエーションの定義に当てはまるかを決めるのは容易ではない。例えば，政党はもともと自発的なクラブの性格をもっていたが，次第に国家という権力機構に不可欠な組織となってきた。また教会も，成立当初は自発性を保っていたにせよ，親からの継承関係によって所属する集団へと変化した。したがって，様々な政治思想史・政治理論上の議論において，そこで言及されているアソシエーションが具体的にどのような性質の集団なのかについては，常に注意しておかなければならない。

2　ルソーとトクヴィル

　アソシエーションは，合意を重視する点で，社会契約などの近代的政治原理と相性が良い。中世ヨーロッパの同業者組合であるギルドなどもアソシエーションの一種だと論じられるが，近代民主主義との関連性に限定すれば，議論の出発点はJ.ロックとJ.-J.ルソーということになるだろう。ロックが『寛容についての手紙』で自発的な宗教的集まりである教会の権利を国家が承認するよう論じたのに対し，ルソーは『社会契約論』で部分的なアソシエーションを否

▷1　結社の自由
結社の形成や結社への加入や結社による活動が国家の干渉なしに行われることを意味する結社の自由は，民主制の重要な条件と考えられる。20世紀アメリカを代表する政治学者で政治的多元主義論を唱えたR.ダールは，市民が政党や利益集団を設立し加入する権利をもつことを民主制の一つの特徴と考えた。他方フランスでは，フランス革命時に，公共性を担うのは国家のみであるとして結社が禁止され，結社が公認されるには1901年のアソシアシオン法成立を待たなければならなかった。

▷2　⇨Ⅱ-5「ロック」

▷3　⇨Ⅱ-9「ルソー」

定した。諸個人の利害が一致する共通要素から生じた一般意志が国家の紐帯を作ると考えたルソーは，意思決定前に人々が集まって相談すると部分的なアソシエーションである徒党が生まれてしまい，その個別意志によって一般意志が損なわれ，結果として一般意志が個別意志に乗っ取られると考えたのである。

他方，アソシエーションの役割を高く評価し，現代まで影響力をもつ枠組みを形作ったのが，A.トクヴィルの『アメリカにおけるデモクラシー』での議論である。トクヴィルにとって，デモクラシーの負の側面は，市民一人ひとりが孤立し無力な状態になることであった。ところが，アメリカでは，市民による政治的アソシエーションが貴族による自然的アソシエーションに代わって専制を防止し，また非政治的アソシエーションが知的精神的活動を促して文明を維持する。つまり，平等化の副作用である諸個人の孤立と国家による専制に対し，様々なアソシエーションで仲間と協力して活動したという経験が，デモクラシーの活力を維持する原動力となっているというのである。

③ 現代政治理論におけるアソシエーション

アソシエーションがデモクラシー活性化の原動力であるというトクヴィルの主張は，現代政治理論においても形を変えて繰り返し出現してきている。20世紀初頭に英国を中心に流行した多元的国家論では，H.ラスキやG. D. H.コールらが，国家主権の強調に抵抗して，教会や労働組合などの政治的重要性を主張した。国家がこれら集団を認可するのではなく，逆にこれら集団が積み重なることで国家が構成されていると考えるべきだという，一種の連邦制的な国家観を示したのである。また，第二次世界大戦後にアメリカ政治科学で有力となった政治的多元主義論では，民主主義にとって重要なのは，様々な**利益集団**の競争を促すことによって特定の権力集団による権力独占を防止することだ，と論じられた。この議論については，大企業だけに視野が限られていて，社会運動などへの目配りが十分になされていないとの批判が後々生じてくる。だが，これもまたアソシエーション論の一つの変奏であることに間違いはない。

その後，20世紀末にソ連・旧東欧の共産主義体制が崩壊した際には，専制的な国家に抵抗する教会などの存在が注目され，国家とも市場とも区別される第三の領域としての市民社会に注目が集まった。この潮流は，NGO・NPOやボランティアに着目する市民社会論として今日に受け継がれ，日本では特に阪神・淡路大震災以降活発な研究・実践がみられる。また，R.パットナムは，アソシエーションに参加することで得られる信頼や協力関係が広く一般的な信頼の向上と協力関係の促進をもたらすという，**ソーシャル・キャピタル（社会関係資本）**論を唱えた。このように，アソシエーション論は，現代政治理論の多くの分野で，その基礎理論としての役割を果たしているのである。

（早川　誠）

▷4 ⇨ II-24「トクヴィル」

▷5 ⇨ III-7「ラスキ」

▷6 **利益集団**
圧力団体とも呼ばれ，目的とする利益の実現のため，政治や世論に働きかける。本来自発的に発生するが，政策決定過程への影響力が増せば，国家との区別は曖昧となる。政治学者のT.ローウィは，大企業などの集団が政府以上の影響力を有し政治を左右することを，「利益集団自由主義」と呼んで批判した。

▷7 **ソーシャル・キャピタル（社会関係資本）**
パットナムは『哲学する民主主義』（1993年）で，イタリア北部諸州政府が南部諸州政府より創造的な政策を有効に執行していると指摘し，原因として，結社による相互扶助や自治が盛んだった北部の歴史を挙げた。この自発的協力の経験により蓄積された市民間の信頼こそ，ソーシャル・キャピタルの実体である。後の『孤独なボウリング』は短期的な社会・経済的要因を重視するが，やはり結社の経験がより広く政治制度一般を下支えするとされる。

参考文献

高村学人『アソシアシオンへの自由』勁草書房，2007年。早川誠『政治の隘路』創文社，2001年。坂本治也編『市民社会論』法律文化社，2017年。R. D.パットナム（柴内康文訳）『孤独なボウリング』柏書房，2006年。

16　ポピュリズム

▷1　吉田徹『ポピュリズムを考える』NHK 出版，2011年。

▷2　ペロン（Juan Perón, 1895-1974）

アルゼンチンの軍人，および政治家。ペロンは労働組合の要求に肩入れして，労働者の強力な支援を受けたほか，中産階層や保守派，カトリック教会など幅広い支持を取り付けることに成功し，1946年の大統領選に当選する。妻のエバ・ペロンの人気もあって，ペロンは1951年に大統領選で再選するも，1955年にはクーデタによってスペインに亡命を強いられる。ペロンは1973年に帰国し，3度目の大統領に就任するものの，就任中に病に斃れた。

▷3　ポデモス（Podemos）
2014年に結党されたスペインの左派政党。党首はパブロ・イグレシアス。左派ポピュリズム戦略によって多くの支持を集め，注目を集めた。

1　ポピュリズムとは何か

　2010年代は，ポピュリズムの十年として記憶されるだろう。欧州やアメリカ，そして南米やそのほかの地域でポピュリズム政権が台頭し，従来の自由民主主義体制は深刻な挑戦にさらされた。ポピュリズムについての夥しい研究が発表されており，この茫漠とした現象の特徴と複雑さがしだいに明らかになってきた。日本のマスメディアでしばしば採用される「大衆迎合主義」という訳語は，もはや不正確であるといっておこう。

　「ポピュリズム」という言葉の起源は1892年に結成されたアメリカの「人民党（People's Party）」，通称ポピュリスト党に遡る。南北戦争後，鉄道会社や銀行，そして大政党に不満をもつ中西部および南部の農民から支持を集め，連邦議会にも少なくない議員を送り込んだ。人民党は短命であったものの，二大政党制に支配されてきたアメリカ政治史の中で，際立った存在感を示している[1]。そのほか，20世紀以降の代表的なポピュリズムといえば，アルゼンチンの**フアン・ペロン**[2]が有名である。日本でもメディアを通じて国民に訴えかける小泉純一郎元首相や大阪府知事などを務めた橋下徹氏らの政治スタイルが，典型的にポピュリスト的であると分析されてきた。

　さらに近年では，ポピュリズムのタイプを右／左のイデオロギーで区別することもある。例えば，移民やマイノリティへの排外主義的な態度で支持を集める右派的なポピュリストとして，フランスの国民連合のマリーヌ・ルペン，英国のブレグジットに影響をもったとされるイギリス独立党のナイジェル・ファラージ，そして第45代アメリカ合衆国大統領のドナルド・トランプがいる。他方で，経済格差を問題視して富裕層を批判し，公正な再分配を求める左派ポピュリズムとして，スペインの**ポデモス**[3]やギリシャの急進左派連合（**シリザ**[4]）などが注目を集めた。

2　ポピュリズムの政治理論

　しかしポピュリズムは「本質的に異論の多い概念」であり，その明確な定義があるわけではない。ポピュリズムという現象へのアプローチも複数存在し，様々な知見が積み上げられている。

　とはいえ，イデオロギーや地域を問わず，ポピュリズムの多くにはいくつか

共通する特徴も指摘されてきた。まず，ポピュリズムは腐敗したエリートを批判し，自らこそが人民の真の代表者であると主張する。また，ポピュリズム政党や運動の中心にはカリスマ的なリーダーがいることが多く，彼らのメディアでの振る舞いや発言に注目が集まる。さらにポピュリズムは，例えばナショナリズムやファシズム，あるいは共産主義のような強いイデオロギーではなく，むしろそれらに寄生するような形で現れる。そのほかにも，人々の感情に訴えるレトリックを多用したり，敵を明確に名指し，批判することで求心力を高めるなど，その動員方法にも特徴があるといえよう。

3 ポピュリズムとデモクラシー

　ポピュリズムとデモクラシーの関係もまた重要な論点である。これについては大きく二つの見解に区別することができる。まず，ドイツ出身の政治学者ヤン＝ヴェルナー・ミュラーは，ポピュリズムの大きな特徴を，一部の人民でもって人民の全体に代えること，すなわちポピュリストが認めた人民のみを真の人民と考えることにあるとし，これはデモクラシーにおける多元主義を損耗させると，ポピュリズムを否定的に評価している。このような議論から，ポピュリズムは人民主権の原理からして民主主義と切り離せないものの，立憲主義や法の支配に基づくリベラル・デモクラシーとは相性が悪いことがわかる。

　他方で，ポピュリズムがデモクラシーを活性化させるとしてこれを肯定的に捉える議論もある。エルネスト・ラクラウは，ラディカル・デモクラシーの立場から，既存の政党政治から疎外されてきた人々に声を与えるものとしてポピュリズムにデモクラシーの可能性をみている。ここでポピュリズムとは，ヘゲモニー戦略によって，集合的なアイデンティティとしての人民を構築することと捉えられている。

　シャンタル・ムフが提唱する「左派ポピュリズム」も，こうした考え方に立脚している。左派ポピュリズム戦略の基本線はおおよそ次のようなものである。すなわち，欧州連合や各国政府が進めてきた新自由主義的な緊縮政策によって，経済格差は途方もないほど拡大し，新しい少数者支配が生じている。この局面において，既得権益層に対抗する勢力をまとめあげ，いっそう公正で民主主義的な再分配を要求しなければならない，と。そして左派ポピュリズムのみが，極右ポピュリズムに対抗し，民主主義の空洞化を食い止めることができるとムフは主張する。

　このように，ポピュリズムがデモクラシーの友か敵かという問題について各方面から検討が続いており，甲論乙駁はしばらく止みそうにない。いずれにしても，ポピュリズムは例外的で一時的な現象というわけではなく，亡霊のように民主主義にたえず付きまとうものだろう。　　　　　　　　　　　　（山本　圭）

▷4　シリザ（SYRIZA）
ギリシャの左翼政党。欧州連合の緊縮政策に反対し，2015年には連立政権を樹立した（2019年の総選挙で敗北）。ポデモスと同様，左派ポピュリズム躍進の象徴となる。

▷5　⇨V-6「ラディカル・デモクラシー」

(参考文献)
水島治郎『ポピュリズムとは何か』中公新書，2016年。
カス・ミュデ／クリストバル・ロビラ・カルトワッセル（永井大輔・髙山裕二訳）『ポピュリズム』白水社，2018年。

熟　議

❶　熟議とは何か

　熟議とは，人々が相互的に理由を交換し，その内容を検討する場[1]を意味する。一般に熟議が必要となるのは，一方の主張がそのままでは受け入れられず，その正当化が必要となった場合である。そこでは，主張を支える理由の提示が求められる。一方が主張を支える理由を提示したとき，相手はその理由に納得する場合もあれば，納得できない場合もありうる。納得できない場合，相手はその点をまた理由をもって示すことが求められる。双方がこうした理由を提示し合う中で合意を創り出していく場が熟議である。

　理由の交換・検討としての熟議では，相互性と誠実さが求められる。まず，熟議は個人の内面で行われる熟慮とは区別される。熟議とは，（仮想ではなく）実際の対話の相手を必要とする相互的な話し合いである。それゆえ，個人が自身の主張の正当化理由を一人で内省することは熟慮であっても熟議ではない[2]。また，他者と話し合う中で実際に合意が成立したことは，直ちに熟議が行われたことを意味しない。なぜならば，情報が隠され，一方が他方を操作している環境で合意が成立した場合，そこでの合意は理由の交換・検討が適切に行われたものとはいえないからである。熟議は参加者の誠実性も要求する。

❷　熟議デモクラシー

　一般にラディカル・デモクラシー[3]と呼ばれる従来のデモクラシー理解に対抗する一群の構想が提示される中，熟議が注目を集めるようになる。従来政治学は，デモクラシーを，利益集約の過程として捉え，各人はあらかじめ利益という仕方で定まった意見をもっていると想定し，その意見が多数決を通じて集計されると理解してきた。利益集約型デモクラシーと呼ばれるこうした理解は，各人が一票を投票することで自らの意思を示す選挙を重要な契機と捉え，選挙により多数派の意見（利益）が示されると考える。これに対して，ラディカル・デモクラシーは，闘技や熟議といった別の観点から，デモクラシーを捉える。

　その中で熟議デモクラシーは，熟議の契機を重視する構想を意味し，利益集約型デモクラシーと大きく二つの点で異なる。第一に，熟議デモクラシーは，その名の通り，多数決による利益の集約ではなく，熟議を民主主義の中心と考える。熟議を通じた意見の反省的問い直しを重視し，みんなが納得できる意見

▷1　本節での熟議理解は，基本的にハーバーマスにおける討議概念を基礎としたものである。ハーバーマス（⇨Ⅲ-13）も参照。

▷2　熟議の原語であるdeliberation には，熟慮（deliberation within）と熟議（deliberation with）の両方の意味がある。熟議デモクラシー論も，決して熟慮の契機を軽視するわけではないが，そうした熟慮が他者とのコミュニケーション，すなわち熟議によって引き起こされることを重視する。

▷3　⇨Ⅴ-6 「ラディカル・デモクラシー」

を作り出すことが目指される。第二に，熟議デモクラシーは，利益ではなく，理由を軸に政治を考える。意見を反省的に問い直すことは，各人がもつ意見の背後にある理由を問うことにほかならず，そこにおいて熟議が必要となる。

　熟議への着目は，利益集約型デモクラシーが，利益という点で各人があらかじめ定まった意見をもつとの想定への批判が企図されている。利益は意見を支える理由の一つにすぎず，そのまま意見となるわけではない。人は，様々な理由を比較考慮する中で，何が利益なのかを反省し，またそうした利益と他の考慮事項との間で揺れ動く。とりわけ，他者とのコミュニケーションを通じて異なる観点に触れ，新たな意見や情報に接することで，揺れは生じる。熟議デモクラシーは，他者とのコミュニケーションである熟議を通じた**意見の変容**を重視し，そのことを基点にデモクラシーを捉え直すのである。

　異なる価値観をもった人と納得して決定を共有するには，自身が支持する意思を単に表明するだけでなく，他の異なる価値観をもつ人もその決定を共有すべき理由があることを示す正当化が求められる。そうした話し合いの中で，人々は，新たな価値観や情報に接し，自身の意見に向き合う機会を得る。正当化の過程として，熟議はみんなが納得できる意見を作り出す話し合いの場であり，そうした場として政治過程を捉える点に，熟議デモクラシーの特徴がある。

③ 批判と応答

　熟議デモクラシーは近年盛んに論じられ，一部その実践すら試みられている。他方，同時に多くの批判も提起されるようになっている。特に，熟議が理性的主張のみを取り上げ，そのことで感情（非理性）的とされる主張が聞き入れられないことから，マイノリティの排除に繋がると批判される。なぜならば，理性／非理性（感情）の区別は往々にして性別や人種といった社会的属性を反映し，マイノリティ排除の正当化に用いられるからである。加えて，熟議の合意志向が，排除を強めるとも批判される。合意志向は，対立状況の解消のためにマイノリティの譲歩，もしくは排除を強いる恐れがある。

　ただし，批判のすべてが妥当するわけではない。熟議デモクラシーは，その内部に多様な構想を含み，批判に応答している。例えば，J.ハーバーマスの理論を範として定式化された二回路モデルでは，合意形成の契機は議会などの政治システムでの熟議に限定される。公共性（圏）では，より自由なコミュニケーションが営まれ，合意よりも多様な観点の発露が重視される。そのため，理性的なものに限定されない感情に訴える手法で，人々の関心を集めることも許される。二回路モデルは，理由を蓄積し，公論へと高める公共圏と，その公論をアジェンダとして取り上げ，議論を通じて法制定を行う政治システムを区別することで，より包摂的構想を示している。熟議デモクラシーは，批判に応答しつつ，より精緻な理論を今なお，展開している。　　　　　（田畑真一）

▷4　意見の変容
熟議を通じて新たな情報や観点を知ることで，自らの意見を修正し，変えること。このことは，熟議の参加者がそれ以前にもっていた選好を変化させることから「選好の変容」とも呼ばれる。

▷5　市民陪審やコンセンサス会議などの実践が世界各地で行われている。日本では原子力発電への依存度を問う討論型世論調査などの実践がよく知られている。実例については，篠原一編『討議デモクラシーの挑戦』岩波書店，2012年を参照。

▷6　こうした批判は，同じくラディカル・デモクラシーの中でも闘技を重視する立場からとりわけ提起される。ラディカル・デモクラシー（⇨V-6）の闘技デモクラシーを参照。

▷7　⇨V-27「公共性」

（参考文献）

篠原一『市民の政治学』岩波書店，2004年。田村哲樹『熟議の理由』勁草書房，2008年。ジェームズ・S.フィシュキン（曽根泰教監修，岩木貴子訳）『人々の声が響き合うとき』早川書房，2011年。

ファシズム・全体主義

▷1　ムッソリーニ（Benito Mussolini, 1883-1945）

イタリアの政治家，ファシズム指導者。第一次世界大戦後ファシスト党の母体を創立し，クーデタにより1922年に政権を獲得。独裁政治をしくも，45年パルチザンに捕らえられ処刑された。

▷2　ヒトラー（Adolf Hitler, 1889-1945）

ドイツの政治家，ナチス党党首。1919年ナチスの前身であるドイツ労働者党に入党。21年党首に就任し，全権を掌握。激烈な反ユダヤ主義を唱えた。33年首相に

1　ファシズム

　ファシズムは，古代ローマの公的権力の表徴であった棒束の名称に由来し，それが転じて「結束」を意味するようになったイタリア語ファッショ（fascio）を語源としており，1922年から43年までイタリアを支配した**B. ムッソリーニ**[41]の「戦闘ファッシ」が生んだ名称である。そして，1920年代には，すでに各国に多数の類似した運動が誕生しており，例えばドイツのナチス党，ルーマニアの鉄衛団の運動なども「ファシズム」と呼ばれたし，大政翼賛会成立以降の戦前日本の体制もそう呼ばれることがある。ファシズム運動に共通する特徴としては，①「指導者原理」を組織原理とし，②制服を着用した政治的暴力の専門部隊を備え，③運動の主たる基盤を巨大資本と社会主義的労働運動に挟撃された広義の中間階層に見出し，④運動の指導者層に，第一次世界大戦の「軍人崩れ」を中心として，社会からの脱落者集団を集めた点などが指摘されている。

　1933年に**A. ヒトラー**[42]が政権につき，ナチス体制が成立したことは，ファシズム史上の画期的出来事となり，ナチズムの運動と体制がファシズムの典型であるとする見方が広がった。大戦後に明らかとなったナチスの凄まじい暴虐は，「ファシズム＝悪」という意識を生み出し，「ファシズム」というレッテル貼りは，強い道徳的非難の機能を果たすこととなった。しかし，ファシズム運動のあり方は極めて多様で，矛盾と逆説に満ちた現象であり，何らかのモデルを立てて一般化することには慎重さが求められる。

2　全体主義

　全体主義は，1920年代前半にムッソリーニがファシズム運動を展開する中で用いた言葉に由来するが，主には反ファシズム勢力により，ファシズムを批判する文脈で使われた。そして，全体主義概念は，1939年の独ソ不可侵条約締結以降，ドイツのナチズムとソ連のスターリン主義の支配の共通性を抽出して告発するために用いられるようになった。H. アーレントやC. J. フリードリヒ[43]などが代表的な論者であり，「全体主義」の特徴としては，①大衆の自発的服従を得るためのイデオロギーの支配，②単一の独裁政党による支配，③党やイデオロギーにも優越するカリスマ的指導者による統合，④組織的な大量殺戮などが挙げられ，これらの点でナチズムとスターリン主義の支配体制は同質とされた。

全体主義論は，1950年代以降，東西冷戦対立が深まる中で，米国を中心とする「自由主義」陣営が共産・社会主義体制一般を攻撃するための反共主義のレトリックとして流布するようになり，それ自体がイデオロギー化していった。そこでは，「全体主義」とファシズム，共産主義の関連づけの仕方に混乱がみられるほか，視野を単なる支配形態のレベルに狭めた結果，ファシズムや共産主義内部における権力アクター間の相克関係がみえにくくなるなど，社会的現実の把握を阻害する要因ともなった。

3 理論的課題

「ファシズム」も「全体主義」も，ムッソリーニのファシズム運動に端を発するが，理念的中心をもつ共産主義とは異なり，ファシズムのあり方は，それが誕生した場所に固有の条件に左右される多様なものである。それは「相互に関連しつつも対立するイデオロギーと実践との矛盾に満ちた総体」（K.パスモア）というほかないものであるため，ファシズムの統一的な定義やモデルを構築することは極めて困難である。したがって，支配形態の観点からファシズムを類型化しようとする全体主義論にも，自ずと限界が生じることとなった。

他方，何らかの観点から「ファシズム」を類型化しようとしてきた，これまでのファシズム論や全体主義論の試みは，「ファシズム」が猛威を振るった両世界大戦の時代経験に反省的に向き合おうとする真摯な取り組みでもあった。例えば，ドイツやイタリアとの比較において，戦前日本の軍国主義を「ファシズム」の一種と特徴づけた丸山眞男は，主体的な決断のないまま，ズルズルと「ファッショ化」していった点を問題視したが，それはありうべき将来のファッショ化に対する警戒心に裏打ちされたものであったし，戦後の米国の**マッカーシイズム**を，「自由主義」体制下における，新たなファッショ化傾向を示すものと喝破する視座をもっていた。

また，藤田省三は，全体主義論を反共攻撃用にのみ用いようとする傾向を批判し，日本の高度成長期の管理社会批判に繋げた。不快の源そのものの一斉全面除去を願う心の動きを，かつての軍国主義における異質な人々の一掃殲滅になぞらえ，生活様式における「安楽への全体主義」に警鐘を鳴らした。

かつての「ファシズム」や「全体主義」のような露骨な暴力を伴わない形における「新たな全体主義」（J.P.ルゴフ）に対する視線を鋭くする上で，ファシズム論や全体主義論を引照する意義はなくならないだろう。ネオナチなど，かつての「ファシズム」と何らかの共通点をもつ極右勢力が何度もリバイバルする現下の状況に鑑みれば尚更である。ただし，極右勢力をかつての「ファシズム」と同一視する安易な道徳的非難は，「ナチズムとは異なる」というそれ自体としてはもっともな反論を招き，本来焦点を合わせるべき問題状況を却ってぼかしてしまう危険があることにも自覚的であるべきである。　（遠藤泰弘）

就任して独裁政治をしき，第二次世界大戦を引き起こすも，45年降伏に先立ち自殺。

▷3　⇨Ⅲ-9「アーレント」

▷4　⇨V-8「コミュニズム」

▷5　⇨Ⅵ-8「丸山眞男」

▷6　マッカーシイズム（MaCarthyism）
1950年代はじめに，米国共和党上院議員 J.R.マッカーシーが行った，政敵攻撃のための反共デマゴギー活動を指す。民主党政権下の国務省に共産主義スパイ網が形成されているという中傷であったが，メディアの注目を浴び，上院の政府活動特別調査委員長に就任するなど権勢を誇った。しかし，54年の対陸軍議会聴聞会で主張の虚偽性が明らかとなり，以後その影響力は失われた。

（参考文献）
山口定『ファシズム』岩波書店，2006年。H.アレント（大久保和郎訳）『全体主義の起原』全3巻，みすず書房，1974年。K.パスモア（福井憲彦訳）『ファシズムとは何か』岩波書店，2016年。藤田省三『全体主義の時代経験』みすず書房，1995年。J.P.ルゴフ（渡名喜庸哲・中村督訳）『ポスト全体主義時代の民主主義』青灯社，2011年。

ナショナリズム

❶　ナショナリズム：「エスニック」か「シヴィック」か

　ネイションの「起源」については諸説あり，「国民国家（nation-state）」の黎明期には，ヨハン・ゴットリープ・フィヒテやエルネスト・ルナンといった思想家がナショナリズムについて優れた議論を展開した。世界が「国民国家」の時代に本格的に移行する20世紀に入り，ナショナリズム研究もさらに深化した。とりわけ第二次世界大戦頃のヨーロッパでは，全体主義が社会に浸透しだしており，ナショナリズム研究はそのことと不可分であった。ありていに言えば，ナショナリズムがもつ「性格」や「性質」は，西洋文明社会にとっての脅威なのかといった問題意識があったのである。

　そうした中で**ハンス・コーン**は，著書『ナショナリズムの理念』（1944年）において，あらゆるナショナリズムが暴力や抑圧を伴い，戦争の原因をもたらすのではないと主張し，ナショナリズムを二つに大別した。よく知られる「西欧型」／「東欧型」という分類である。「西欧型」は，イギリスやフランスなど「市民革命」を経験した諸国で生じたナショナリズムである。これは階級や宗教などにかかわりなく同一の政府や法の下で暮らす「市民」の共属意識であり，個人の自由や平等という理念と矛盾しない。他方で「東欧型」は，ドイツやロシアなどライン川以東の地域で生じたナショナリズムである。それは歴史，伝統，神話，言語などの前政治的な属性を共有する「民族」のナショナリズムであり，ゆえに排他的な傾向を有するというのだ。

　こうしたコーンの理念的な類型は数々の批判を浴びながらも，大枠としては踏襲されてきた。例えば，**マイケル・イグナティエフ**は著書『民族はなぜ殺し合うのか』（1993年）において，ナショナリズムを，共通の祖先や歴史的経験や固有の文化などを基盤とし，排他的性格を有する「エスニック・ナショナリズム」と，歴史的・文化的出自や宗教的信条が異なっていても，自由民主主義の価値や理念に基づき，各人をネイションの一員として迎え入れる包摂的な「シヴィック・ナショナリズム」とに分類した。要するに，ネイションという集団が何を核としてまとまるのかが問題なのであり，自由民主主義という価値や政治原理を中心にまとまるのが健全で包括的な「西欧型」＝「シヴィック」なネイションであり，歴史や伝統や血統といった属性に基づいてまとまるのが不健全で排他的な「東洋型」＝「エスニック」なネイションだというわけである。

❷ シヴィック・ナショナリズム批判とリベラル・ナショナリズム

　冷戦の終結以降，1990年代に各地で生じた凄惨な民族紛争に鑑みれば，文化や伝統といった属性ではなく，自由民主主義の価値といった抽象的な理念をその核とする「シヴィック・ナショナリズム」のほうが一見すると包摂的で，望ましいように思われる。だが，本当にそうであろうか。

　例えば，ウィル・キムリッカは，純粋な意味で「シヴィック」なネイションなどありえないという。「シヴィック」なネイションの典型だとされるアメリカやフランスも，「自由」や「平等」といった理念やそれを具現化する政治原理に対する同意だけに基づいて人々をネイションに統合してきたわけではないからだ。キムリッカは，そうした国々が共通語の普及に腐心してきた点を指摘する。とりわけ公的な場面において，フランスであればフランス語，アメリカであれば英語の使用が奨励され，場合によっては強制された。それは，エスニックな動機ではなく，自由民主主義という価値に拠って立つ社会を営むうえで不可欠だという認識の下になされたのである。そうであれば，純粋に「シヴィック」なネイションなどありえず，むしろ「シヴィック」であるためにこそ，一定の「エスニック」な要素が求められるというのだ。

　こうした「シヴィック・ナショナリズム」と「エスニック・ナショナリズム」の二分法を乗り越え，両者を架橋しようという立場が，「リベラル・ナショナリズム」と呼ばれる立場である。その代表的論客として，キムリッカをはじめ，**デイヴィッド・ミラー**，マーガレット・カノヴァン，ヤエル・タミールなどが挙げられる。論者によって議論に若干の相違がみられるものの，彼らの問題意識は概ね，自由民主主義の政治原理といった抽象的なものを下支えする動機にある。言い換えれば，リベラル・ナショナリズム論とは，個人の自由や平等，民主主義といった価値と対立するものだとみなされていたナショナリズムを，むしろ自由民主主義の政治原理を下支えする一つの条件だとみなし，規範的な観点からその役割を一定程度肯定的に評価しようとする試みなのである。

　現在では，リベラル・ナショナリズムの議論は，政治哲学において，大枠としてはある程度の合意を獲得してきているといってよかろう。ただ，ナショナリズムには選別や排除がどうしても含まれる。ゆえに，そうした原理をリベラルな観点からどのように理解すべきかが絶えず問われなければならない。それは，理論的には「リベラル・ナショナリズム」そのものをどのように解釈すべきかということであり，具体的には，例えば移民の受け入れやグローバルな貧困といった，世界が直面する諸問題にどのように対処すべきかという問いにも繋がる。「自国第一主義」を掲げる国々が増えている中，ナショナリズムをめぐる規範的な考察はますます重要になっているのである。　　　（白川俊介）

▷6　この点について，自由民主主義の価値や理念についての合意を，憲法構成価値についての合意と読み替えれば，シヴィック・ナショナリズムはユルゲン・ハーバーマスの「憲法パトリオティズム」と重なるところも大いにある。⇨ V-26 「憲法パトリオティズム」

▷7　⇨ IV-5 「キムリッカ」

▷8　ミラー（David Miller, 1946-）イギリスの政治哲学者。社会正義論に関する著作のほか，グローバル正義論や移民正義論などについての著書多数。

▷9　⇨ V-24 「グローバル・ジャスティス」

（参考文献）
A. D. スミス（巣山靖司・高城和義ほか訳）『ネイションとエスニシティ』名古屋大学出版会，1999年。D. ミラー（富沢克ほか訳）『ナショナリティについて』風行社，2007年。W. キムリッカ（岡崎晴輝ほか訳）『土着語の政治』法政大学出版局，2012年。Tamir, Y., *Why Nationalism*, Princeton University Press, 2019.

20 寛　容

1　迫害と寛容

　ヨーロッパにおける寛容の概念は、「忍耐」を意味するラテン語の tolerantia に由来する。その基本的意味は、自分と異なる意見を許容することである。政治思想史において寛容は、宗教的迫害と関連して論じられることが多かったが、その際一つの社会内で強者が、宗教的理由から弱者を迫害できるという状況で、かかる権力の行使を控えるべきだという要請の正当性が問題となる。

　迫害と寛容の問題は、キリスト教の歴史の中で顕在化した。古代ローマ帝国においてユダヤ教内の少数派であったキリスト教徒は、伝統宗教を奉じる人々からの激しい迫害を耐えたが、やがて寛容を獲得し、**テオドシウス1世**の時代に国教化する。体制化したカトリック教会は、異端との関係で迫害と寛容の問題に直面した。古代教父アウグスティヌスは、北アフリカのヒッポの司教であったとき、異端派の**ドナティスト**の処遇で苦悩した。良心を強制することは無駄だと考えたアウグスティヌスは、当初は暴力ではなく討論によって論敵と対峙したが、ドナティストが社会秩序を脅かしたゆえに呼び込んだ世俗権力による介入が一定の成果をあげると、国家権力による弾圧を許容するようになった。彼が「正しい迫害」の存在を認めたことで、それ以降のキリスト教の歴史においてアウグスティヌスの権威が迫害の正当化に利用されることになる。

2　近代国家と政治的寛容

　教会内権力の問題だった正統と異端の問題は、近代の宗教改革と反宗教改革の時代になると、宗教的理由に訴える内戦と戦争の問題に発展した。近代主権国家はこの危機に対する一つの回答であったが、それはある副作用を伴っていた。つまり、単一の権威による統治を志向する近代国家は、権威の正当化のために単一の体制宗教を求める傾向があったが、それが宗教的迫害や弾圧を生み、その反発が革命的運動を生むと、政治秩序が再び動揺することになった。

　16世紀には統治術のレベルで、妥協の産物としての政治的寛容を主張する、ボダンのようなフランスの**ポリティーク派**や、**リプシウス**のような**国家理性論**者が現れた。彼らは、単一の国教の確立が正しいという主張は曲げないで、平和や安寧という公共的利益の確保のために宗教的少数派の存在を、公共の安全を犯さないという条件つきで許容するという政策を提唱したのである。少数派

の寛容は，人口増加や経済的繁栄といった，軍事力をはじめとする国力の増強に資するという議論も展開されていた。

　こうした政治的寛容は，1598年の**ナントの勅令**のような一定の成果をあげたが，政治的妥協による均衡には，政治権力によって簡単に覆される危険性がある。実際，ナントの勅令は1685年にルイ14世によって廃止され，その結果カトリックによるユグノーの迫害が激化した。この頃オランダに亡命中であったロックは『寛容についての手紙』を執筆し，国家と教会の分離という意味での政教分離の原則を唱えた。国家は国民の生命や財産の保全のために強制力を振るう団体であるが，各人の魂の問題には関与できない。他方，教会は個人の魂の救済のためにある自発的結社であり，その成員を世俗的な意味で統治できない。二領域の分離が，両者にとって有益であり，それらを一致させれば，国家統治は腐敗し教会は堕落することになる。こうしたロックの寛容論は，これ以降極めて強い影響力をもつことになるが，特定の立場，つまりプロテスタンティズムに依拠する政治的寛容論でもあった。これは無神論者とカトリックが，寛容の対象から除外されていたことに表れている。ただしこれは教義の問題である以上に，当時の国際政治を考慮した政治的判断の所産でもあった。

　同時期にフランスで寛容論を展開したのが**ベール**である。カトリックとユグノー双方にある過激派と対峙しつつ，穏当な懐疑主義の立場をとるベールは，人間精神の限界ゆえに普遍的な宗教合同は不可能だと主張した。理性の可謬性を指摘する彼は，人間が立場の交換を通じて，社会の一般原則を考えるべきだとする。もしも異端の迫害が正しいとされるなら，今たまたま正統とされる者も，異端とみなされることになれば，今度は迫害を被る。この前提で社会が統治されるなら，暴力的対立が止むことはないだろう。こうして，理性の限界を指摘しながらも，一定の普遍的理性の働きが人間にはあり，それゆえ無神論者でさえも寛容されるべきだ，という主張をベールは唱えた。

❸　寛容論からリベラリズムへ

　18世紀ではヴォルテールが，宗教的迫害による冤罪事件（カラス事件）を告発し，人間が啓蒙されるなら不寛容はやがて消えるだろうという，理性的な人間性に訴える議論を展開した。19世紀ではJ. S. ミルが，他者に危害を与えない限り個人はどんな信条を表明してもよいし，自分独自の生き方を追求する自由があると主張した。こうして，宗教的対立を緩和するためにあった寛容論は，その議論を一般化しながらリベラリズムの伝統の一部となっていった。ただし，寛容は迫害を前提とするという論点を忘れると，寛容の主張は，現にある権力関係を隠蔽する機能をもつ危険性がある。寛容は，本来なら消え去るべきものかもしれないが，人間の現実がそれを許さないなら，政治的妥協としての寛容という考え方の意義は残り続ける。　　　　　　　　　　（山岡龍一）

るなら非倫理的手段も許されるとする考え。ボッテーロ『国家理性論』（1589年）が代表的著作。研究としては，マイネッケ『近代史における国家理性の理念』（1924年）がある。

▷8　**ナントの勅令**
1598年にアンリ4世が出した，条件付きであるが，ユグノーの信仰を認める法令。ユグノーへの寛容により，フランスの国家財政が改善された。

▷9　⇨ Ⅱ-5「ロック」

▷10　**ベール**（Pierre Bayle, 1647-1706）
フランスの哲学者。著作に『彗星雑考』（1683年）や『歴史批評事典』（1696年），寛容論として『「強いて入らしめよ」というイエス・キリストの言葉に関する哲学的註解』（1686-87年）がある。

▷11　⇨ Ⅱ-8「ヴォルテール」

▷12　⇨ Ⅱ-26「ミル」

▷13　⇨ V-2「リベラリズム・ニューリベラリズム・ネオリベラリズム」

（参考文献）

ジョン・ロック（加藤節ほか訳）『寛容についての手紙』岩波文庫，2018年。『寛容論集』（ピエール・ベール著作集第2巻），法政大学出版局，1979年。宇羽野明子『政治的寛容』有斐閣，2014年。ウェンディ・ブラウン（向山恭一訳）『寛容の帝国』法政大学出版局，2010年。山岡龍一「政治的リアリズムの挑戦」『ニュクス』No. 4，2017年。川出良枝「政治的寛容」『思想』2019年第7号。

シティズンシップ教育

1　論争的概念としてのシティズンシップ教育

シティズンシップ教育とは，シティズン（市民・公民）たる資質をいかに教育するかを表す言葉である。最近の日本では，主権者教育や政治教育という言葉もよくみかける。議論の背景の一つには，18歳選挙権の開始がある。

しかし，シティズンシップ教育は，投票行動の促進といった狭義の主権者教育に留まらない。そもそもシティズンシップ概念自体が多義的であり，そこでは常に市民たることの資質・内容や市民の範囲が問われるからである。

例えば，政治的共同体への責務や参加が価値化される古典古代的な公民的共和主義に立つシティズンシップと，責務よりも権利に強調点をおく近代的な自由主義に基づくそれとでは理解が大きく異なる。さらに，後者においても，その権利の内実は18世紀以降，市民的権利（人身・言論・財産などに関する権利），政治的権利（参政権），社会的権利（福祉・教育・労働に関する権利）と発展してきた。近年では，多文化主義やフェミニズムが取り上げるような社会における民族的・文化的多様化や，地球環境問題のようなグローバル・イシューの顕在化を反映して，市民の範囲が問題化している。かくして，シティズンシップとして何が教育されるべきかは論争的な問題なのである。

2　『クリック・レポート』とシティズンシップ教育

現在，シティズンシップ教育論として通常念頭におかれる1990年代以降の議論では，主に福祉国家体制と国民国家体制との揺らぎが問題とされた。そこでは一方で，第二次世界大戦後に発展した公助を中心とする福祉国家の理念と，それに対する批判から自助や共助を強調した新自由主義・新保守主義とを前に，「第三の道」におけるシティズンシップの理念が求められた。他方では，移民の増大などで民族的・文化的な多様化が進み，国民国家としての同質性が自明視できなくなった中で，いかに社会的紐帯を再構築するかが問われた。

1998年にイギリスの政治学者 B. クリックを中心としてまとめられ，当時のブレア労働党政権に提出された『クリック・レポート』も，こうした試みの一例である。その核をなす理念は「活動的シティズンシップ」であり，その教育には，①社会的・道徳的責任感の育成，②奉仕活動など地域社会への参加，③公的生活において効果的に活動するための知識・技能・価値観の複合体である

▷1　なお，古典古代のシティズンシップについては，古代ギリシアでは共和主義的側面が強かったが古代ローマではそれは弱まるという指摘もある。この点も含め，シティズンシップ概念の歴史的展開については，例えば，山崎望「シティズンシップ」古賀敬太編『政治概念の歴史的展開』第6巻，晃洋書房，2013年を参照。

▷2　⇨ V-2 「リベラリズム，ニューリベラリズム，ネオリベラリズム」

▷3　クリック（Bernard Crick, 1929-2008）イギリスの政治学者。ロンドン大学政治経済学校（LSE）で H. J. ラスキ（⇨ Ⅲ-7 ）と M. オークショット（⇨ Ⅲ-10 ）の薫陶を受け，二人への批判を踏まえて著された『政治を擁護して』（邦訳名『政治の弁証』）は各国で翻訳され，ロングセラーとなった。「活動的シティズンシップ」や「妥協」を核とする彼の政治観はすでにこの初期の代表作に明確に示されている。

▷4　以下，『クリック・レポート』については，蓮見二郎「市民教育」（岡崎

政治リテラシーの習得が重要だとされた。

しかし，注意すべきは，ここで目指されているのが言葉の最も広い意味での公的生活において活動的であることである。この場合の公的生活とは，政府や法，国家構造といった社会の政治的側面だけでなく，道徳的側面や，公共サービス・税制・公的支出・雇用に関わる経済的側面，さらには環境や持続的発展に関わる側面をも含む。また，「活動的市民」は「善き臣民」とだけでなく「善き市民」とも区別される。そこでは，自己の生活が公的生活と深く関わることを自覚した上で，法と正義とを区別し，公的生活における争点について現状を批判的に検討して，他者と協働しながら平和裡にかつ責任をもってその争点を解決し，社会を変革していくことが求められる。

例えば，クリックによれば，「活動的市民」に求められるのは，福祉に関する権利を自明視せず，また，従来の道徳観に立って自助や奉仕活動の重要性だけを強調することもせず，自助・共助・公助の関係それ自体を協働して考え直す姿勢である。また，民族的・文化的多様性に関しても，既存の道徳や価値観を一方的に押しつけるのではなく，逆に異なる価値観の並存を無批判に放置するのでもなく，共通の社会規範をともにつくり上げていく姿勢が求められる。

ここで決定的に重要なのは，①他者の価値観に不賛成な場合，それを受け止めつつも相手に理由を示してその非を説得しようとする寛容の精神と，②多様な主体が討論を通じた妥協や調停を重ねながら暫時的に共通目的を設定し，協働して秩序を形成する営為を政治とみ，そこに自由をみる政治観である。こうした態度や価値観を身につけるには，それらが理屈で教えられるだけでなく，現実の論争的問題について実際に議論し参加し責任を負う機会をもつことが必須とされる。そこでは教員が特定の主義主張を真理として教化することは許されないが，道徳的な価値や推論自体は議論の土台として重視される。

③ 日本における状況と課題

日本においても，小玉重夫をはじめ，福祉国家体制と国民国家体制の双方の揺らぎに対応するシティズンシップ教育の必要性は論じられてきた。貧困や福祉をめぐる自己責任論や家族主義の根強さ，在日コリアンやニューカマーなどの定住外国人の問題，また，改正教育基本法における公共心・愛国心の強調や最近の道徳の教科化を考えても，こうした議論は重要である。そこで最も大切になるのは，クリックのいう「活動的市民」が「善き臣民」とも「善き市民」とも異なることの自覚だろう。そもそも「人間であること」と「市民であること」の関係をどうみるかという重大な問題もある。敗戦直後，「無責任の体系」に陥った戦前の天皇制を批判して，丸山眞男は「規範創造的な自由」の重要性を説いた。そうした戦後民主主義の伝統も踏まえながら，われわれ一人ひとりが「市民たること」に何を求めるかが，いま問われている。　　　（平石　耕）

晴輝ほか編『はじめて学ぶ政治学』ミネルヴァ書房，2008年），宇野重規「政治教育」（苅部直ほか編著『政治学をつかむ』有斐閣，2011年）も，よい入り口となる。『クリック・レポート』の邦訳としては長沼豊ほか編著『社会を変える教育』キーステージ，2012年がある。

▷5　以下，クリックのシティズンシップの理念，それと H. アーレント（⇨Ⅲ-9）や I. バーリン（⇨Ⅲ-11）との思想的関係については，平石耕「現代英国における『能動的シティズンシップ』の理念」『政治思想研究』第9号，2009年を参照。

▷6　現代日本における貧困・定住外国人問題に関する一つの導入として，湯浅誠『反貧困』岩波新書，2008年，田中宏『在日外国人（第3版）』岩波新書，2013年。

▷7　この問題は戦後の政治思想研究および教育学ではしばらくのあいだ強く意識された。一例として，堀尾輝久『現代教育の思想と構造』岩波書店，1971年。また，Ⅵ-7「『戦後』」も参照。

▷8　⇨Ⅵ-8「丸山眞男」

（参考文献）

小玉重夫『シティズンシップの教育思想』白澤社，2003年。バーナード・クリック（関口正司監訳）『シティズンシップ教育論』法政大学出版局，2011年。

22 主　権

▷1　⇨Ⅱ-2「ボダン」

▷2　⇨Ⅱ-3「ホッブズ」

▷3　**ポリティーク派**
ユグノー戦争（1562〜98年）において，対立するプロテスタントとカトリック強硬派のいずれにも与しない第三勢力を形成したカトリック穏健派。宗派間の信仰対立を棚上げし，強力な君主の下での国内平和の回復を優先すべきことを主張した。

▷4　**ウェストファリア条約**（1648年）
三十年戦争（1618〜48年）の講和条約。ドイツの領邦諸侯に自らの領土内で宗教を決定する権限を認め，「領土を支配する者が宗教を支配する（Cuius regio, eius religio）」という原則が最終的に確定された。これにより，教会権力から自立した世俗の権力者が自国内での排他的支配権を確立し，近代的な主権国家体制の基礎が形作られたとされる。

▷5　⇨Ⅱ-5「ロック」

▷6　**ブラックストン**
（William Blackstone, 1723-80）
イギリスの法学者。主著『イギリス法釈義』（1765-69年）は，イギリスのコモン・ローに関する初めての体系的な研究として名高い。

▷7　⇨Ⅱ-26「ミル」

▷8　⇨Ⅱ-27「バジョット」

1 近代主権概念の誕生

　近代国家の本質的要素としての主権の概念を初めて提起したJ.ボダンは，主権を「国家の絶対的かつ永続的な権力」（『国家論』第1巻第8章）と定義している。国家は主権を有することで，他の社会的諸勢力に対して優越し，支配のヒエラルキーを打ち立てることができる。ボダンは主権を構成する諸権限を列挙しているが，中でも重要なのは立法権である。近代国家は，中世のように宗教や道徳によってではなく，主権者が自ら制定した法を通じて支配されるのである。ボダンが主権者を制約する神法や自然法の存在をなお認めていたのに対し，T.ホッブズは主権の絶対性をより徹底することで，中世的な伝統から決定的に手を切ることになった。主権は「分離不可能」（『リヴァイアサン』第18章）とされ，主権者は他のいかなる法にも従属しない国家の「唯一の立法者」（同第26章）として，支配の正統性を独占するのである。

　主権概念の誕生の背景となったのは，16〜17世紀のヨーロッパの宗教戦争である。フランスのユグノー戦争の際に穏健派の**ポリティーク派**に属していたボダンも，イギリスのピューリタン革命を間近で経験したホッブズも，異なる正義や宗教的信念の衝突が際限のない戦禍の拡大をもたらすことを痛感していた。それゆえ彼らは，宗教や教会から自立した世俗の支配者に法を創出する主権権力を一手に委ねることで，秩序の回復を目指したのである。こうして自らの領土内で排他的な権限をもち，対内平和を維持する主権者の存在を前提として，**ウェストファリア条約**以降の主権国家中心的な国際秩序が形成される。

2 人民主権論の発展

　主権概念の誕生に伴い，主権の担い手は誰かという点も大きな議論の的となる。ホッブズは国王を主権者とする君主制が「国民の平和と安全」にとって最適の政体と考えていたが（同第19章），その後のイギリスでは議会主義の強い伝統の中で，議会主権の思想が定着していく。J.ロックや**W.ブラックストン**は，国王・貴族・庶民の代表から成る立法府としての議会に最高権力を見出し，こうした議会重視の考えは19世紀以降もJ.S.ミルやW.バジョットに引き継がれる。ただしロックにおいては，単なる議会主権を超えて，人民主権の思想も見て取ることができる。彼は，人民の信託に背いた立法府を人民が廃棄し，新

たな立法府を設ける権利を擁護するのである（『統治二論』第19章）。この抵抗権の思想は，アメリカ独立革命の理論的支柱の一つとなった。

　議会主権ではなく，人民主権へ向けて思考を徹底したのがJ.-J.ルソー[9]である。彼にとって，人民の一般意志からなる主権は，譲渡することも代表することもできない（『社会契約論』第3編第15章）。ここから，主権はいかなる代表者も必要とせず，ただ人民のうちにのみ存するとするルソーの急進的な直接民主主義の立場が出てくるのである。他方，フランス革命期には，E.シィエスが[10]ルソーよりも穏健な人民主権論を展開している。シィエスが提起するのは，人民による直接的支配ではなく，憲法制定権力と通常の立法権力との区別である（『第三身分とは何か』第5章）。彼の議論に従えば，人民は憲法制定の際に構成的権力として主権を発動するが，通常の立法においては人民は立法府に権力を委託する。他方，あくまでも構成された権力にすぎない立法府は，人民主権の体現である憲法に手を付けてはならないとされる。

　通常の立法の上位に立つ憲法制定権力という理論は，20世紀になるとC.シュミットの決断主義的な主権理論へと繋がっていった。彼によれば，例外状態における主権者の決断は通常の法を超えるが，それは憲法秩序の存立そのものを守るための独裁として正当化される。だが，このように法規範を超えた主権者の非合理的な決断を称揚するシュミットの理論は，憲法を防衛するというよりは，国家権力に課されていた憲法上の諸制約が権力者によって恣意的に廃棄されてしまう危険を孕んだものであった。

3 主権概念の限界

　主権の概念に対してはかねてから批判も多く，全能の主権という想定は虚構にすぎないとの指摘も数多くなされている。主権者は常に経済的諸条件に従ってきたのであり，その逆ではないとK.マルクス[11]が主張していたのをはじめ，H.J.ラスキ[13]も主権の下での統一を前提とする「国家一元論」を退け，国家を他の諸々の社会的な結社や団体と同等の地位に置く「多元国家論」を提起している。M.フーコーは「統治性」[14]についての分析の中で，近代の権力メカニズムは，主権や法ではなく，むしろ個人を規律化する技術，および人口全体の安全を管理する統治術をめぐって展開されてきたと考えている。

　また，20世紀になると国際連盟や国際連合などの超国家的な制度の発達によって，旧来の主権国家中心的な国際秩序のあり方も変容していく。そうした中で，例えばH.ケルゼンは，国法に対する国際法の優位という立場から，「諸国家の主権というドグマの克服」[15]を主張した。さらに今日では，普遍的人権を保護するための人道的介入や国際刑事司法の登場に伴い，主権を領土内での排他的な支配権限ではなく，自国民に対する責任として定義する**保護する責任**(Responsibility to Protect)[16]」の考え方も出てきている。　　　　（大竹弘二）

[9] ⇨ Ⅱ-9「ルソー」

[10] ⇨ V-14「代表」

[11] ⇨ Ⅱ-22「マルクス」

[12] マルクス「哲学の貧困」『マルクス・コレクションⅡ』筑摩書房，2008年，231頁。

[13] ⇨ Ⅲ-7「ラスキ」

[14] ⇨ Ⅲ-12「フーコー」，V-13「統治性」

[15] Hans Kelsen, *Das Problem der Souveränität und die Theorie des Völkerrechts*, Reinheim 1960 [1920], S. 320.

[16] **保護する責任**
カナダ政府の主導する「介入と国家主権に関する国際委員会（ICISS）」が2001年の報告書で提起した考えで，2005年に国連首脳会合の成果文書に盛り込まれ，国連総会で採択された。

参考文献
ラスキ（渡辺保男訳）「主権の基礎」『世界の名著60』中央公論社，1970年。カール・シュミット（新田邦夫訳）『大地のノモス』慈学社出版，2007年。篠田英朗『「国家主権」という思想』勁草書房，2012年。

23 正しい戦争

① 正しい戦争？

　正しい戦争とは何かをめぐる政治思想は，正戦論と呼ばれる伝統を形づくってきた。正戦論とは，戦争においても正・不正の道徳的判断を行うことができるという前提の下，現実の戦争をより正しいものとより不正なものとに選り分ける一連の基準を示すことで，戦争そのものの範囲と強度に制約を設けようとする理論である。これは，一方であらゆる戦争は本来的に不正であり決して許されないとする平和主義とも，他方で戦争の是非は道徳的判断の対象には馴染まないとする現実主義とも異なる。戦争の正・不正を，白か黒かではなく，相対的なグラデーションとして描くところに正戦論の特徴がある。

　正戦論を初めて体系化したのは古代ローマ帝国末期のキリスト教父アウグスティヌスであるといわれる。彼はキリスト教の国教化を背景に，戦争の目的と手段に限定を加えることで，宗教上の非暴力主義とキリスト教徒の従軍との間に折り合いを付けようとした。この意味で，正戦論は神に命じられた神聖なる戦争，すなわち聖戦や十字軍の考え方とは異なる。そこで示されていることは，暴力手段であり本来的には悪であるはずの戦争が，それでもときに「正当化される」ということである。

　現代政治哲学の分類に従えば，正戦論は，現実世界に存在する不正に対処するための方策を提示する非理想理論の一種である。それは，現実世界の到達目標となるような，完全に正しい社会の輪郭を描き，またなぜそれが正義に適っているのかを説明するものではない。アウグスティヌスが唱えたように，神の国ならぬ地の国に生きる私たち人間は，ときに間違いを犯す不完全な存在である。戦争はこうした間違いを匡し，最悪を避けるための次悪として位置づけられる。

② 正戦の基準

　正戦論では一般に，ある戦争が正しい戦争であるといえるためには，以下のような基準を満たす必要があると考えられている。はじめに，戦争それ自体の正しさを判断するための「開戦の正義（jus ad bellum）」と，戦争が開始されてから生じる個々の戦闘行為の正しさを判断するための「交戦の正義（jus in bello）」が区別される。正戦の基準は幾多あるが，その中でも重要な基準は，

▷1　⇨ Ⅵ-9「憲法9条」

▷2　現実主義（リアリズム）
R. ニーバー，E. H. カー，H. モーゲンソーなどに代表される。二度の世界大戦の経験を踏まえ，戦後の国際関係論で主流となった。一般に，国家を国際関係における単一の行為主体とし，自国の利益をその行為目的とし，行為手段としてパワーを重視するといった理論的特徴をもつ。政治思想におけるリアリズムの研究動向については Ⅴ-30「リアリズム」を参照。

▷3　⇨ Ⅰ-5「アウグスティヌス」

▷4　非理想理論については，J. ロールズ（中山竜一訳）『万民の法』岩波書店，2006年，第13-14節。

それが不正に対する自衛や他衛を理由としていること，すなわち開戦の正義上の正当原因と，無辜の民間人を意図的な攻撃対象としないこと，すなわち交戦の正義上の区別（非戦闘員保護）原則である。

開戦の正義と交戦の正義は理論的にも歴史的にも独立別個である。祖国防衛のような大義を備えた戦争であったとしても，敵国民間人の無差別攻撃のような手段に訴えるなら，前者の正しさは後者の不正の免罪符とはならない。要するに，私たちは正しい戦争を正しく戦わなければならないのだ。こうした二重性は，戦争のジレンマと呼ばれる複雑な道徳的問題を生み出す。私たちは，正しい戦争の勝利の可能性を低めることになったとしても，なお正しい戦い方に固執すべきだろうか。

❸ 正戦論の歴史と現在

今日に伝わる正戦論は，はじめ神学者によって体系化され，後に国際法学者によって精緻化されていった。歴史的には，中世のトマス・アクィナス，近代のH. グロティウスなどがその発展に大きな役割を果たしたとされる。ただし，戦争それ自体の正しさを判断するための開戦の正義は，ヨーロッパで近代主権国家体制が確立する18～19世紀に入っていったん後退していく。代わりに発達したのは，戦争の発生を避けがたい前提として，戦場で交戦国の双方に一定の自制を求める交戦の正義であった。

20世紀，未曽有の被害をもたらした第一次世界大戦ののちに，国際条約の制定や国際機関の設立により，今度は戦争そのものを違法化しようという機運が高まる。国際連盟の設立や不戦条約などがその例である。ただし国際関係論分野では，こうした試みを理想主義と断じて，中央政府の不在（アナーキー）を本質とする国際社会において戦争の正義を云々することに懐疑的な現実主義が主流になっていった。

第二次世界大戦を経て，正戦論の機運が再び高まったのは，ベトナム戦争とそれに対する反戦運動であった。冷戦終結以降には，ボスニア，ソマリア，ルワンダ等で生じている民族浄化やジェノサイドのような人権侵害を外国が武力を行使して阻止する事態，すなわち人道の介入の是非が注目を集めた。今世紀に入ってからは，対テロ戦争のような国家主体と非国家集団が戦う非対称戦争をどう戦うかが問題となっている。

こうした国際紛争の新たな現実を背景として，開戦の正義と交戦の正義の独立性の想定を根本的に再考する**修正主義的正戦論**の機運も生まれている。加えて近年では，無人攻撃機（ドローン）や自律型兵器などの登場に伴い，標的殺害の是非や民間人被害の責任所在をめぐって，新たな道徳的問題が生じている。正戦論は，古い歴史的命脈を保ちながらも，その時々の実践的諸問題に取り組む際の参照点になり続けているといえよう。

（松元雅和）

▷5　戦争のジレンマについいては，M. ウォルツァー（萩原能久監訳）『正しい戦争と不正な戦争』風行社，2008年，第4部。

▷6　⇨Ⅰ-6「トマス・アクィナス」

▷7　⇨Ⅴ-22「主権」

▷8　修正主義的正戦論
J. マクマハンに代表される。M. ウォルツァーらの伝統主義者に対して，より還元主義的かつ体系的な観点から理論の見直しを迫っている。詳しくは，松元雅和「戦争」宇佐美誠ほか『正義論』法律文化社，2019年，第12章を参照。

（参考文献）

山内進編『「正しい戦争」という思想』勁草書房，2006年。眞嶋俊造『正しい戦争はあるのか？』大隅書店，2016年。

24 グローバル・ジャスティス

❶ グローバル・ジャスティスと現代の貧困・不平等

▷1　「グローバル・ジャスティス」という用語は他方で，20世紀末以来の越境的な社会運動のネットワークを指すものとしても用いられる。そこでは，金融市場や貿易の自由化の拡大や行政の民営化の促進といった，いわゆるネオリベラリズムのグローバル化に対する，抗議や批判が展開されている。本節の議論や問題意識として重なる部分はあるものの，政治思想としての規範的探究と現実の事象としての社会運動とで分けて理解する必要がある。

政治思想の文脈においてグローバル・ジャスティスとは，国家や地域の枠組みを越えた正義のありようについての規範的探究の営みを指す[1]。それは，世界中の人々の境遇やそれぞれの直面する〈有利さ／不利さ〉が「正義に適っている（不正義である）」とみなせるのはどういう場合でどういう根拠からなのかを探求するものであり，その探求によって，世界中の人々が互いに負っているグローバルな道徳的義務を明らかにしようとする試みである。そこでは，各個人の正しい振る舞いに留まらず，国家の対外政策や国際機関といった諸々の社会制度のグローバルな「正義」についても検討対象となる。その意味でグローバル・ジャスティスは，国家をはじめとした政治共同体内の社会正義をもっぱら論じてきた政治思想に対して，国内（境界内）という空間的限界を乗り越えんとする一つの理論的発展であるともいえる。

▷2　⇨ Ⅳ-1 「ロールズ」

このグローバル・ジャスティスは，その主たる前身でもある社会正義論と比較して，近年ようやく脚光を浴びてきた学問分野である。注目が高まった背景として，今なおその根絶には至っていないグローバルな貧困（絶対的貧困）と，グローバル化の進展とともにますます顕著となってきたグローバルな不平等（相対的貧困）とが挙げられる。貧困と不平等は，国内社会であればより喫緊な対応が政治的に求められる論点である。そして，ジョン・ロールズの『正義論』[2]が典型であるように，「あるべき」市民の関係や社会制度を考察対象とした社会正義論にて盛んに取り上げられてきた論点でもある。そうであるならば，国内以上に深刻なものとなる国境を越えた貧困や不平等を「正義」の問題として論じることも可能かつ必要なはずである。むしろ，各国へのグローバルな政治経済の影響力を踏まえるならば，現代においてグローバル・ジャスティス抜きに社会正義を論じることは極めて不自然であるともいえよう。

❷ 根拠と主張をめぐる対立

現代に生きる私たちはグローバル・ジャスティスに関する問いに取り組む必要がある。しかしこのことは，この問いに関して答え（主張）が一致していることを意味するものではないし，それぞれの主張を支える根拠もまた一様ではない。ここでは根拠および主張の違いと，大きな対立点を確認したい。

根拠については，「関係論」と「非関係論」という区分が重要となる。関係論とは，人々の間に正義の関係が成立するにあたって，当人たちを繋ぐ実際の関係性が存在することをその根拠に据える立場である。この関係性としては，越境的な相互依存関係の存在——政治経済的な協働関係や強制力行使——がしばしば挙げられる。それに対して非関係論とは，何らかの関係性の存在を正義の前提条件とみなさない立場である。つまり，「私たちはみんな同じ人間である」といった同じ性質の共有という根拠や，功利主義の原理の普遍的な適用をもって，人々の間の正義の成立や相応する義務が主張される。

主張については，「十分主義」と「平等主義」という区分が参考となる。十分主義とは，基本的ニーズの充足といったような，世界中の人々が一定の基準を満たすことを正義の要求とみなす主張である。例えば，グローバルな貧困の根絶を目指す議論がこの主張と重なる。それに対して平等主義とは，世界中の人々の間の不平等を問題視し，その平等化や，平等の理念に則った道徳的正当化を正義の要求とみなす主張である。この主張は，個人を対象としたグローバルな不平等縮減を目指す議論に直接繋がるものである。

これら根拠と主張が相まって，グローバル・ジャスティスをめぐる「コスモポリタニズム」対「ステイティズム」という対立軸が形成されている。大まかにいえば，コスモポリタニズムとは，国内的な社会正義論と同様の根拠や主張のグローバルな拡大を訴える議論である。ステイティズムとは，国内とグローバルとで異なる根拠や主張に基づく正義構想を示す議論である。両立場において，基本的人権の重要性といった点で主張の一致はみられるものの，平等主義的正義のグローバルな妥当性については鋭く対立している。

❸　多様なイシューと通底する理論課題

このように様々な正義構想が示されているが，人々の〈有利さ／不利さ〉に関わるグローバル・ジャスティスの論点もまた様々である。長い思想的伝統をもつ「正しい戦争」論，気候変動を含めた環境の正義，移民の正義，貿易といった国際協働の公正性，自然災害や疾病への対策といったグローバルな公共財の提供と負担……地球規模での人々の共生が将来も不可欠だとすれば，グローバル・ジャスティスの視点から探究すべき論点はさらに増えていくだろう。

こうした論点の多様さにもかかわらず，共通する一つの理論課題を指摘することができる。それは，今の現実を形作っている「国家」の道徳的位置づけに関するものである。私たちの理想や価値の実現にとって，主権国家体制は障壁なのか，有用なツールなのか，この体制は一つのゴールなのか，変革されるべき対象なのか。いずれにせよ，私たちが今ある世界の現実をただただ受忍するのではなく，変えていくことができると考えるのであれば，グローバル・ジャスティスの議論はその考えを洗練させる一助となるだろう。　　　　　（上原賢司）

▷3　⇨V-1「功利主義」。ピーター・シンガー『飢えと豊かさと道徳』(勁草書房，2018年)には，功利主義に基づいて遠く離れた見知らぬ困窮者への支援を主張した，(同著のタイトルにもなっている)記念碑的な論文が収められている。

▷4　特に，ロールズがその著書『万民の法』にてグローバルな平等主義を否定したことは多くの論争の的となった。トマス・ポッゲは，ロールズの社会正義論を批判的に継承しつつもコスモポリタニズムの正義構想を擁護した，代表的な論者の一人である。

▷5　⇨V-23「正しい戦争」

(参考文献)

ジョン・ロールズ（中山竜一訳）『万民の法』岩波書店，2006年。トマス・ポッゲ（立岩真也監訳）『なぜ遠くの貧しい人への義務があるのか』生活書院，2010年。デイヴィッド・ミラー（富沢克ほか訳）『国際正義とは何か』風行社，2011年。上原賢司『グローバルな正義』風行社，2017年。

25 現代思想と政治思想

▷ 3　デリダ（Jacques
Derrida, 1930-2004）

フランスの哲学者。膨大な
数の著作があり，フランス
現代思想の牽引者の一人。
「脱構築」の思想で知られ，
哲学分野のみならず，文学
や政治など，多くの領域に
影響を与えた。

▷ 4　ランシエール
（Jacques Rancière, 1940-）
フランスの哲学者。もとも
とアルチュセールの門下と
して『資本論を読む』にも
論文を執筆していたが，そ
の後，独自の哲学を展開す
る。哲学に留まらない多様
な領域，例えば政治思想や
美学，文学や映画，さらに
は教育などにおいて幅広い
執筆活動を行い，多方面か
ら注目を集めている。

① 現代思想からの影響

　1960年代以降，フランスを中心に発展した構造主義以降の哲学は，日本では
しばしば「現代思想」というカテゴリーで括られる。この思想潮流は政治思想
の現代的展開にも大きな影響を与えてきた。例えば『監獄の誕生』などにおい
てミシェル・フーコーが提示した権力論は，国家のようなマクロな権力論を扱
ってきた政治学に，日常のいっそうミクロな権力を分析するための視点を提供
したし，ルイ・アルチュセールの「国家イデオロギー装置」という概念は，私
たちの国家や制度の捉え方にも多大な影響をもった。さらにジャック・ラカン
の精神分析は，社会やイデオロギー分析に欲望の次元が不可欠であることを示
すなど，現代思想の洞察は政治思想にとっても極めて重要である。本節ではと
りわけ，「民主主義」と「政治的なもの」の二点を中心に，両者の交流を確認
しよう。

② 現代思想と民主主義

　現代思想においても民主主義は様々に扱われてきた。政治学とはいくぶん異
なった語彙でもって語られるそれらの思想は，民主主義を根本から問い直すよ
うな，極めて魅力的なイメージを示してくれている。

　例えば「脱構築」で知られるフランスの哲学者ジャック・デリダは，デモス
（民衆）の自己支配を「車輪」に喩えて表現している。まず，民主政において
支配の座に就く者が，何か才能があったり，資産があったりするような特別な
人物ばかりであっていいはずがない。デリダの理解では，民主主義においては，
支配する者が「任意のもの」であること，「代わるがわる，各自持ち回りで，
役割を交代してという輪番制」の形を取る必要がある。

　さらに車輪の比喩は，民主主義がいつまでたっても完全なものとはならず，
その十全な実現が常に先延ばしにされる，そうした宿命をも表現している。つ
まり，民主主義がいつの日か，不備のない自足的なものとして完成することは
なく，常に他者（移民や外国人）や未来（これから生まれる人たち）に開かれてい
るということだ。デリダはこうした民主政を「来たるべき民主主義」という言
葉で表現する。

　また，ジャック・ランシエールは，職業政治家や行政官僚，あるいはテクノ

クラートといったエリートが支配する現代の民主主義の状況を「ポスト・デモクラシー」と呼ぶ。このような状況に対し，ランシエールは民主主義を，共同体の統治体制や議会での討論というよりもむしろ，そうした秩序を中断するような民衆（デモス）の現れとして捉えている。つまり民主主義とは，それまでは不可視化されていた民衆が主体化し，政治の舞台に現れ，分け前を求めて係争を引き起こすラディカルな契機のことなのだ。こうした民主主義の考え方は，国家や制度を中心にする政治学の議論とは一線を画すものだろう。

3 政治と政治的なもの

政治思想と現代思想の交差点には，「政治的なもの（the political）」という概念がある。「政治的なもの」とは，その他の領域（経済や文化）とは異なる政治の本性や特性を表すもので，政治思想の歴史では例えばカール・シュミットやハンナ・アーレントのような思想家がこの言葉を用いてきた。そのためこの概念には，政治思想と現代思想が互いにサインを送り合う秘密の暗号のようなところがある。

フランスの思想家**クロード・ルフォール**は『民主主義の発明』の中で，「政治的なもの」を「社会を生み出す原理」と捉えている。つまり，「政治的なもの」は，個別領域としての政治とは違い，それを含んだ社会全体をある仕方で構成したり，あるいは構成し直したりする，そのような原初的な契機に関わるものである。

フランスの哲学者**ジャン＝リュック・ナンシー**は，1980年に「政治的なものに関する哲学的研究センター」を設立した中心人物の一人である。ナンシーによれば，国家や民族への同一化の脅迫に「無為」は抵抗するという。同化の強制を峻拒することで，私たち一人ひとりは特異的な存在でありながらも，そうした事態を分有する「無為の共同体」が可能になる。こうした特異な複数の存在から政治を捉えることを要請するものを，ナンシーは「政治的なもの」と呼ぶのである。

そのほかにも，アルゼンチン出身のエルネスト・ラクラウは，「社会的なもの」と対比しながら「政治的なもの」を論じている。まず，ある社会制度の創設に伴った暴力と恣意性が，日常的な反復の中で次第に忘却され，客観化される契機が「社会的なもの」であり，他方でその制度化の過程の中で排除されたものが敵対性として回帰し，原初の偶発性が可視化される契機が「政治的なもの」である。ラクラウはラディカル・デモクラシーやポピュリズムを，「政治的なもの」とからめて考察している。

これらの思索は，いずれも「政治とは何か」という根源的な問いをめぐるものであり，政治思想にとっても刺激的な論点を多く含むものだろう。

（山本　圭）

▷5　ルフォール（Claude Lefort, 1924-2010）
フランスの思想家。近代の特徴を「確実性の指標の消失」と表現し，またかつては君主が鎮座していた場が「権力の空虚な場」となったと指摘したことで有名。

▷6　ナンシー（Jean-Luc Nancy, 1940-）
フランスの哲学者。ジャック・デリダから大きな影響を受けつつ，自身の哲学を展開する。代表作に『自由の経験』，『無為の共同体』や，フィリップ・ラクー＝ラバルトとの共著『ナチ神話』など著書多数。

▷7　⇨ V-6 「ラディカル・デモクラシー」

▷8　⇨ V-16 「ポピュリズム」

（参考文献）
松葉洋一「デリダ／ランシエール」小野紀明ほか編集代表『岩波講座政治哲学5 理性の両義性』岩波書店，2014年。宮﨑裕助『ジャックデリダ　死後の生を与える』岩波書店，2020年。

26　憲法パトリオティズム

▷1　⇨ V-19 「ナショナリズム」

▷2　ヤスパース（Karl Jaspers, 1883-1969）
ドイツの哲学者。実存主義哲学の代表的論者の一人であるとともに，第二次世界大戦後にドイツ人の集合的責任を問うたことで知られている。著作に『戦争の罪を問う』（1946年）など。

▷3　シュテルンベルガー（Dolf Sternberger, 1907-89）
第二次世界大戦後に活躍したドイツの政治学者。ハイデルベルク大学の教授で，ドイツ政治学会の会長を務めるなど，戦後のドイツ政治学をリードした。

▷4　パトリオティズム
共通の言語や文化への愛着を意味するナショナリズムと対比される場合，パトリオティズムは自由を可能にする制度へのコミットメントとして理解される。こうした理解は，共和主義（⇨ V-4 ）の伝統に根ざし，制度（法）によって可能になる自由に着目し，そこで享受される自由を守るという観点から，その制度への愛着が要請される。

1　憲法パトリオティズムの背景と起源

　憲法パトリオティズムとは，リベラルで民主的な憲法を中心に市民間の連帯は形成されるべきという考えである。民主主義社会は，市民間の連帯を資源に維持・発展していく。国民国家が所与とされた状況では，市民間の連帯は，共通の言語と文化，そしてそれらに支えられたナショナル・アイデンティティを基礎に形成されてきた。こうした一般にナショナリズムと呼ばれる集合的アイデンティティに代わる構想として，憲法パトリオティズムは提起される。

　背景には，第二次世界大戦後に西ドイツが置かれた特殊な状況がある。ナチズムの下で自ら自由民主主義体制を破壊し，ホロコーストを行った過去が，それまでのナショナル・アイデンティティを引き継ぎ，それを基盤として民主主義社会を形成することをドイツに許さなかったのである。こうした状況は，どのような集合的アイデンティティに基づき，市民の連帯は形成されるべきかという問いを投げかけることとなった。この問いを引き受け，**K・ヤスパース**は，戦後間もなく，過去に対する集合的責任を引き受けることでのみ，ドイツは民主的な政治的アイデンティティを構築できると主張している。

　こうした文脈の下，憲法パトリオティズムが，**ドルフ・シュテルンベルガー**によって提唱される。**パトリオティズム**が，法や制度，そしてその下で享受される自由への愛と捉えられ，そこから自由民主主義社会を可能とする憲法への愛着がパトリオティズムと位置づけられる。市民は，ナショナルなものではなく，リベラルで民主的な憲法への愛着を介して連帯し，それによって自由民主主義体制は維持されうる。そこでは，ワイマール体制崩壊の反省から戦後西ドイツで提唱された**闘う民主主義**論と連関しつつ，憲法が可能とする自由への愛着が，憲法の敵に対峙するよう市民を動機づけることが期待されていた。

2　ハーバーマスの憲法パトリオティズム論

　起源はシュテルンベルガーにあるが，憲法パトリオティズムが現在広く知られるようになったのは，J.ハーバーマスが自身の集合的アイデンティティの構想としてそれを提示したからである。ドイツを「普通」の国にすることを目指す修正主義的歴史理解が問題となった**歴史家論争**で，ハーバーマスは，背景にあるナショナル・アイデンティティへ回帰する動きに反対し，ドイツに許され

た集合的アイデンティティは憲法パトリオティズムであると応答した。

　彼の憲法パトリオティズムは，憲法を，その内に含まれる普遍的規範を解釈し，発展させていくプロジェクトと捉える独自の理解の上に構想されている。憲法パトリオティズムとは，普遍的規範の解釈を通じて，一定の理解が社会の内に政治文化として定着することで達成される。シュテルンベルガーによる構想が，闘う民主主義と結びついた自由民主主義の「維持」を志向する防御的なものなのに対し，ハーバーマスは，リベラルな民主的憲法のもつ普遍主義の含意を汲み尽し，発展させていく進歩的構想を提示している。

　よくある誤解とは異なり，憲法パトリオティズムは，直接抽象的な普遍的規範に対して愛着を抱くことを要求しない。むしろ，普遍的規範を解釈していく中，それぞれの文脈に沿った具体的理解としての政治文化を形成することを求める。例えば，表現の自由の理解において，建国の歴史からいかなる表現も基本的に許されると考えるアメリカとナチズムの経験から一定の表現の規制を認めるドイツとでは，同じ普遍的規範へのコミットメントから異なる解釈が示される。憲法パトリオティズムは，普遍的規範を基軸とするもののその多様な解釈によって，個々の政治共同体の文脈に応じた特殊な形態となりうる。

❸ 政治理論としての憲法パトリオティズム：ナショナリズムとの対比

　当初ドイツの特殊性に立脚していると考えられた憲法パトリオティズムであるが，近年一般的な理論構想として注目されている。従来，市民間の連帯は，ナショナル・アイデンティティを介した同朋意識を通じて担保されてきたが，ネオリベラリズムによる社会国家への批判は同朋意識に基づく連帯を掘り崩し，国が単一のネーションで構成されるとの想定は多文化主義の下もはや維持できないものとなった。そうした中で「市民間の連帯をいかにして担保するのか」が深刻な課題として認識され，憲法パトリオティズムがポスト・ナショナルな集合的アイデンティティ論として注目されたのである。

　「ポスト・ナショナル」とは，いかなる想定も所与としないことを意味する。そこでは，従来集合的アイデンティティの自明の基盤とされてきた共通の言語や文化・歴史への依拠が，普遍性に根ざした反省の対象となる。自身が属する文化的背景を他のそれと照らして相対化し，支配的なナショナル・アイデンティティを脱中心化することが求められる。憲法パトリオティズムは，集合的アイデンティティの否定ではなく，従来政治以前の所与に依拠した集合的アイデンティティを普遍性に根ざす仕方で再構築することを志向しているといえる。

　ハーバーマスは，憲法パトリオティズムをEUにも適用し，その議論をさらに発展させる一方，依然として具体性を欠き，市民間の連帯を十分に形成できないという（リベラル・）ナショナリズムからの反論もある。憲法パトリオティズムの適用可能性と実現可能性は，今なお論争となっている。（田畑真一）

▷5　闘う民主主義
民主主義を否定する自由を許さないとする考え。実際にドイツでは，ナチズムに関わる過去の事実を否定するような表現や自由民主主義体制を否定する政党が禁止されており，表現の自由や結社の自由が民主主義を守るために制限されている。

▷6　⇨Ⅲ-13「ハーバーマス」

▷7　歴史家論争
1986年にドイツで起きたナチズムの過去の位置づけをめぐる論争。ホロコーストなどの人道に対する罪が比較不能な一回性をもつといえるのか，それとも他の歴史的出来事と並べて論じられることなのかが論点となった。論争が進展するにつれて，ナチズムを相対化しうるのか，そしてドイツのナショナル・アイデンティティへの回帰は可能かも論点となっていった。

▷8　⇨Ⅴ-2「リベラリズム・ニューリベラリズム・ネオリベラリズム」

▷9　⇨Ⅴ-7「多文化主義」

（参考文献）
ユルゲン・ハーバーマス（河上倫逸訳）「歴史意識とポスト・伝統的アイデンティティ」『法と正義のディスクルス』未来社，1999年。ヤン゠ヴェルナー・ミュラー（斎藤一久ほか訳）『憲法パトリオティズム』法政大学出版局，2017年。

27 公共性

1 公共性の転回

▷ 1 ⇨ Ⅱ-13「カント」

公共性あるいは公的という語は，私的なものと対比されて国家に関わる活動，あるいは国家権力の行使と結びつけて理解されることが多い。こうした理解は，例えば18世紀のヨーロッパにおいても同様であった。"public" あるいは "publicus" という語は，国家あるいは君主に関係する事柄という意味で主に法学者によって使用されていた。しかし，こうした伝統を逆転させて「公的」という語を用いた哲学者が I. カントである。カントは理性の使用の仕方を「私的」と「公的」とに区別し，国家組織の一員として考え，行動する理性のあり方を「理性の私的使用」と呼んだ。これに対して「理性の公的使用」とは，識者が読書する公衆に対して言論を通じて語りかけることである。従来の理解とは全く逆に，国家に関わる活動はその組織の規則に従わざるをえないという点で理性の私的な行使に分類され，そうした規則に縛られずに広く公衆に向けて自らの意見を公開することが公的という語で表現されているのである。カントの議論から読み取ることができるのは，公的という語が国家に関わる活動から引き剝がされ，言論や意見を市民に公開するという理性のあり方を指し示す語として用いられるという意味の転回である。

2 市民的公共性の理想と現実

▷ 2 ⇨ Ⅲ-13「ハーバーマス」

公共性という語が国家に関わる活動ではなく，むしろ国家をも議論と批判の対象とする意見や言論の公開性という意味で用いられるようになった歴史的経緯を網羅的に描き出したのが，J. ハーバーマスの『公共性の構造転換』（第 2 版1990年）である。ハーバーマスによれば，中世の封建社会における公共性は，いまだ意見の公開性という特徴を全くもっていない。むしろそれは，君主のような高い地位につく者が権力という不可視の存在を体現することによって成立するのであり，それゆえ具現的公共性と呼ばれるような性格を帯びていた。

初期近代に入ると，台頭しつつあったブルジョア層は経済活動の自由を求めて行政との折衝に乗り出さざるをえなくなった。こうして一部の市民の間に国家権力に対峙する公衆という自覚が徐々に形成されていく。彼らは行政活動に公開性を求めることによって，政府に対する批判的な監視の機能を強めていくと同時に，自らの要望を公論という形で表明するようになる。市民が公開され

た意見を相互に吟味することを通じて，**市民社会**[43]において公論が形成されるようになっていくのである。ハーバーマスは，市民による批判的監視と公論を通じた国家との対峙に，市民的公共性の成立をみる。中世における具現的公共性が，高い地位につく人物が人民の前に現われることによって成立するとすれば，近代において成立する市民的公共性は人民の間に形成されるのである。

しかし，19世紀末になるとこうした理想を裏切る現実が前景化する。もはや国家とは区別された社会の内部で競合する私的利害を調停することが困難になり，国家は経済過程に対して様々な介入を行わざるをえないために，国家と社会の境界線は不分明となる。こうした過程の中で，公論を通じて国家に対峙する市民的公共性は空洞化していったのである。そこでは，国家の活動を監視するための原理であった批判的な公開性は，むしろ国家が市民からの支持を調達するためにマスメディアを駆使する操作的な公開性へと変容する。ハーバーマスはこうした事態を公共性の再封建化と呼んでいる。

③ 現われの空間としての公共空間

現代の政治哲学において公共性をめぐる議論にハーバーマスとともに多大な影響を与え続けているのがH. アーレント[44]である。アーレントによれば，公的なものと明確に対比された私的なものとは，身体や生命のニーズを満たすための活動やその空間を意味している。生命の維持のために求められるこうした労働（labor）は，生命循環に従わざるをえないという点で反復的で必然的な性質をもっている。これに対して公的なものとは，生命のニーズへの従属から独立した自由な活動（action），言い換えれば対等な人間の間の言論を通じた相互行為を意味する。それゆえ公共性が成立する空間，すなわち公共空間は，人々が他者の前に現われ，語り，ともに行為することによってはじめて成立する。アーレントはこうした活動とそれによって成立する公共空間こそが政治のあるべき姿であると考えた。このような主張は，政治とは私的利害の集約と調停であるという考えとも，他者を自らの意志に従わせるための権力をめぐる闘争であるという理解とも全く異なるものである。

公共性は人と人とが言論を通じて結びつくところに成立すると考える点で，アーレントの議論がカントの理性の公的使用やハーバーマスの市民的公共性と軌を一にしているのはたしかである。他方でアーレントに特徴的なのは，公共空間を演劇の舞台と類比的に理解している点である。つまり，公共空間における行為者は，役者のように言論を通じて他者の前に現われ，観衆がそうした舞台上で交わされる言論の意味や妥当性を吟味するのである。このように考えれば，公共空間は意見を交換する行為者によってのみ構成されているのではなく，マスメディアなどを通じて行為者が表明する意見に判断を下す鑑賞者もまた，公共空間を構成する必須の要素なのである。　　　　　　　　　　（金　慧）

▷3　**市民社会**
市民社会は元来，政治共同体という意味をもっていたが，近代においては国家とも家族のような親密圏とも区別される領域を指して用いられるようになった。現代では，市民社会に市場のような経済領域を含めるべきか，それとも私的利益の追求を主要な目的とはしない活動が展開される空間として理解すべきかをめぐって論者の間に立場の相違がある。

▷4　⇨[Ⅲ-9]「アーレント」

参考文献
齋藤純一『公共性』岩波書店，2000年。毛利透『表現の自由』岩波書店，2008年。山岡龍一・齋藤純一『公共哲学』放送大学教育振興会，2017年。

28 公教育

1 政治思想と公教育

　古代ギリシアに遡る政治思想の伝統において，善き政治についての著作の多くが，善き市民の教育について熱心に論じてきたように，政治と教育をめぐる議論は極めて密接な関係にある。誰が（主体），誰を（客体），何のために（目的），どのように（手段・方法）教育するかに応じて，議論は様々な方向に分かれるが，ここでは政治共同体がその目的と責任において構成員の教育を担うという，広い意味での公教育をめぐる主要な議論のいくつかを概観したい。

　まず古代ギリシアでは，プラトンとアリストテレスの議論が有名である。プラトンの『国家』は，理想国家の統治者である守護者や哲人王のための教育を詳細に論じたが，イデア論に基づいたその議論の特徴は，優れた魂の形成を目指した点にある。音楽や体育が重視されるのもそのためであった。プラトンにとって教育とは，いわば「善のイデア」に到達するための「魂の向けかえの技術」であり，それは徹底した国家の管理下で行われるものであった。

　アリストテレスも『政治学』の中で，国家の重要な役割として教育について論じている。それによれば，有徳な善き市民の形成には自然の素質（ピュシス），習慣（エートス），理性（ロゴス）のいずれもが不可欠であり，良き素材だけでは十分ではない。ポリスの共同生活での実践的な活動に参加し，善き習慣づけがなされることによってこそ，善き市民は形成されるのである。

　こうした教育における習慣形成の重要性は，17世紀のロックも強調するところである。ただし『教育に関する考察』を著したロックは，当時の政治階層である紳士の育成はむしろ家庭教育が担うべきだと考えた。

2 ルソーによる公教育批判

　このように，国家による善き市民の教育という思想が古代ギリシアにまで遡る一方で，公共空間は市民の教育の場として必ずしも相応しくない，という見方もまたありうる。こうした見方は18世紀の文明社会に対する批判者，ルソーによって先鋭的に示された。

　古代の末期以降，キリスト教ヨーロッパ世界において，教育は信仰の枠内で論じられ，学校が教会の下で徐々に整備されるなど，教育とキリスト教は密接な関係にあった。18世紀のフランスでも，イエズス会などが経営するコレージ

▷1　そもそも公教育の概念は明確な定義を欠いている。他の教育から区別する基準として，教育制度の成立および運営に関する国または公共団体の関与，国民一般への公開性，教育制度の公的機能，国民の「教育を受ける権利」の保障などが挙げられる。

▷2　⇨Ⅰ-2「プラトン」

▷3　⇨Ⅰ-3「アリストテレス」

▷4　⇨Ⅱ-5「ロック」

▷5　⇨Ⅱ-9「ルソー」

▷6　アウグスティヌスやトマス・アクィナスをはじめ，キリスト教思想家の多くが教育論を残している。

ュが主に中等教育を担っており，そこではラテン語，修辞学，詩，演劇などが教えられていた。こうした時代に，ルソーは公教育に対する根本的な批判を行い，『エミール』において独自の教育論を展開した。その議論は『人間不平等起源論』や『社会契約論』で示された彼の政治哲学に支えられている。

ルソーにとって，人間を作ることと市民を作ることは相反する目的であり，二つを同時に叶えることはできない。それぞれの教育形態も異なり，後者を目指す公教育は，構成員全員が主権者となる共和政体においてのみ可能なものとされる。だが現実の腐敗した社会から子供を守るのは，本来善なる存在である人間の自然を損なわない「自然の教育」でしかない。ルソーはそれを家庭教育に託すほかなかった。「公教育はもはや存在しないし，存在することもできない。なぜなら，祖国がもはやないところに，市民はもはやありえないからだ」。

▷7 『エミール』第一編。

3 フランス革命期の公教育論

最後に，世俗性，義務性，無償性を原則とする近代公教育制度の成立を考える上でしばしば参照される，フランス革命期の公教育をめぐる議論を見ておこう。旧体制からの断絶が意識される中，革命による新しい国家の創設を目指す人々は，「再生」の標語の下に新しい人間の創出を求めた。ここでの教育とは，学校教育に集約されるものではない。むしろ社会全体を教育の場として再編する試みがなされ，劇場，博物館，美術館，図書館などの施設や革命暦，言語の統一なども公教育の重要な手段とされた。

革命家たちは公教育の必要性について早くから意見が一致したものの，望ましい国民像や国民統合のあり方，教育の方法や内容に関しては意見が分かれ，しばしば鋭い対立も生じた。これらの議論は，徳の涵養を重視するものと知的能力の育成を重視するものとに大別することができる。前者は，国民統合を促すために，図像や建造物などを用いて人々に一様で共通の印象を与え，理性よりも感情や想像力に働きかけて瞬時に一体感を創出することを主張した。そのため古代人が模範とされ，国民祭典や野外集会，軍事教練などが手段として提案された。後者を代表するものとしては，公教育委員長を務めたコンドルセによる公教育案が知られている。彼は外的権威の圧倒的な影響下で人々の熱狂を煽ることで統合を促す方法を批判し，公教育は知育に限るべきであるとした。そして読み書き計算や基礎的な学問知識を授ける，段階的な学校教育を制度の中心に据えた。コンドルセによれば，公教育の目的は個人に権利の行使を可能とさせ，義務を認識させることにある。重要なのは，自由な個人が独立した意見をもち，理性的な批判能力を育むことである。このため公権力や宗教からの公教育の独立性が主張され，私的な学術協会や教育機関も参与させることによって公権力から独立した視点が確保された。公教育を保証する義務を負う国家は同時に，公教育への介入を厳しく制限されるのである。　　　　（永見瑞木）

▷8 1791年憲法には無償性と世俗性に基づく公教育に関する規定が登場した。

▷9 ⇨ II-16 「コンドルセ」

(参考文献)

プラトン（藤沢令夫訳）『国家』岩波書店，1979年。
ルソー（今野一雄訳）『エミール』岩波書店，1962年。
コンドルセ他（阪上孝編訳）『フランス革命期の公教育論』岩波書店，2002年。

29　レジティマシー（正当性・正統性）

1　意味と訳語

　レジティマシーは，政治体制や権力者などが人々によって承認され，支持されるに値すると信じられているときに成立する観念であり，理性的な根拠づけが弱くなるほど「権威」に近くなる。

　訳語としては「正統性」ないし「正当性」が用いられることが多いが，どちらにも難点がある。「正統性」を用いると，異端に対する正統（orthodoxy）との区別が不分明になる。主として教義やドグマに関わるオーソドキシーと政治的な支配に関わるレジティマシーは，重複することも多いが，ヨーロッパ言語では基本的に別ものである。これに対して「正当性」という訳語では，レジティマシーと「正しさ」（justness あるいは rightness）の区別がつかなくなる。レジティマシーは，複数の「正しさ」の基準が並存し，競合するという事態を前提とし，それにもかかわらず成り立つ「政治的」概念である。したがってここでは英語の legitimacy をそのままカタカナにして「レジティマシー」と表記する（ただし政治思想関係の文献では，書き手の理解によって「正当性」と「正統性」「正当化」と「正統化」が併用されており，本書でも全体として統一していない）。

　近代国家を特徴づけるのに，「レジティマシーを有する物理的暴力行使の独占」といったのは，ウェーバーだった。宗教的な内乱を経験することで，様々な信念をもつ人々の間に一定の秩序を確保するために暴力の契機が前景に出てくる。ホッブズの『リヴァイアサン』はこうした政治理解を端的に表現している。しかし，集約された圧倒的な「暴力装置」だけで支配が安定するかといえば，そうではない。権力が集約されればされるほど，被治者が権力を承認し，それを支持する理由もそれだけ重要になる。社会契約論の系譜に属する議論は，まさにこうした課題に応える試みであった。

2　ウェーバーの３類型とその批判

　ウェーバーはレジティマシーを有する支配には３つの類型があるという。伝統的支配，合法的支配，カリスマ的支配である。支配権が世襲されるとき，ここには伝統がレジティマシーの根拠として妥当している（ヘーゲル『法哲学』§281）。しかし，伝統は近代社会において次第に説得力を失っていく。自明の前提として成り立っていた伝統の権威が疑われはじめると，支配される側が受け

▷1　レジティマシー legitimacy は，ラテン語の lex（法）から派生した legitimus を語源とする。カール・シュミット（⇨Ⅲ-5）以後，レジティマシーと合法性（legality）が対立的に論じられるようになるが，もともと両概念は密接に結びついている。

▷2　丸山眞男はオーソドキシーとレジティマシーの二つの「正統」を「O 正統」と「L 正統」として区別して論じている。「闇斎と闇斎学派」（『丸山眞男集』第11巻）。

▷3　もし漢字を用いるのであれば，福澤諭吉が『文明論之概略』で用いた「政統」が最適であろう。

▷4　⇨Ⅲ-4「ウェーバー」

▷5　⇨Ⅱ-3「ホッブズ」

▷6　『社会契約論』でルソー（⇨Ⅱ-9）は「力は権利を生み出さず，また人はレジティマシーのある権力にしか従う義務がない」と述べている（第１編第３章）。

▷7　⇨Ⅱ-21「ヘーゲル」

容れ可能な論拠が問われることになる。こうした中で重要になってくるのが，合法的支配である。この類型が依拠するのは，合理的に制定された法規に基づいて政治権力が行使されていること，つまり合法性である。たまたまそのときに政権を担っている勢力とは異なる「正しさ」の信念を有している人でも，合法的に成立した政府であれば，これを承認することが可能になる。ウェーバーは（近代）官僚制について論じたことでも知られているが，彼にとって官僚制的な支配は「合法的支配の最も純粋なタイプ」である。

これに加えて，ウェーバーはカリスマ的支配についても論じている。カリスマとはもともと宗教用語で，非日常的な天与の資質，あるいはそうした資質をもつ人を指す。ウェーバーは政治的なレジティマシーにおいてはこうした非合理的なものも無視できないと考えた。

ウェーバーの3類型はとても有名ではあるが，最終的な結論とはいえない。むしろ彼以後のレジティマシー論はこの3類型への批判的な注釈だといってよい。多くの思想家がウェーバーに言及しながら，その不十分さを指摘して，自らの理論を展開することになる。カール・シュミットはワイマール共和国における議会制の危機に際し，『合法性とレジティマシー』（1932年）を書き，合法性とは切断された（大統領によって担われる）レジティマシーを主張した。[8]

③ 現代政治理論におけるいくつかの用法

政府が市場経済に深く介入するようになった「後期資本主義」国家においては，様々な利害や理念の相克が政府の方針を分裂させる。こうして大衆の忠誠が失われた状態にハーバーマスは「レジティマシーの危機」をみる。ハンチントンらによって論じられた「ガバナビリティ（統治能力／統治可能性）」もこの危機に対応する概念であった。ただし後者が権威やテクノクラシーを擁護し，強化することでこの危機を克服しようとするのに対して，ハーバーマスはむしろ政策決定の基準や根拠についての公的な検討の回路を確保することで，「民主主義の赤字」を解消しようとする。[9]

ロールズ[10]によれば，（リベラルな）レジティマシーが成り立つのは，ある特定の価値観に依拠するのではなく，考え方を異にする人々にも受け容れ可能な「公共的理性（理由）」によって立法や権力行使が正当化されている限りである。彼にとってレジティマシーは，理想状態における正義と同じではなく，非理想状態における一定の不正義を許容するが，それでも正義の実質的判断に係留される。ここでは，レジティマシーと「正しさ」の段差は低くなる。しかし，ウェーバーのようにカリスマを持ち出すかどうかはともかくとして，レジティマシーには合理化しきれない残余がある。このためレジティマシーの捏造を疑い，支配の根源的な無根拠さを問うという作業は政治思想の課題として残ることになる。

（野口雅弘）

▷8　レジティマシーは「合法性」と同一視されてはならないという主張は，シュミットとは全く異なる立場からもなされている。ハーバーマス（⇨Ⅲ-13）は「核時代の市民的不服従」（三島憲一編訳『近代──未完のプロジェクト』岩波現代文庫，2000年）で，法を遵守していれば，それでおのずとレジティマシーが確保されるという論理を「権威主義的リーガリズム」と呼んで批判している。

▷9　市民の意思が不十分にしか政策決定に反映されない状態，つまり「民主主義の赤字」がレジティマシーの危機を生むという論点は，今日のEU政治論でも繰り返し論じられている。

▷10　⇨Ⅳ-1「ロールズ」

参考文献

ウェーバー（濱嶋朗訳）『権力と支配』講談社学術文庫，2012年。シュミット（田中浩・原田武雄訳）『合法性と正当性』未來社，1983年。ハーバーマス（山田正行・金慧訳）『後期資本主義における正統化の問題』岩波文庫，2018年。

30 リアリズム

1 政治理論におけるリアリズム

　20世紀の英語圏では分析的政治理論が興隆を極めた。その特徴は，正義や平等の概念を哲学的に分析し，リベラルな政治社会の規範的構想を提示することであった。21世紀になり，この潮流に対してリアリズムと呼ばれる批判が政治理論の分野で顕在化した。その主たる提唱者，**B. ウィリアムズ**[1]と**R. ゴイス**[2]は，分析的政治理論の欠陥が政治理論を応用倫理学の一種とすることにあるとし，この傾向を「倫理第一主義」と呼んだ。つまり，まず道徳哲学的な普遍原理が同定され，それを政治の問題，とりわけ国の制度や政策の問題に適用するという方法が，政治理論の営みとして不適切であるとし，むしろ具体的な政治の現実把握から，政治理論は始められねばならないと主張した。これは普遍主義的な規範理論に対して歴史的・文化的固有性を優先させる議論であり，また現実の政治への影響を真剣に考える実行可能性を重視する議論でもあった。

2 リアリズムの伝統

　リアリズムの名称が活発に利用されたのは，二つの世界大戦から冷戦期にかけての国際政治学の論争においてである。この頃ナチスドイツやソ連に対抗しつつ，国際秩序を構築せんとする構想の中に，国際連盟のような国際機構や国際法に期待して平和構築を目指す者や，商業の国際交流の促進が相互依存関係を育むことを期待する者がいた。これに対してリアリズムは，国際政治における主権国家の独立性と，軍事力や経済力といった力の重要性を主張する。その代表が**E. H. カー**[3]，**H. モーゲンソー**[4]，**R. ニーバー**[5]である。例えばカーはリアリズムを**ユートピア主義**[6]に対置し，後者は政治から独立した倫理規準を奉じ，政治をそれに従属させることで実現可能性の低い政策を志向するが，他方前者は倫理判断を排した，事実に基づく価値を政治において追求すると述べていた。

　こうしたユートピア主義（や理想主義）の批判と，倫理からの政治の独立性を主張する傾向が，リアリズムの特徴である。ただし，倫理と政治の関係性，特に政治の自律性に関するリアリズムの考え方は一様でも単純でもない。現代のリアリストは自らの思想の系譜としてトゥキュディデス[7]，アウグスティヌス[8]，マキアヴェッリ[9]，ホッブズ[10]，ヒューム[11]，ニーチェ[12]，ウェーバー[13]，シュミット[14]といった名前を挙げることが多い。こうした思想家がすべて同一の教説を信奉し

▷1　**ウィリアムズ**（Bernard Arthur Owen Williams, 1929-2003）
イギリスの哲学者。功利主義やカント主義を批判し，行為者を中心にした徳倫理学を擁護した。分析哲学に通じながらも，ニーチェや古代ギリシア哲学にも造詣が深かった。

▷2　**ゴイス**（Raymond Geuss, 1946-）
アメリカ生まれでイギリスに帰化した政治理論研究者。大陸哲学，特にニーチェやフランクフルト学派，フーコーの議論を駆使して，道徳や政治に限らず，美学，歴史学，文化，古代哲学までも論じる。

▷3　**E. H. カー**（Edward Hallett Carr, 1892-1982）
イギリスの歴史家，国際政治学者。『危機の二十年』（1939年）等で知られる。西村邦行『国際政治学の誕生――E. H. カーと近代の隘路』昭和堂，2012年を参照。

▷4　**モーゲンソー**（Hans Joachim Morgenthau, 1904-80）
ドイツ出身でアメリカのシカゴ大学で教えた国際政治学者。『国際政治――権力と平和』（1948年）等で知られる。宮下豊『ハンス・J・モーゲンソーの国際政治思想』大学教育出版，2012年を参照。

ていたわけではない。彼らの議論の中に一定の（家族的）類似性があり，それが現代のリアリズムを説明するのに有効だと考えられている。

　その代表と目されるマキアヴェッリも，たしかにユートピア主義を否定し，事実に基づく実際に役に立つ理論を自らに誇っていた。だが彼の政治理論は非倫理的なものではなく，祖国の自由を希求する愛国心にあふれるものであった。同じく代表的とされるウェーバーも，政治の本質を権力追求に認め，信条倫理に溺れる政治家を非難したが，彼が政治家に求めたのは責任倫理というもう一つの倫理であったし，この二つの倫理が総合されることを理想としていた。

　かくしてリアリズムのユートピア主義批判は，倫理的価値の否定というニヒリズムの表明ではなく，ある種の倫理的態度に対する懐疑主義の構えであることになる。**C. コーディ**[▷15]はこの倫理的態度をモラリズムと呼ぶ。この文脈ではモラリズムは，倫理的価値を過度に重視することで普遍性，純粋性，単純性を政治の理解に導入し，複雑な政治的現実の認識に歪みを生じさせるものを意味する。かかる歪みは過度に残酷な手段を正当化したり，実現可能性を無視した政策を追求したりするといった，政治的過誤を生む危険性があるとされた。

③ リアリズムの展望

　リアリズムの否定的主張の中核にあるのがモラリズム批判だとすれば，その積極的な主張は，複雑な政治的現実への感応性が高い政治理論の要求となる。したがってリアリズムは歴史的，文化的固有性を重視し，人々を実際に動かす動機の研究や，人々の生のあり方に影響を及ぼす種々の制度の研究に依拠することを政治理論家に要求する。しかしこうした現実重視の傾向は，現状維持に従事する保守主義だという批判を呼びかねない。こうした批判に応える上で，リアリストには二つの方向性がある。

　第一が，現実から出発しながらそれに対する批判的な態度を徹底的にとるという，系譜学的方法を採用するというものである。ニーチェ＝フーコー的な系[▷16]譜学の方法を自覚的に採用することで，建設的な議論を理論の次元ではあえて控えて，批判的議論を継続するという方向がありうる。

　第二が，特殊政治的な規範を追求するというものである。ウィリアムズは秩序と安全の確保が第一の政治的問題だとした。この課題を実際に担ってきたのが国家であり，その主たる手段が権力の行使だとしながら彼は，権力が生む恐怖だけでは秩序と安全の確保は不可能だとし，被治者による権力の受容可能性の担保が肝要だと主張した。彼はこれを「基本的な正統性要求（Basic Legitimacy Demand; BLD）」と呼ぶ。これは政治のあるところなら普遍的に必要な最小限度の規範だといえるが，そのあり方は歴史や文化に相関的だとウィリアムズは考えている。こうして正義ではなく正統性，しかも歴史的差異に敏感な正統性の追求が，リアリズムにありうる方向性の一つだといえる。（山岡龍一）

▷5　ニーバー（Reinhold Niebuhr, 1892-1971）アメリカの神学者。キリスト教リアリズムという立場を確立した。『道徳的人間と非道徳的人間』（1932年）等で知られる。

▷6　ユートピア主義
ユートピアは，元々は「どこにもないところ」を意味し，現実政治を批判するために描かれた理想国家を意味する言葉として使われてきた。代表的なユートピア論として，プラトンの『国家』やトマス・モアの『ユートピア』がある。

▷7　⇨ I-1「トゥキュディデス」

▷8　⇨ I-5「アウグスティヌス」

▷9　⇨ II-1「マキアヴェッリ」

▷10　⇨ II-3「ホッブズ」

▷11　⇨ II-11「ヒューム」

▷12　⇨ III-1「ニーチェ」

▷13　⇨ III-4「ウェーバー」

▷14　⇨ III-5「シュミット」

▷15　コーディ（Cecil Anthony John Coady, 1936-）オーストラリアの哲学者。認識論，応用倫理学，政治哲学の業績がある。モラリズム論に関しては，*Messy Morality : The Challenge of Politics*, Oxford University Press, 2008 を参照。

▷16　⇨ III-12「フーコー」

（参考文献）

E. H. カー（原彬久訳）『危機の二十年』岩波文庫，2010年。M. ウェーバー（野口雅弘訳）『仕事としての学問　仕事としての政治』講談社学術文庫，2018年。山岡龍一「方法論かエートスか？」『政治研究』第66号，2019年。

③1 政治経済学

❶ 言葉と概念の形成

　古代ギリシアにおいて，政治（ポリス）の領域と家政（オイコス）の領域は明確に区別されていた。ポリスは複数の自由な市民が相互支配を行う政治の単位であったのに対し，オイコスは家長が一人で支配する経済の単位であった。それゆえ，それぞれの領域で必要とされる政治術（ポリティア）と**家政術（オイコノミア）**もまた質的に区分されていた。

　ところが，16世紀後半のフランスで，こうした二分法への異議申し立てが生じる。主権論で有名なJ.ボダンは，政治術と家政術を区分する知的伝統を批判し，家政を国家統治のモデルとして位置づけたのである。君主あるいは為政者は，一家の長が財産や支出を賢明に管理して家族の面倒を見るように，国家を統治せねばならない。ここに善き家の統治と善き国家の統治を類比的に論じる思潮が登場し，やがてフランス語で「政治経済学（エコノミー・ポリティーク）」という言葉と概念が形成されることになる。そこでは主に，租税，貨幣，交易，人口，食糧，国内産業や習俗の管理が議論された。1755年，『百科全書』に「エコノミー」の項目を執筆したルソーもまたこうした問題を扱っている。

❷ 商業社会の勃興とその影響

　政治経済学という，古代ギリシア人からすれば形容矛盾の言葉が定着していく中，近代ヨーロッパの政治思想にはもう一つの大きな変化が現れた。17〜18世紀にかけて「商業」が政治の言語として浮上したのである。いまや交易こそが国力の基盤とみなされ，為政者や立法者が優先的に取り組むべき政治学上の主題となった。

　ヒュームが『政治論集』（1752年）と題する著作を「商業について」という論説から始めているのは偶然ではない。彼は，商業に関して国家の偉大さと臣民の幸福は不可分である，と考えていた。そして同書で，貨幣，利子，貿易差額，公信用といった問題に多くの紙面を割いたのである。もっとも彼は，他国が豊かになり繁栄することを妨げようとする同時代の**重商主義**的な見解，すなわち「貿易の嫉妬」を批判的に扱うことを忘れなかった。ヒュームにとって交易とは，一方が利益を得れば他方が損失を被るゼロサム・ゲームなどではなく，他国の豊かさが自国の取引拡大と発展を促す互恵的活動であった。

▷1　**家政術（オイコノミア）**
後に「経済（エコノミー）」の語源となる言葉で，もとは家計を管理する者が従うべき規則を意味した。20世紀の政治思想家H.アーレントは，この家という私的領域で営まれるべき個体の生命維持や種の存続が，国家という公的領域の関心事にまで拡大した現象を近代特有のものとみている。

▷2　⇨Ⅱ-2「ボダン」

▷3　⇨Ⅱ-9「ルソー」

▷4　⇨Ⅱ-11「ヒューム」

▷5　**重商主義**
貨幣（金銀）の蓄積をもって国富の増大とみなし，他国との貿易差額によってこれを追求しようとする国家政策の総称。保護貿易や産業統制にも繋がった。

ヒュームと同時代人であり同郷の友人でもあったアダム・スミス[46]は，こうした重商主義批判の視点を共有しながら『国富論』（1776年）の中で政治経済学（ポリティカル・エコノミー）の定義を明確にしている。すなわち，政治経済学とは「政治家あるいは立法者の科学の一部門」であり，その目的は「国民と主権者の両方をともに富ませること」にある。かつて為政者に語りかけたマキアヴェッリ[47]の『君主論』がこうした主題を看過していたことを考えると，大きな認識の転換が起こったことがわかる。

3 様々な論点

　商業が政治の言語として浸透していく中，政治経済学上の様々な論点が提起されていく。モンテスキュー[48]は，商業の発展こそが習俗の穏和化や文明化をもたらし，諸国民の利益を結びつけて国際秩序を平和化するとした。過去の悲惨な宗教戦争や征服戦争を乗り越える政治的効果が商業に期待されたのである。その一方で，華美な生活が好まれ奢侈が蔓延すれば，社会の習俗は腐敗するという危惧も表明された。ルソーが，古代人の徳と質実剛健さを近代人の金銭と商業にまみれた生活ぶりと対比したことは有名である。さらにルソーは，市民たちが私的な営利活動に熱中するあまり公的な事柄に対して無関心となれば，やがて専制政治の鉄鎖につながれるだろうと訴えた。

　他方で，奢侈的生活を容認すれば都市に人口と資本が集中し，農村が荒廃してしまうとの懸念も生じた。F.ケネー[49]の唱えた重農主義（フィジオクラシー）は，こうした都市と農村の不均衡な発展に対する一つの思想的反応であった。「一粒の小麦から政治が始まる」と考えた彼の学派は，農村への資本の還流によって農業王国フランスを再建しようと，穀物取引の自由化を声高に推進した。しかし，結局この自由化の試みは失敗に終わった。日々の生活の糧である穀物を他の商品と同列に扱うことは，民衆が許さなかったのである。

　各国がヨーロッパ以外の地域にもつ海外植民地をめぐっても活発な議論が巻き起こった。植民地との交易において自国の船舶以外を排除する航海法の是非，植民地防衛のための軍事費とそれを支えるための公債発行の是非など，帝国であることのコストが問われたのである。まさに英仏間の七年戦争（1756〜63年）は地球規模での植民地争奪戦であり，その際に生じた財政赤字とその負担転嫁が原因となって北アメリカ植民地がイギリスから独立することになる。

　いずれの論点にせよ，18世紀の政治経済学が19世紀の経済学（エコノミクス）と言説の位相を異にしていたことは確かである。政治経済学の論争空間は，個別の政策的次元に留まったわけでも，純粋な経済分析の議論に終始したわけでもない。政治経済学は単なる富の科学ではなく，政治体の管理運営や統治のあり方をめぐる科学だったといえる。

（安藤裕介）

▷6　⇨II-12「アダム・スミス」

▷7　⇨II-1「マキアヴェッリ」

▷8　⇨II-7「モンテスキュー」

▷9　ケネー（François Quesnay, 1694-1774）

フランスの医師，重農主義者。ルイ15世の宮廷医として仕えた後，重農主義の思想運動を主導。主著『経済表』（1758年）では，政治体を存続させるための秩序すなわち経済循環を一枚の表に可視化した。

参考文献

木崎喜代治『フランス政治経済学の生成』未來社，1976年。A. O. ハーシュマン（佐々木毅・旦祐介訳）『情念の政治経済学』法政大学出版局，1985年。I. ホント（田中秀夫監訳）『貿易の嫉妬』昭和堂，2009年。安藤裕介『商業・専制・世論』創文社，2014年。

1 儒　学

1 東アジアの人文主義

　おのれの生きる「今」に疑念を抱く者は，遠いかなたへ視線を向ける。見果てぬ未来，どこにもない場所，未開の奥地。なかでも前近代において定番の憧憬先は失われた古代である。はるかな過去に人類の目指すべき黄金時代が実在したが，それも滅んでしまった。しかし衰亡の際，幾人かの賢者たちの手によって，理想の姿がテクストとして伝えられた。ならば，古代に成立した一群の権威的テクストの読解を通して，あるべき人間の姿，社会の規範，さらには宇宙の真理まで解き明かせるのではないか──。「**唐虞三代**」▷1の理念と「**経書**」▷2の注釈学を機軸とする儒学思想の成立である。

　註解は連綿と積み重ねられ，一字一句の訓詁から重要文献の選定に至るまで，詳細な検討がほどこされた。長い断絶を克服するための工夫も洗練された。ともあれ，それが宋代に新たな理論的水準を獲得したことについて，こんにち異論はないといえる。**朱子学**▷3である。以後，この新儒学（Neo Confucianism）は長い年月をかけて東アジアの各地に伝わり，批判も含め，この地域の思想史に一つの土台を提供した▷4。

　本節では，いわゆる儒学の中でも特に朱子学に焦点をあてて，高度な体系性を誇るその学説を政治思想という観点からスケッチする。

2 統治の倫理学

　強制力を用いた服従調達や利益の調停だけが政治ではない。古来，政治は道徳と深く手をたずさえてきたし，儒学思想もその例にもれない。また，そのことがある思想の前近代性の証左だというわけでもない。

　朱子学者たちは，まず，人間本性（「性」）には人をして人たらしめている本来性（「理」）が内在しており，それは基本的な人倫関係の中で発揮される道徳であると考えていた。親子，君臣，夫婦，兄弟，友人すなわち「五倫」と，これらの諸関係を支える仁愛，正義，礼儀，知恵，信実すなわち「五常」がそれにあたる。とはいえ，実際には各人の気質によって，この本性をどのくらい発揮できるかについて偏差があり，だからこそ後天的努力によって気質を改善することが重んじられた。この気質変化のための努力を「修養」といい，一連の消息を示すスローガンを「聖人学んで至るべし」──"だれもが努力次第で人

間性を完全に発揮できるようになる！”——という。そして，儒者たちによれば，修養を積んだ「君子」が，まだまだ未熟な「小人」を慈しみ，教え導く営みこそ，政治であった。統治とは「民の父母」たる有徳者による教育を意味したのである。

　したがって，第一に，いかに忠孝が重要な徳目とみなされたとはいえ，儒学思想を被治者の為政者に対する振る舞い方を説く臣民道徳だということはできない。それはむしろ，いかに自己を陶冶し他者を導くかを扱う統治の倫理であった。さらに第二に，こうした理念を実現すべく，儒者たちは教育制度の充実と資質に応じた人材抜擢を重んじた。学校および科挙である。特に後者は唐宋時代に制度的完成をむかえ，中国や朝鮮の諸王朝では統治機構の中核を担うものとして機能した。儒学は世襲を前提とする身分道徳でもなかったのである。

③　革命の政治学

　儒者たちの理想視する「古」には，何度かはなばなしい王朝交代が存在した。悪辣な王を有力諸侯が武力により殺害した例もある。後世，臣下が君主を弑逆してよいのか議論になった。朱子学者たちが孔子に次ぐ賢人として崇めた**孟子**[45]は，難問にこう答えている（『孟子』梁恵王下篇第八章）。人らしさを失い暴虐をはたらく者はすでに王ではなく，王でない者を殺すことは弑逆にはあたらないと。徳治理念を掲げる儒学は，もし非有徳者が王位を僭称した場合，武力を用いた「放伐」すら肯定する「革命」思想だったのである。

　もちろん，実のところ武力革命の是認には慎重なただし書きが附されており，下位者に理想的聖人に等しい徳があり，上位者に伝説的暴君に等しい悪行がある場合に限るとされていた（朱熹『孟子集注』）。結果として，既成政権への叛逆が推奨されることはほとんどなく，放伐理論は主に警鐘や事後的な歴史叙述の場で用いられたにすぎない。しかし，律令制下の古代日本では『孟子』のみが意図的に教授されなかったこと，日本の万世一系を讃える学者たちがしばしば中国における頻繁な王朝交代の責を儒学に求めののしったこと，幕末の志士らをはじめ多くの実践家が儒学に基づき自己の叛逆を正当化したことなどを考えれば，決して空論だったともいえない。儒学は，時として流血を誘う危険思想でもあったのだ。

　この国では，儒学が徳川政治体制を支えた体制イデオロギーだったという誤解と，儒学的語彙でおのれを装飾した軍国主義の経験から，この思想を身分制秩序に基づく臣民道徳だとする思いなしが根強い（よく知られているとおり，丸山眞男以来の見解である[46]）。それぞれの歴史的時間の中で同一の思想も様々な姿をみせることを思えば，一概に謬論と切り捨てるわけにもいかないが，それでもやはりまちがっているということをあらためて強調しておきたい。

（島田英明）

▷4　そのありさまは本書に収められた他の項目からもうかがうことができる。日本における朱子学批判に基づく儒学の刷新につき Ⅵ-2 「徂徠学」を，その反転の中から生まれた外来思想に冒される前の原日本の探求につき Ⅵ-3 「国学」を，そして儒学に育まれた教養が西洋思想の接受にまで一役買ったことにつき Ⅵ-4 「開国」と Ⅵ-5 「翻訳語」を参照してほしい。

▷5　孟子
孟軻（もうか）。戦国期の思想家。生没年不詳。「王道」と「革命」を説く言行録『孟子』は特に朱子学者たちに重んじられた。

▷6　詳しくは Ⅵ-8 「丸山眞男」参照。儒学を西洋における中世自然法論になぞらえ，既成秩序を「自然」の産物とみなす体制護持機能を強調した（⇨ Ⅰ-6 「トマス・アクィナス」）。しかし，儒教「官学」説は後に批判を集め当人も修訂している。少なくとも『日本政治思想史研究』における丸山説は，現在儒学を学ぶ上で有意義ではない。

参考文献

小島毅『儒学の歴史』山川出版社，2017年。垣内景子『朱子学入門』ミネルヴァ書房，2015年。渡辺浩『日本政治思想史［十七〜十九世紀］』東京大学出版会，2010年。

徂徠学

1　画期としての徂徠学

荻生徂徠[1]は，もともとは朱子学者であったが，享保年間（1716年〜）に入ると「徂徠学」と称される独自の学問体系を構築することになる。政治思想研究の領域において，徂徠が特筆すべき存在とされるのは，丸山眞男が徂徠学に「近代的なるもの」の萌芽を認めたことに由来する[2]。ただし，同時代においても徂徠学の出現と流行は，学術の重要な転換点として認識されており，江戸後期の学者が学問の歴史を振り返る際には，伊藤仁斎[3]と荻生徂徠の登場を画期に位置づけることが多い。かつては「近代」との関わりから論じられることの多かった徂徠学であるが，現在ではこのような問題関心から離れ，徂徠の秩序構想の思想的射程を高く評価する研究が増えている。

2　「安民」のための制作

徂徠は，聖人の道を古代の理想時代の君主たち（聖人）が「安民」のために制作した道徳規範や種々の制度の総称であるとみる。ここでいう「安民（民を安んず）」とは，人々が飢餓や社会秩序の混乱の苦しみを免れ，生業を営みながら安心して暮らせる状態を実現することを指す。太古の時代の聖人たちは，「安民」のために衣食住の技術を案出し，基礎的な道徳規範を定めた。徂徠は，太古の聖人たちの制作によって，「人間界」は確立したのだと説き，現今の社会も古代の聖人たちが定めた文明の基盤の上に立脚していると見る（『徂徠先生答問書』）。つまり，徂徠の考えでは，「人間界」は，もともと「安民」を目的に帰結主義的に構成されていることになる。

徂徠は，「安民」の実現のためには，人々の信頼を得る必要があり，そのためには自己の言行を正しくせよ――といった議論を展開する。この種の議論は，人心を篭絡するための権謀術数を説いたものではなく，修養の自己目的化を批判し，統治者に人間社会の本来の構成原理に従って行動すべきことを語っているのである。

徂徠によれば，太古の聖人が文明の基盤を固めた後，堯・舜・禹といった聖人が礼楽[4]という優れた統治機構を制作した。礼楽の重視は，儒学者に共通した思考であるが，徂徠の特色は，「安民」実現のための技術の体系として礼楽を再解釈したことにある。

　例えば，古代の礼では，為政者は玉器を腰に帯び，宮中で演奏される楽に合わせて玉器が鳴るように歩調を整えていたとされる。この礼に対して徂徠は次のような深遠な聖人の設計意図を読み取る。臣下は，君主の権威に圧倒され，宮中では歩調が速くなりがちである。そこで聖人は礼を定め，臣下の歩調を緩やかにし，臣下の心にゆとりをもたせることで，君主に対して積極的に意見を述べやすくしたのである──と（『論語徵』）。

　この礼解釈の一例に表れているように，徂徠は，言葉によって人々の行動を改めるのではなく，人間の性質を考量しながら制度を設計し，人々が無自覚のうちに「安民」に資する行動をするように導くことが統治の要諦であると考える。礼による行動の方向づけは，反復されることで，習慣風俗として人々の間に定着し，やがて人々はそれを自明視して疑わなくなる。徂徠は，習慣風俗の人為的な形成を重視し，「聖人の道は習はしを第一とし，聖人の治めは風俗を第一とす」（『太平策』）と説いている。

　徂徠の礼楽解釈は，儀礼の統治上の効用に対する関心を喚起し，水戸学の代表的な学者である**会沢正志斎**の大嘗祭論は徂徠学から多くを学んでいる。

③ 「土着」論

　徂徠は徳川公儀の求めに応じて，『太平策』・『政談』を献じた。これらの著作では礼楽制作の前段階として「土着」が論じられている。「土着」とは，戸籍と通行証によって民の移動を制限し，さらに為政者である武士も城下町ではなく所領に居住させることで，人々を一つの土地に根づかせ，人間関係を固定化させることをいう。徂徠は都市の流動的な人間関係が，人心に悪影響を及ぼしていると考えた。「安民」の実現のためには，たとえ愚かな人間であっても，見捨てず，もり立てていくといった心構えを人々はもっていなくてはならない。とりわけ為政者に関してはそうであり，思慮のない人々から非難されたとしても，為政者は彼らの安寧な生活のために尽力しなくてはならない。このような心のあり方は，転居や契約解除によって気に入らない他者との関係を断ち切ることができる都市においては育まれないと徂徠はみる。

　また，武士は城下町に居住している限り，生活に必要な物資を商人から購入せざるをえず，市場経済に巻き込まれ，窮乏化する。武士が「土着」すれば，所領の民に物資を現物で納めさせることができるので，武士は困窮を免れることができると徂徠は説く。この他にも徂徠は，「土着」には，田舎暮らしで武士の身体が壮健になるといった効果があると主張した。

　「土着」論を含む徂徠の献策のほとんどは採用されず，晩年徂徠は，徳川公儀の行末に強い危機感を抱いていたといわれる。当初は機密文書扱いであった『太平策』と『政談』は徐々にその写本が流通するようになり，徂徠の「土着」論の是非は江戸期の政治改革論の重要な論点となった。 （高山大毅）

▷5　会沢正志斎（1782-1863）
水戸徳川家に仕え，国体論の起源となった学者として有名である。『新論』や『下学邇言』において大嘗祭を人心収攬のための卓越した礼であると論じた。

▷6　徂徠は世襲の武士の従者（「譜代者」）が減り，契約雇用の従者（「出替者」）が増えていることを特に問題視した。

（参考文献）
渡辺浩『日本政治思想史［十七〜十九世紀］』東京大学出版会，2010年。高山大毅『近世日本の「礼楽」と「修辞」』東京大学出版会，2016年。藍弘岳『漢文圏における荻生徂徠』東京大学出版会，2017年。

国 学

① 国学とは何か

国学は，江戸時代中期に，学問の主流であった儒学に対抗して成立した。和歌，物語，歴史書などの日本古典の研究に基づき，日本の本来のあり方，日本固有の思想や文化を追究する学問である。文献を精密に読むために**言語研究**[▷1]を行い，実証的方法を洗練させ，古典研究のレベルを飛躍的に引き上げた。

国学の「国」は「日本」を指すが，このことは必ずしも自明ではない。漢和辞典の「国学」の項には「中国固有の文化や学術」という記載がある。また，江戸時代には大名領国（藩）も「国」と呼ばれた。「日本」を一つの「国」と捉え，中国と異なる「日本」固有の何かがあると想定する「国学」の成立は，思想的に国民国家[▷2]を先取りする面があったのである。

ただし，国学の大成者とされる**本居宣長**[▷3]は，「国学」を嫌った。昔は学問といえば漢籍を読むことだったため，日本に関する学問を「国学」と呼んだが，これは国の内外の区別を弁えずに外国を中心にした不当な呼称である。日本に関する学問を「学問」と呼び，漢籍を学ぶことを「漢学」「儒学」というべきだ。宣長はそう主張する。自国本位の内外の区別を強調するのである。

このような日本中心主義的イデオロギーが国学の原動力である。国学者は，中国に対抗し，日本が中国より優れていることを証明するべく，緻密な実証を積み重ねた。中国をはじめとする外国の影響を受ける以前の 古 に日本の理想の姿があったと考え，古の理想世界を明らかにすることを目指したのである。

② 国学成立の背景と儒学の影響

国民国家成立以前の江戸時代に，日本という国を中心とした学問が成立した背景は何だろうか。江戸時代は，徳川政権の下で日本の政治的・経済的・文化的一体性が高まった時代である。また，日本には，多大な影響を受けてきた中国に対するコンプレックスがみられるが，天下太平の安定した時代が続くと，日本の方が中国より優れているという意識も生じてくる。しかも，同時代の中国の王朝が清という征服王朝であったことから，天皇が浮上する。王朝交代が繰り返され，異民族すら皇帝になる中国に対し，日本は外国に征服されたことがなく，王朝交代もない。日本は，天皇を中心とする優れた国家＝「皇国」なのだ。こうした意識を背景として「国学」が成立する。

国学者が日本の優秀性を主張するとき、中国批判と表裏一体になっている。儒学を厳しく批判し、特に朱子学の「理」への嫌悪を露わにする。**賀茂真淵**は「人の理」を「死」になぞらえた。本居宣長は、中国的な思考様式や価値観を「**漢意**」と呼び、善悪是非や物事の道理をあげつらう態度を排斥した。儒学批判を通じて思想を形成することで、国学は儒学の影響を受けたのである。

また、国学は、後世の解釈を退けて経典を直接、読もうとした儒学の古学のスタイルを受けている。荻生徂徠の古文辞学の影響もある。古代中国の優れた詩文＝古文辞の模倣・習熟という擬古の方法を、国学者は日本古典の研究に転用した。さらに、徂徠の弟子の太宰春台は、中国の影響を受ける以前の日本は、倫理・道徳のない野蛮な世界だったと主張した。「中国の影響を受ける以前の古の理想世界」という国学者の主張は、春台の主張の裏返しなのである。

③ 国学の多面性と本居宣長の「日本」批判

国学は、一面では実証的な学問、一面では排他的・独善的なイデオロギーであり、多面的な相貌をみせる。記紀神話の高度な実証的研究は、日本の優秀性を証明するものであり、仏教や儒教の影響を排した復古神道にも繋がった。世界を支配する神々に対する信仰は、現状を神々の意志によるものと捉える現状肯定に繋がる。江戸時代中期の国学者は、日本に秩序と安定をもたらした徳川政権を礼賛するケースも多く、尊王と敬幕が両立していた。しかし、現状が変わると、尊王攘夷運動や倒幕運動、廃仏毀釈などのエネルギー源となった。

国学者は、排他的・排外的だが、海外の知識に無関心だったわけではない。国学と蘭学は儒学を挟撃する関係にあり、国学者は蘭学の知識を援用して中国を貶めた。**平田篤胤**は、西洋の天文学の知識を記紀神話と結びつけて、日本を地球の頂点とする宇宙像を構想した。また、日本は世界文明発祥の地であり、外国に伝播した文明が発達して日本に戻ってくるのが神の意志だと主張した。**大国隆正**も、西洋の新知識を利用することを神の配慮（「神議」）として正当化した。国学の排外主義は文明開化とも矛盾しなかったのである。

本居宣長は「日本」批判も行う。中国などからみて日の出る方向に当たるところから名づけられた、外国本位の国号だという。宣長は日本書紀も批判する。漢書・晋書といった中国の史書の名称は王朝交代を前提とする。王朝交代のない日本がそれを踏襲して書名に日本を冠するのは、中国にへつらった名称だというのである。また、日本書紀はきちんとした漢文で書かれた分だけ漢意に侵されている。神武天皇即位の年月日が正確に記されているのも漢意なのだ。

ここに国学の根本的矛盾が露呈している。日本には、中国の影響を受ける以前の文献はない。万葉集や古事記・日本書紀などの上古の文献は、中国の文字である漢字だけで書かれている。漢意を排除し、中国の影響を取り除いたら、日本という国家は存立しえないのである。 　　　　　（相原耕作）

▷4 **賀茂真淵**（1697-1769）
遠江出身の国学者。本居宣長の師。江戸に出て活躍した。自然と人為の二項対立を汎用し、万葉集を重視した。

▷5 **漢意**（からごころ）
「漢意」と対になるのが「真心」である。「よくもあしくも、うまれつきたるまゝの心」であり、様々な事態に接して嬉しい悲しいと揺れ動くもので、偽善的な「漢意」とは対照的とされる。宣長は儒学的な道徳論も嫌ったが、道徳を否定したわけではない。人に必要な道徳はうるさく教えなくても実践できるはずで、儒学の道徳論が盛んなのは中国が悪い国だからだと主張した。

▷6 儒学、朱子学、荻生徂徠については、VI-1「儒学」、VI-2「徂徠学」を参照。

▷7 **平田篤胤**（1776-1843）
秋田出身の国学者。江戸に出て活躍し、宣長の没後門人を自称した。幽冥界に関心をもち、復古神道を確立した。

▷8 **大国隆正**（1793-1871）
津和野藩の国学者。平田篤胤門人とされるが、本人にその自覚はなかったという。国学を「本学」と称し、天皇を「地球上の総帝」と捉えた。

（参考文献）

渡辺浩「「泰平」と「皇国」」同『東アジアの王権と思想（増補新装版）』東京大学出版会、2016年。相原耕作「国学・言語・秩序」『日本思想史講座3 近世』ぺりかん社、2012年。

Ⅵ 日　本

④ 開　国

▷1　⇨Ⅵ-8「丸山眞男」
▷2　明六社
明治6（1873）年，森有礼の発起により設立された学術結社。福澤諭吉，西周，津田真道，中村正直，加藤弘之のほか，阪谷素や西村茂樹，箕作麟祥など，当代一流の学者が参加した。演説会を開くとともに，『明六雑誌』を刊行した。
▷3　福澤諭吉（1835-1901）

『西洋事情』，『学問のすゝめ』，『文明論之概略』などの著作で知られる。慶應義塾の創立者。大坂の適塾で蘭学を学び，徳川政府の使節に随行して三度欧米に渡った。「独立自尊」を唱え「実学」を重んじた。『時事新報』を創刊するなど，幅広い言論活動を展開した。（写真：慶應義塾福澤研究センター提供。）
▷4　バックル（Henry Thomas Buckle, 1821-62）英国の歴史家。主著『イングランド文明史』（1857-61年）は，福澤ら明治初期の

① 開国経験の思想史

　「開国」という漢語は，もともと「建国」を意味し，中国の古典『易経』などにみられる。日本の歴史では一般的に，1853年のアメリカ合衆国東インド艦隊司令長官ペリー率いる黒船来航を起点とした政治外交過程を指す。

　周知のように日本は，開国により西洋諸国と諸条約を結び，西洋国際体系へと編入された。その過程で徳川政権は瓦解し，明治新政府が樹立された。それはまた，様々な西洋の文物が洪水のように流入する文化接触の契機でもあった。

　勝海舟や福澤諭吉による万延元（1860）年遣米使節や，榎本武揚・西周・津田真道らのオランダ留学を端緒に，多くの学者や政治家が西洋諸国に渡航し見聞を深めた。彼らは欧米の法学や政治思想を受容し，それと正面から取り組み，伝統的な概念を拡張しながら旧来の世界認識や社会秩序を問い直した。そして国家の独立をかけて様々な政治構想を提示し，近代日本の礎を築いた。

　開国研究の意義について，宮村治雄は次のように語る。開国期の日本では，異質な文明との出会いを通じて，西洋政治理論を「閉ざされた歴史的アイデンティティから解き放ち」，自らの政治状況の内側からそこに新たな意味を付与する思想的営みがなされた，と。中国や朝鮮も同様の課題に直面した。開国は，東アジア諸国の近代国家化の分岐を比較検討する重要な分析枠組みでもある。

② 開かれた社会と道理の探究

　開国をめぐる先駆的研究に，丸山眞男「開国」（1959年）がある。丸山は同論文でベルクソンやポパー，ジンメルらの社会理論を援用し，開国という歴史的事象を「閉じた社会」と「開かれた社会」のダイナミズムのもとに分析した。丸山によれば，開国に伴う異質な社会圏との接触を通じて人々の「視圏」が拡大する中，社会の流動化が進み，旧体制は崩壊し，道徳的アナーキーが生まれた。だがそこから，福澤や西，津田，中村正直，加藤弘之らによる学術団体・明六社が結成され，さらに民権運動が活性化するなど，自発的結社や自由討議の精神が芽生えた。丸山はここに，開かれた社会の可能性を見出した。

　開国維新期，多くの使節団や留学生が西洋諸国に渡り，「視圏」の拡大を図った。ただし，彼らがそこでみたものは西洋文明だけではない。旅の途上，船はこれまで「聖賢の国」とされた中国にも立ち寄っており，彼らの西洋見聞は

「中国経験」を伴うものでもあった。この点は，松沢弘陽の研究に詳しい。

　例えば**福澤諭吉**[43]は，香港に寄港した際，英国の植民地支配による中国の悲惨な実態を目の当たりにした。その経験を基礎に，当時流行する**バックル**[44]らの西洋産文明論と格闘し，『文明論之概略』（1875年）を執筆。同書で福澤は，西洋産文明論が孕むオリエンタリズムの問題に挑み，そこから「独立」すべく独自の文明論の「始造」を試みた。その後の福澤による朝鮮開化派への接近や「**脱亜論**[45]」もまた，こうした取り組みの延長線上にある。

　それとは対照的に，昌平坂学問所の御儒者で，中国文化に精通していた**中村正直**[46]は，英国留学の途上，むしろ上海や香港で中国の官吏や文人らと積極的に筆談を交わし，宣教師とも交流した。そして，英国ではヴィクトリア朝期の社会の根底に，儒学と通底するキリスト教の「自助」の精神を見出した。中村が帰国後に翻訳したスマイルズ『西国立志編』（1871年）は，福澤の『学問のすゝめ』（1872-76年）とともに，明治初期の多くの青年に影響を与えた。

　このように開国とは，単なる西洋化ではない。中村のように，儒学の理想的統治を背景に，普遍的な「道」に照らしてより善き制度を摂取する試みも存在した。この問題に関連して，徳川政府高官と西洋諸国の外交官との外交交渉を分析した，渡辺浩の研究は意義深い。渡辺によれば，西洋の外交使節は決して武力で一方的に開国を迫ったわけではなく，日本側も開国を押しつけられたわけではない。西洋・日本双方の側に，「開国」とは正しき「道理」なのかという思想的な問いが存在した。渡辺はその極点に，「地球上の全論」討論による「全世界之道理」の発見を唱えた儒者・**横井小楠**[47]の政治構想を位置づけている。

❸ 政治思想のグローバル・ヒストリー

　近年，グローバル・ヒストリー研究の下，徳川日本を取り巻く交易や世界史の動向が解明され，旧来の「鎖国」像の批判的な再検討が進んでいる。徳川日本は，実際には17世紀から長崎や対馬，薩摩，松前を通じて，オランダや中国，朝鮮，琉球，アイヌに開かれていた。「鎖国」の語は，1801年に蘭学者・志筑忠雄が**ケンペル**[48]『日本誌』の一部を「鎖国論」として翻訳した後，19世紀になって普及した。こうした研究の成果は，「鎖国」と対をなす「開国」の捉え直しにも繋がる。とりわけ江戸期の西洋学である蘭学の分厚い学問的蓄積を世界史の視座から解明する作業は，「開国」研究の深化に貢献するであろう。また最近は，徳川期および明治期の日本で作られ使用された翻訳語や概念が，中国や朝鮮へと逆輸入され伝播した過程についても研究が盛んである。

　巨大な思想家の政治哲学の検討だけが政治思想史ではない。非西洋圏における異質な文明との出会いと知的格闘を主題とした開国の思想史は，西洋中心主義を越え，思想の比較と連鎖をめぐる新しい政治思想研究の可能性を示している。

（大久保健晴）

学者に影響を与えた。

▷5　脱亜論
福澤諭吉が明治18（1885）年3月に『時事新報』に発表した論説。「我れは心に於て亜細亜東方の悪友を謝絶するものなり」と記される。前年12月に朝鮮で，福澤と親交のあった金玉均ら開化派がクーデターを起こしたが，失敗に終わっていた（甲申政変）。

▷6　中村正直（1832-91）
号は敬宇。佐藤一斎らに儒学を学び，昌平坂学問所の御儒者となる。徳川末期の英国留学を通じて，キリスト教に接近し，「敬天愛人」を唱えた。J. S. ミルの *On Liberty* を『自由之理』として翻訳。東京大学教授，貴族院勅選議員などをつとめた。

▷7　横井小楠（1809-69）
儒者。徳川政権の政事総裁職に就いた松平慶永を補佐し，維新後は新政府に参与として出仕するが，暗殺された。

▷8　ケンペル（Engelbert Kämpfer, 1651-1716）
17世紀末に来日し，長崎・出島のオランダ商館に勤務した医師，博物学者。

（参考文献）

丸山眞男「開国」『丸山眞男集』第8巻，岩波書店，1996年。松沢弘陽『近代日本の形成と西洋経験』岩波書店，1993年。宮村治雄『開国経験の思想史』東京大学出版会，1996年。渡辺浩「思想問題としての「開国」」朴忠錫・渡辺浩編『国家理念と対外認識』慶應義塾大学出版会，2001年。大久保健晴『近代日本の政治構想とオランダ』東京大学出版会，2010年。

5 翻訳語

▷1　加藤弘之（1836-1916）

東京大学綜理，帝国学士院長，枢密顧問官など，教育・研究関係の要職を歴任。天賦人権論の最大の主唱者であったが，後にそれを自己批判して社会進化論を唱えるなど，当時最先端の学説をいち早く日本に紹介する役割を果たした。

▷2　西周（1829-97）

徳川政権公認の留学生として，オランダのライデン大学法学部教授 S. フィッセリングから受けた講義の知見は，その後の日本に影響を与えた。philosophy を「哲学」と訳したほか，「概念」「理性」「演繹」などなど，数多くの翻訳語を発明した。

① 翻訳語が拡げた思考の領域

　ジョージ・オーウェルは『一九八四年（*Nineteen Eighty-Four*）』（1949年）において，権力による徹底した支配が貫徹されている極限的な世界を描いた。その世界を成立させている重要な要素のうちの一つに「ニュースピーク」と呼ばれる言語支配があった。英語を簡素化して成立するニュースピークは，意図的に語彙量を減少させるように作られており，それを用いる者達は反権力的な思いを抱くことはもちろん，現状に対する不満を感じることさえ不可能になっている。例えば「自由」という語が抹消されることによって，この世界の人々は自由を求めることも，自由について考えることもできなくなったのである。

　江戸時代末期以降の日本では，これと正反対の事態が生じた。家ごとに家職が決まっており，職業を自由に選択することなど思いも寄らなかったはずの人々が自由について考え，求めるようになった。自由という伝来の語が freedom や liberty という西洋由来の概念を表現するための翻訳語としても用いられるようになり，普及していったからである。自由という概念を知らず，それゆえ求めることもありえなかった人々が，その語を獲得した途端，現状を問題あるものとして捉えだし自由を求めはじめた。freedom を求めるという実態が先に生じ，それを表現するために自由という語が発明されたのではない。はじめに自由という翻訳語が登場し，その後，最初は何のことかわからなかったはずの自由を人々が求めるようになったのである。翻訳語は当時の人々の思考の領域を広げていった。

② 翻訳語の登場と知の底上げ

　自由のほか，政治思想の分野で用いられる多くの基本用語は，流入してきた西洋由来の概念に対する翻訳語として発明され定着してきたものである。**加藤弘之**による「立憲」，**西周**による「哲学」といった用語である。それ以前には，それらの用語がなかったのみならず概念さえ存在していなかった場合もある。語自体は存在していた場合でも，その意味合いは異なっていた。翻訳語がなくても，原書を読めば西洋由来の知識や発想に触れることが可能だが，それを日本語で表現することはできない。実際，明治前期の法律学校では，講義は外国語を用いて為されていた。当時の日本語の語彙では，法学の内容を表現するこ

とができなかったからである。外国語を自由自在に読解できる者でなければ，学問の成果に触れることはできず，国民の多くは法律や政治に関係する知識を得ることはできなかったのである。極一部のエリートとその他大勢の国民との間に，大きな知的格差が生じることは避けられなかった。幸か不幸か，その後の日本の状況は変わった。明治期に活躍した思想家達による翻訳語の発明によって，多くの人々が，西洋由来の最先端の学術的知見にも容易に触れることができるようになったからである。翻訳語は，知の底上げに貢献した側面がある。

3 翻訳語の功罪

　他方，翻訳語を用いて思考しているせいで，日本人には（西洋由来の）学問を正確には理解できないのではないかという疑念が表明されることもある。「勝手きまま」という意味をもつ伝来の日本語「自由」によって freedom が置き換えられたことによって，それは追求すべき理想であるよりも警戒すべきものとして認識されることも多い。「社会」を構成する最小単位であるはずの individual が「個人」という語で表現され，集団そのものを忌避する一匹狼のように理解されるならば「個人主義」は批判対象を名指すための語に成り下がる。しかも，翻訳語を介して思考していることに無自覚な場合，そのような問題が発生していること自体に気づきえない。翻訳語の多くが漢語であることに伴う問題もある。「公」や「公共」などという語を用いて翻訳されることの多い概念（public や Öffentlichkeit）をめぐる混乱は，まさにこの問題である。「公」という漢字は，「コウ」と読む中国由来の概念としての意味合いと「オホヤケ」と発音する伝来の日本語の意味合いとの間にズレがあり，その理解が「コウ」寄りなのか「オホヤケ」寄りなのかによってだいぶ異なるからである。両者の相違に無頓着なままに public を理解し，それを公共性などという語で論じてしまえば，行き着く先は表現したかったはずのものからだいぶ遠ざかったものになりかねない。

　グローバル化した学問状況との関連で，翻訳語の存在がマイナスに働くこともある。生物学者の福岡伸一は「奇妙な曲線を持つ蛇紋岩や輝くような緑閃石」「支点，力点，作用点」といった様々な学術用語に相当する英単語が即座には思いつかず，海外の学者との会話が難しかったという経験を述べている（『朝日新聞』2017年9月14日朝刊）。翻訳語の存在は，私たちに逆翻訳のための多大な労力を割くことを強いる場面がある。最初から原語で理解し思考し表現していれば，こんな問題はおこりようがなかった。

　日本語を用いて思考し表現するのである限り，翻訳語が有する功罪両面の作用が働き続けることは避けられない。私たちは，少なくともそのことを認識しておく必要があるといえるだろう。

（菅原　光）

▷3　1880年に開校した専修学校（現専修大学）や，その2年後に開校した東京専門学校（現早稲田大学）は，そのような状況を問題視し，日本語を用いた法学・政治学の教育を開始した。

▷4　「私」とは「公」でないことを意味し，両者が反対の方向を向いた相反関係として観念される中国の「公・私」関係に対し，「オホヤケ・ワタクシ」関係は，相対的な上下や大小を表す。「公」はいかなる場面でも「公」だが，「オホヤケ」はより大きな「オホヤケ」の前では「ワタクシ」と認識されるなど，両者の間には違いがある。さらに両者は，広く人々に関することを意味する public とも異なる部分がある（⇨ V-27「公共性」）。

　「公」「私」や「公共」という語が用いられる際，以上三者の意味が無意識のうちに混在している可能性があることに自覚的である必要がある。

　「公・私」という概念，ならびにその「オホヤケ・ワタクシ」との違いについては，溝口雄三『中国の公と私』研文出版，1995年。「公」という概念をめぐる混乱については，渡辺浩「「おほやけ」「わたくし」の語義」佐々木毅ほか編『公と私の思想史』東京大学出版会，2001年。

（参考文献）

柳父章『翻訳とはなにか』法政大学出版局，1976年。米原謙編『政治概念の歴史的展開』第9巻・第10巻，晃洋書房，2016・2017年。

大正震災

① 時代の転換点としての大正震災

　1923（大正12）年 9 月 1 日に関東地方を襲った巨大地震を契機とする一連の災害が,「**関東大震災**」という名称で知られている。だが,発生直後から戦前期を通しては「大正震災」「大正大震災」などと呼ばれることも多かった。例えば内務省社会局による公式記録のタイトルは『大正震災志』であり,東京府や警視庁も類似の表題を採用している。講談社『大正大震災大火災』,改造社『大正大震火災誌』など民間の刊行物もまたそうである。

　今日からみてどこか誇大に思えるこの名称が選ばれたのは,それなりの理由があった。帝都東京を直撃したこの震災が,「大正」という元号の下にあるすべての領域（つまり大日本帝国）を揺るがすように感じられたからである。

　かつて批評家の柄谷行人は,「おそらく『大正的なもの』は関東大震災とともに終わっていたといえる」と語ったことがある。実際,大正期の人々とりわけ政治家・軍人・知識人などは,この震災に時代の転換点をみた。震災を奇貨として時代を転換しようとした人々がいた,といったほうがいいかもしれない。

② 「天譴論」的言説の流行

　そのあらわれが,震災後にみられた「**天譴論**」の流行である。「天譴論」とは,地震などの災害を天からの譴責や警告として解釈する思想のことで,2011年の東日本大震災後にも一部の政治家が唱えて話題となった。

　大正震災では,渋沢栄一,内村鑑三,作家の近松秋江や生田長江,陸相（のち首相）の田中義一らが「震災は日本国民の堕落・腐敗・弛緩に対する罰（または警告）である」といったたぐいの言説を振りまいた。渋沢は政財界の腐敗や**有島武郎の心中事件**などと地震発生を関連づけ,内村も性道徳の乱れに対する「天罰」として震災を描いた。第一次大戦時の「成金ブーム」にみられる奢侈の風潮や,拝金主義,利己主義に対する罰と捉える論者も多かった。

　もちろん「国民の不品行が集積して災害が起こる」という発想が迷信的だと感じる程度に日本社会は近代化していたので,作家の芥川龍之介や菊池寛,民俗学者の柳田國男らはこの手の言説の非科学性を強く批判した。そのような批判は当時でも常識的反応に属していた,ということであろう。

　だが,「天譴論」を日本社会が抱える問題と震災被害との関係を考察する態

▷ 1　関東大震災
相模湾北西沖80 km を震源とする M7.9（推定）の巨大地震。激しい火災が首都東京などを襲い,死者・行方不明者約10万5000人,全潰全焼流出家屋約29万棟に達した。朝鮮人・中国人・社会主義者などの虐殺事件が発生したことでも知られている。

▷ 2　天譴論
古代中国には「天人相関説」に基づき,災害を為政者の不徳や失政に対する譴責・警告として捉える思想があった。近代日本の場合は為政者ではなく国民に対する罰として捉える傾向が顕著とされる。

▷ 3　有島武郎の心中事件
1923年 6 月,作家の有島武郎と夫をもつ女性記者波多野秋子が軽井沢で心中死し,社会に大きな衝撃を与えた。「恋愛」の美しさを象徴する事件として賛美する論調もあったため,内村らは強く反発した。

▷ 4　浮田和民（1859-1946）
同志社英学校出身,早稲田大学教授を長く務めた。著書に『倫理的帝国主義』など。

度として捉えると，迷信の一語では片付けられない側面もみえてくる。例えば政治学者の**浮田和民**[44]は，大正震災において「天災」の要素は３分の１で，残り３分の２は人災だと訴えた。浮田は，防災設備の不足や道路の狭隘さによる被害の拡大は，個々人が自己の便益や私利を追求した結果だと説く。つまり，「公共の利益」のために都市計画に関心をもち，「自己の利益」を抑制する者が少なかったから被害が深刻になったというわけである。これはごく冷静な指摘にみえるが，利己主義批判という点では「天譴論」と共鳴する。

　大正デモクラシー[45]を牽引した経済学者の**福田徳三**[46]は，震災を「火てふ浄化者による国民的大祓除」と呼んだ。福田は，資本家や地主などの「特権と我利の結晶」が焼失したことを好機として，跡地に万人普遍の「生存権」保障，男女平等の普通選挙，財産権に対する労働権の平等，労働の機会均等などを特徴とする「新首都」を建設すべきと説いた。民法学者の**末弘厳太郎**[47]も震災を「合理的帝都」を建設する機会と捉え，「個人所有権」に拘泥することを戒めるとともに，借地人・借家人の権利保護などを訴えた。

3　大正震災と「改造」の潮流

　福田，末弘らの震災（復興）論は，彼らが以前から訴えていた政治改革論や社会改革論の延長線上に位置づけられる。それは，大正期の思想を特徴づける「改造」[48]の潮流の一部をなす。

　例えば末弘は，震災前から目下の社会問題の根本に「契約自由の原則」「財産自由の主義」があることを指摘していた。明治期に国民の自由の保護や経済発展に寄与した「契約自由の原則」「財産自由の主義」は，資本主義が発達した大正期には持てる者を保護して持たざる者を迫害する機能を果たす。資本は自由契約を盾に労働者を解雇し，大家は所有権を盾に借家人を放逐するのである。末弘は，契約の自由や所有権を制限する「改造」が急務であると訴えた。

　福田が**吉野作造**[49]とは違い代議政治や政党政治を「旧いデモクラシー」と呼び，持たざる者の「生存権」の保障を「新しいデモクラシー」と呼んだことも，同じ文脈に位置づけられるだろう。彼らにとって，震災は制度疲労の著しい明治国家を根本的に「改造」するチャンスでもあったのである。

　このほかにも，大正震災は無数の「改造」論を生んだ。焼けた東京に近代的巨大都市を建設する内相後藤新平の「帝都復興」論もあれば，逆に東京集中を批判して地方分散を訴える議論，関西への遷都を主張する議論もあった。

　震災は巨大な被害をもたらすと同時に，国家と社会への反省と変革の機会を提供する。植民地政策や産業発達の結果朝鮮人が内地に流入し，日本人と摩擦を起こしたことを前史としてもつ虐殺事件もまたそうであったはずだが，これは今日もなお十分に向き合いきれていない問題として残されている。

（尾原宏之）

▷5　**大正デモクラシー**
日露戦後から大正期にかけて様々な領域で発生した民主化・自由化の傾向を指す。憲政擁護運動や米騒動などの大衆運動，初の本格的政党内閣・原敬内閣の成立，普通選挙法の成立などが代表例に挙げられる。

▷6　**福田徳三**（1874-1930）
東京商科大学教授。吉野作造と並ぶ大正デモクラシーの旗手で，福祉国家論の先駆者として知られる。

▷7　**末弘厳太郎**（1888-1951）
東京帝国大学教授。労働法や法社会学のパイオニアとしても知られ，戦後には労働三法制定などに参画した。

▷8　**改造**
「「デモクラシー」をも含んだ「世界的基調」を踏まえた上で，日本国家と日本国民の実情に即した形での体制の変革を志向した思想・運動」（季武嘉也）。様々な領域で「改造」が叫ばれた。

▷9　**吉野作造**（1878-1933）
大正デモクラシーの代表的思想家で，民本主義の主唱者。東京帝国大学教授などを務めた。

参考文献
尾原宏之『大正大震災』白水社，2012年。武村雅之『関東大震災』鹿島出版会，2003年。宮地忠彦『震災と治安秩序構想』クレイン，2012年。

VI 日 本

 # 「戦後」

▷1　こうした状況については，日高六郎編『戦後日本思想大系第1巻　戦後思想の出発』筑摩書房，1968年，吉野源三郎『職業としての編集者』岩波新書，1989年，平石耕「敗戦の経験とデモクラシー」成蹊大学法学部編『教養としての政治学入門』ちくま新書，2019年を参照。

▷2　⇨ Ⅵ-10 「高度経済成長期の思想」

▷3　**教育勅語**
教育の基本方針を示す明治天皇の勅語。1890年10月30日発布。親孝行から危急の際に国家に尽くすことまで日本国臣民が実践すべき14の徳目が示される。その中には普遍的な内容も含まれるとの指摘もあるが，一般に教育史の分野では，全体の文脈から考えてそれらは皇室への奉仕（皇運扶翼）に集約されると解釈される。また，起草者の一人である井上毅には教育勅語を国教の聖典とみなすような意図はなかったという指摘もあるが，小学校を中心に教育勅語の精神を徹底させる指導が行われた事実は残る。1948年に衆参両院でそれぞれ排除，失効確認決議がなされたが，2017年3月に政府は，憲法や教育基本法に反しない形での教育に関する勅語を教材として用いることを否定しない旨の見解を表明した。

1　「転機」としての1945年8月15日

　1945年8月15日はそれまでの日本の政治・社会機構の変革と価値体系の転換とをもたらした，とされる。しかし，当時の日本の政治・社会状況の変化は緩やかであった。[1] たしかにマルクス主義者や自由主義者の一部には，敗戦の意味とそれがもたらすはずの変化とを理解している者はいた。しかし，多くの国民は精神的虚脱状態に陥るか，敗戦直後の東久邇内閣のように敗戦の思想史的意味を理解しなかった。例えば戦後2カ月近く経って治安維持法廃止を指令したのはGHQであり，それに対応できない東久邇内閣は辞職した。

　その一方で，敗戦直後の日本社会では，理論よりも実際においてそれまでの社会規範や価値体系からの解放もみられた。その典型は闇市である。そこでは個々人が法であり，人々の自己保存の論理が，生活を保障できない配給統制という国家の論理に優越した。藤田省三が「自然状態」と「明るさ」とをみた所[2] 以である。従来の道徳規範から「堕落」して自らの人間性を解放せよという坂口安吾の訴えや，「肉体が思想である」とする田村泰次郎の肉体文学の提唱もこうした解放に肯定的な意味を見出そうとした試みだと考えることができる。

2　新しい日本の理念をどこに求めるか

　政治思想の観点からみれば，問題は，天皇制と民主主義との関係をどう理解するかであった。敗戦は，天皇を統治の総攬者とし国民を臣民とみなす政治体制だけでなく，**教育勅語**[3] を軸とする価値体系・道徳秩序をも根本から問い直させる側面があった。しかも民主化がGHQという権威によって促進された面もあるため，そもそも民主主義とは何かという原理も問われた。

　例えば**南原繁**[4] は，1946年のいわゆる憲法議会において，政府草案に対するGHQの影響に強い懸念を示し，国民の代表が草案作成段階から参加するだけでなく議会で決定した新憲法案を国民投票にかけるべきだと説いた。また，新憲法の性格の理解についても，政体の変更のみで国体の変更はないとする政府答弁を批判し，「神授権」説から「民約」説への根本的変革が含意されていることを鋭く指摘した。さらに南原が指摘したのが，教育勅語に代わって新憲法を支える新たな教育原理の重要性であった。彼が後の教育基本法成立に重要な役割を演じた所以である。そこでは，「皇民」の育成に対して普遍的な「人間

性」に立つ人間の養成が目指された。しかしクリスチャン南原は天皇制支持者でもあった。彼は，天皇が人間宣言だけでなく退位して道徳的責任をとることで，日本民族は天皇とともに世界に対して正義と平和を愛する新しい姿をみせることができると考えた。だが天皇は退位しなかった。

これに対して，戦前の天皇制の本質を「無責任の体系」にみたのが丸山眞男[5]であった。丸山は，絶対君主と立憲君主との二つの顔をもちつつ最終的には皇祖皇宗の遺訓に依拠する天皇本人も含め，戦前の日本社会には主体的責任意識をもって政治を行う「自由なる主体」が欠如していたと喝破した。問題は，国家権力が道徳規範のあり方まで定める教育勅語の体制であった。そこでは善き人間と善き臣民とが同定され，精神的自立が実現されないからである。戦後の民主主義に必要なのは，規範や秩序を外部からの拘束とみなし，その欠如を自由とみるのではなく，理性的な自己決定に基づいて自ら規範や秩序を組み上げることを自由と考える「規範創造的な自由」観だと丸山は説いた。その際，丸山の引照基準は理念化された西洋の近代思想におかれた。

福田歓一[6]にも同じ実践的関心が控えていた。ホッブズ[7]，ロック[8]，ルソー[9]らの社会契約説を通じて近代民主主義国家の正統性の原理を探った彼の研究は，「大日本帝国の国家破産」のあと焼跡の中で手段を選ばずに自己保存が図られる状況を見据えながら，そうした自己保存を基本権として認めつつも，人々が暴力ではなく契約という言語象徴を用いて自ら秩序を形成できるかという切実な問いに支えられていた。福田が，国家状態に入る前の自然状態における個々人の自然権の設定や人間性理解，特に感性と理性の関係に注目して，国家による統治の起源・目的・範囲に関する議論に注意する所以である。また，福田における社会契約と支配服従契約との区別ももっと注意されてよい。社会契約とは国家状態に入ることを契約する個々人の間の水平的な契約であり，その意味で「規範創造的な自由」の具現であった。

❸ 「もはや戦後ではない」か

すでに敗戦から4分の3世紀が過ぎた。上記のような問題は時代遅れだろうか。戦後の日本はたしかに経済的復興を果たした。象徴天皇制も根づいたかにみえる。「規範創造的な自由」の実践も報告されている。しかし他方で高度経済成長は「快適の哲学」を生み，「滅私奉公」に代わる「滅公奉私」の価値観を生んだ（日高六郎）。それは公共を創りあげるという視点の弱さを意味する。また，1966年には紀元節が建国記念日として復活した。それが憲法記念日と異なることは何を意味し，象徴天皇制は何を象徴するのか。昭和・平成・令和と時代が進みながらこうした問いが煮詰められないまま，教育基本法が改定され憲法改正が取り沙汰されている状況をみると，平和主義の問題[10]も含め，改めて日本という国家ないし社会が何を理念としているのかが問われよう。　（平石　耕）

▷ 4　南原繁（1889-1974）
政治哲学者。東京帝国大学卒業後，内務省に入ったが東大に戻り，戦後最初の東大総長を務めた。内村鑑三の無教会主義キリスト教からの深い影響は，主著『国家と宗教』にもうかがわれる。戦後の平和主義に関して，憲法審議の際には9条に批判的だったものの，その後，講和問題をめぐっては全面講和論を打ち出したことでも知られる。

▷ 5　⇨Ⅵ-8「丸山眞男」

▷ 6　福田歓一（1923-2007）
戦後日本の政治思想史研究を牽引した政治学者。その影響は社会契約説に関する高校の教科書の記述にも垣間みえる。『近代政治原理成立史序説』，『近代の政治思想』『近代民主主義とその展望』など。

▷ 7　⇨Ⅱ-3「ホッブズ」

▷ 8　⇨Ⅱ-5「ロック」

▷ 9　⇨Ⅱ-9「ルソー」

▷10　⇨Ⅵ-9「憲法9条」

（参考文献）
日高六郎『戦後思想を考える』岩波新書，1980年。加藤節『南原繁の思想世界』岩波書店，2016年。宮村治雄『戦後精神の政治学』岩波書店，2009年。平石直昭「理念としての近代西洋」中村正則ほか編『新装版戦後日本 占領と戦後改革3　戦後思想と社会意識』岩波書店，2005年。

8 丸山眞男

▷1　丸山眞男（1914-96）

▷2　江戸時代の荻生徂徠の思想に，朱子学とは異なる「近代的思惟」の誕生を見出す。

▷3　ヨーロッパ近代的な中性国家が，真理や道徳に対して中立を保とうとするのに対し，戦前の日本の「超国家主義」の特色は，国家が倫理的実体として人間の内面に無限に侵入していくところにあるとした。

▷4　ほかに主著として『日本政治思想史研究』『現代政治の思想と行動』『日本の思想』『忠誠と反逆』がある。本文に挙げた論文も含めこれらは『丸山眞男集』『続・丸山眞男集』で読むことができる。座談会については『丸山眞男座談』，書簡については『丸山眞男書簡集』（いずれも岩波書店）。さらに「正統と異端」研究会資料を含む未公刊資料が東京女子大学丸山眞男文庫で公開されている。

1　人生とその時代

　　丸山眞男▷1は20世紀後半の日本を代表する政治学者，政治思想史家である。1914（大正3）年，大阪朝日新聞記者，丸山幹治の次男として大阪に生まれ，東京四谷愛住町に育った。9歳で大正大震災を体験，満州事変が始まった1931（昭和6）年に第一高等学校に入学，1934（昭和9）年に東京帝国大学法学部入学，1937（昭和12）年同政治学科を卒業，助手として採用され，「近世儒教の発展に於ける徂徠学の特質並にその国学との関連」を『国家学会雑誌』に発表する▷2。1940（昭和15）年，東京帝国大学法学部助教授となる。担当講座は政治学政治学史第三講座（東洋政治思想史）。1944（昭和19）年，朝鮮平壌に陸軍二等兵として応召され，1945（昭和20）年，再度応召された広島宇品で原子爆弾に被爆する。

　　東京帝国大学の助教授という当時のエリートでありながら二等兵として徴用され，広島で被爆したこの人物の活躍（ただし本人は被爆経験についてあまり多くを語ろうとしなかった）は，岩波書店の雑誌『世界』1946年5月号に掲載された論文「超国家主義の論理と心理」が大きな反響を呼んだことが契機となった▷3。東京大学法学部教授となった1950年には，講和条約をめぐって全面講和と非武装中立の立場に与する平和問題談話会の一員として「三たび平和について」を執筆，また1960年の日米安保条約をめぐっては当時の自民党・岸信介政権の対応を強く批判する「選択の時」「複初の説」などの論説・講演を通じて市民に行動を呼びかけ，時に自身も街頭に出た。だが，1968年の学園「紛争」に際しては，当時運動をリードした全共闘から既成のアカデミズムの権威の象徴とみなされ盛んに攻撃された。1970年には体調の悪化に伴い定年を待たずに東京大学を退職する。その後は，専門である日本政治思想史の研究に沈潜し，論文「歴史意識の「古層」」（1972年）を発表するなどして学界には大きな影響を与え続けるも，社会的にはほぼ沈黙を守った。1996年8月15日没▷4。

2　その位置づけ：「戦後民主主義の旗手」？

　　以上の経歴から，丸山は「戦後民主主義の旗手」などと形容されることが多い。マルクス主義に依拠する共産党，あるいはポスト・マルクス的な諸思想と伴走した新左翼諸派とはあくまで一線を画するものの，一貫して「革新」陣営

に属し，保守政党および時の政権に対しては批判的なスタンスを取り続けた中道左派を代表する「進歩的知識人」「良心的知識人」。そうしたイメージがこの形容句には付きまとう。

　これらのイメージが全くの的外れというわけではない。個人の内面的尊厳に立脚する基本的人権を尊重し，政府権力や社会の介入からそれを守る仕組みを備えた政治体制を志向する。その意味でのリベラル・デモクラシーを擁護する傾向が丸山に強くみられたことは疑いない。また，そうした政治体制や基本的人権がその前提として，自由で自立した主体的「個人」の確立を必要不可欠なものとしているという，西欧「近代」由来の発想を，「普遍的」価値として信じていたこともおそらく確かである。前記「超国家主義の論理と心理」に引き続き丸山の名を高からしめた「軍国支配者の精神形態」論文（1949年）においても，「無責任の体系」として描写される戦前期までの日本は，そうした強い「主体」の欠如態として造形されていた。大塚久雄や川島武宜らと「**近代主義者**[5]」として並び称されるのも，その意味では無理はない。

③ 権力の「魔性」と政治的リアリズムをめぐって

　だが，上記をもって丸山のすべてとするならば，多くのことを取り落とすことになろう。例えばその「政治的リアリズム[6]」である。丸山は思想史家として，政治を道徳的価値判断から切り離す，権力や政治それ自体を純粋な技術として切り出すタイプの思想家に，比較的多くの共感を寄せてきた。もちろん，政治を倫理や道徳から切り離すこの種の思考は，前述したリベラルな政治哲学にも，連なっていくものではある。だが他方で見落とすべきでないのは，そうして切り出された政治や権力それ自体の必要性を直視する「政治的リアリズム」の感覚の涵養を，丸山自身が折に触れて強調していたということである。政治とは共通善の実現ではなく，所詮は「悪さ加減の選択」にすぎない。権力の魔性とその「悪」を自覚しながら，lesser evil の暫定的かつ不断の選択と決断に耐えうる「**大審問官**[7]」的パーソナリティを，丸山は「政治」に携わるものに要求する。その意味で，良いことはそれが良いことであるがゆえに実現すべきであると素朴な心情倫理の立場への丸山の評価は必ずしも高くなく，その批判の刃は時の政権与党だけでなく，左派「野党」陣営にも時に向けられたことには注意すべきだろう。

　基本的人権や消極的自由の価値を信じ，そうしたものを侵しうる近代国民国家を相対化する政治制度を志向した丸山を，ラスキ[8]やバーリン[9]の線に連なる〈白丸山〉と仮にするならば，ニヒリズムと表裏をなす政治的リアリズムを強調する丸山は，ウェーバー[10]，マイネッケ，シュミット[11]に連なる〈黒丸山〉と見立てることも出来よう。この白黒のあわいを自由に往還する筆の冴えこそが，政治思想家としての丸山の魅力であった。

（河野有理）

▷5　**近代主義者**
日本社会の遅れた「封建」的性格を明らかにし，主にヨーロッパ近代に範をとった市民社会を実現していこうとする一群の知識人。

▷6　⇨Ⅴ-30「リアリズム」

▷7　**大審問官**
ロシアの作家ドストエフスキーの『カラマーゾフの兄弟』の挿話に登場するキャラクター。教会を守るためにキリストを否認する。政治指導者に必要な「責任倫理」の比喩として，M. ウェーバーが用いた。

▷8　⇨Ⅲ-7「ラスキ」

▷9　⇨Ⅲ-11「バーリン」

▷10　⇨Ⅲ-4「ウェーバー」

▷11　⇨Ⅲ-5「シュミット」

参考文献

苅部直『丸山眞男』岩波新書，2006年。清水靖久『丸山真男と戦後民主主義』北海道大学出版会，2019年。森政稔『戦後「社会科学」の思想』NHK 出版，2020年。

9 憲法9条

1 憲法9条と国際連合

　憲法9条は長らく，日本において最も論争的な争点であり，それへの賛否が政治の対立軸を作ってきた。

　『憲法9条の思想水脈』（山室信一）は，カントやサンピエールの永久平和論，あるいは**中江兆民**や**内村鑑三**の非戦論などに遡る。また，1928年のパリ不戦条約は国際紛争解決の手段として戦争を禁止しており，憲法9条に先行するものである。しかし，極端な軍国主義を経験した日本では，第二次世界大戦後，軍部支配の復活防止と非武装化が求められ，憲法9条は自国の戦力放棄にまで踏み込んだ点にその特徴があった。

　日本国憲法の内容が議論された1946年前後は，第二次大戦が終わり冷戦が始まるまでの狭間であり，理想主義的な世界秩序への展望が高まった稀有な時間であった。そこにあって憲法9条は，新設される国際連合と一体の構想であった。当初，マッカーサーの構想では，日本の防衛は国連軍による集団安全保障に委ねられる予定であった。

2 9条と自衛隊および日米安保条約

　しかし，期待された国連軍は創設されず，冷戦対立の中で日本はアメリカを盟主とする西側陣営に組み込まれていく。その結果，憲法9条は自衛隊と日米安保条約という二つの異物との共棲を余儀なくされる。

　1949年，国共内戦に共産党が勝利を治め，中華人民共和国が成立。1950年には朝鮮戦争が勃発し，東アジアにおける冷戦対立が激化する。蔣介石の国民党政権にアジアにおける「反共の防護壁」を託そうとしてきたアメリカは，中国の共産化を受け，急遽，その役割を日本に負わせることになった。その結果，1950年に警察予備隊，1954年に自衛隊が発足する。

　憲法9条と自衛隊との整合性について議論を紛糾させたのが，いわゆる「芦田修正」であった。1946年，憲法制定議会において**芦田均**は，9条2項の冒頭に，「前項の目的を達するため，陸海空軍その他の戦力は，これを保持しない」という傍点部分を追加していた。芦田は1951年になって，「前項の目的」に「自衛のための武力行使」は含まれないと述べ，自衛隊合憲論を促した。

　また，1960年に日本はアメリカと日米安保条約を締結。以後，日本は憲法9

▷1　⇨Ⅱ-13「カント」

▷2　**中江兆民**（1847-1901）
自由民権運動を牽引した思想家。ルソーの『社会契約論』を『民約訳解論』と訳して日本に紹介し，「東洋のルソー」と呼ばれた。主著に『三酔人経綸問答』（1887年）。

▷3　**内村鑑三**（1861-1930）
キリスト教思想家。札幌農学校に学び，無教会主義を実践した。日露戦争に際しては戦争廃止を訴え「非戦論」を唱えた。

▷4　⇨Ⅵ-11「日本とアメリカ」

▷5　**芦田均**（1887-1959）
戦前・戦後の日本の外交官，政治家。吉田内閣時代に，憲法改正委員会の委員長として憲法9条の起草に深く関与した。1948年に自ら首相に就任した。

条で戦力を放棄しながら，同時にアメリカの核防衛の下に入ることになった。こうして日本は，憲法9条と自衛隊および日米安保条約という二つの対照的な枠組によって安全保障の舵とりを行うことになったのである。

③ 護憲論と改憲論との膠着

1955年に自民党と社会党とが対峙する55年体制が成立すると，憲法9条をめぐる改憲と護憲という対立が「保守」と「革新」の内実を作っていった。

「保守」はアメリカとの軍事同盟によって日本の安全保障を確保しようとしたが，「革新」は自衛隊の違憲と非武装中立を掲げたため，社会党は憲法9条を擁護する「平和の党」として認知されていくのである。

憲法9条をめぐる対立は市民社会にも根ざしていた。1956年，鳩山政権が憲法改正を見越して憲法調査会を設立すると，これに対抗して，1958年，我妻栄や宮沢俊義，丸山眞男など世論に強い影響力をもつ学者や知識人が中心となり憲法問題研究会が組織され，全国的な啓蒙活動を展開した。

同様の対立は司法においても生じた。憲法学の主流派は9条を非武装絶対平和主義と解釈し，自衛隊と日米安保条約を違憲とする立場であったが，最高裁判所は，高度に政治的問題への司法判断を回避する「**統治行為論**」によって，自衛隊や日米安保について司法審査の対象から除外してきた。

55年体制下，憲法9条をめぐる対立は，自民党をはじめとする改憲派と，社会党や労働組合，知識人などを主軸とする護憲派とが，9条と日米安保体制という矛盾を消極的に肯定する世論を背景に，拮抗膠着していったといえよう。

④ 9条をめぐる政治対立の変化

冷戦崩壊は日本政治に「革新」の一方的崩壊をもたらし，1994年，社会党は日米安保条約堅持，自衛隊合憲へと方針転換を行った。しかし護憲派はその後も，大江健三郎や加藤周一らが2004年に「9条の会」を立ち上げ，「戦後民主主義」の継承を訴えた。改憲派も1990年代後半以降，「草の根保守」としての日本会議が着実に影響力を広げ，「右傾化」の素地を構築していった。

これら伝統的憲法論のほかにも，冷戦後には自主憲法制定を唱える「創憲」，憲法の理念を実現する「活憲」，環境権やプライバシー権を加える「加憲」といった新しいフレーズが生まれた。平和主義を貫徹するための改憲論，すなわち「護憲的改憲論」（大沼保昭）や「9条削除論」（井上達夫）も登場した。

しかし，2012年に第二次安倍政権が登場して以来，9条をめぐる対立軸は，あらためて，国家主義的思想に基づく改憲論と，戦後平和主義を遵守する「護憲論」との図式に回帰しているようにもみえる。憲法改正は国民投票に委ねられる以上，憲法9条の帰趨は，最終的には政治に，すなわちデモクラシーに委ねられていることだけは確実である。 　　　　　　　　　　（大井赤亥）

▷6 統治行為論
条約の締結，衆議院の解散など「国家統治の基本に関する高度の政治性を有する行為」は裁判所の司法審査の対象にならないとする理論である。事実，最高裁判所は，1959年，アメリカ軍の日本駐留の合憲性が問われた砂川事件において，日米安保条約（旧条約）を「主権国としてのわが国の存立の基礎に極めて重大な関係をもつ高度の政治性を有するもの」として「司法審査権の範囲外」にあるとした。

（参考文献）

田中伸尚『憲法9条の戦後史』岩波新書，2005年。山室信一『憲法9条の思想水脈』朝日選書，2007年。共同通信社憲法取材班『「改憲」の系譜』新潮社，2007年。

高度経済成長期の思想

① 戦後史における転換期

▷1　⇨Ⅵ-7『『戦後』』

　第二次世界大戦の終戦以後を指す意味での「戦後[1]」は今も続いている。しかし「戦後」は，焼け跡と闇市に象徴されるような窮乏の時代と，政治的安定性と経済的繁栄を獲得した後の時代という二つの相反するイメージをもっている。こうした二つの時代の断絶ないし転換が行われたのが，1950年代半ばから1970年代初頭にかけての高度経済成長期である。

　この時期，政党政治における保守・革新の対立は戦後初期とは異なる新しい局面を迎えた。1955年の保守合同[2]によって誕生した自由民主党は，経済成長と利益分配を軸に据えた国内政治の仕組みを作り上げ，支持を固めていく。特に1960年，日米安保条約改定[3]をめぐる激しい政治闘争の後に登場した池田勇人内閣は，完全雇用と社会福祉拡充を骨子とする改進党・日本民主党以来の政策理念を継承し，長期的な経済政策として「国民所得倍増計画」を打ち立てた。これによって政党政治の争点は政治理念（イデオロギー）の争いから経済成長を中心とする政策競争へと転換され，政治の課題として「経済」が前面に浮上することになる。その結果，日本社会党・日本共産党を中心とする革新勢力は，財界と官僚機構に支えられた自民党を相手に，政策立案能力を競わざるを得なくなった。

　一方，急速な経済成長は政治思想の領域にも変化をもたらし，日本の「封建性」批判に焦点を当ててきた戦後初期の問題関心とは異なる新しい傾向が台頭した。特に「もはや戦後ではない[4]」という言葉が流行語となった1950年代半ばからは，日本でも先進諸国と共通する現代的な問題群が出現しているという指摘が注目を集めた。以下では，高度成長期の思想的意味をめぐって対照的な立場をとった**藤田省三**[5]と**松下圭一**[6]の議論を紹介しながら，経済成長と政治的成熟の関係について考えてみる。

② 藤田省三：「管理」される大衆社会

　まず藤田が強調するのは，権力が様々な支配の道具を通して人間の内面を侵食し，人々が独立した自律性を失っていくという問題である。例えば初期の論文「天皇制国家の支配原理」の中で，藤田は明治国家の憲政構造における政治権力と倫理的心情との相互依存を問題視する。こうした構造は，権力が道徳を

▷2　1955年7月，日本共産党第6回全国協議会において武装革命路線の放棄が宣言された後，10月には左右に分裂していた日本社会党が統一し，11月には自由党と日本民主党が合同して自由民主党を結成した。ここで出来上がった自・社両党を中心とする政党政治の構図を，政治学者升味準之輔（1926-2010）は「55年体制」と名づけ，理論化した。

▷3　旧日米安保条約（1951年調印）の改定をめぐって自民党と社会党が激しく対立する中，1960年5月19日には衆議院で強行採決が行われ，大々的な反対運動を呼び起こした。

▷4　この表現の初出は英文学者中野好夫（1903-85）が『文藝春秋』1956年2月号に発表した文章「もはや『戦後』ではない」である。この言葉は同年7月，日本の経済指標が戦前の水準を回復したことを報告した「経済白書」の結語に登場し，流行語となった。

説き，道徳が権力に依存するような社会の仕組みを作り上げ，権力に対する客観的な法の制約を無力化し，また真に自律的な倫理の成熟をも妨げる。

以上の観点から，藤田はそのような支配構造が敗戦によって崩壊した終戦直後の時代経験を重視する。既存の制度が停止した混沌とした状況の中で，相互の生存のために自発的にルールを作っていく人々の行為の中から，藤田は自律的な市民性の端緒を見出すのである。そしてそのような共同の自発性が「60年安保」など，政府に対して異議を唱える戦後の抵抗運動を支えてきたと考える。

しかし高度成長以後の社会の中で，藤田は新しい形の内面支配を目撃する。現代の諸制度はあからさまな命令や抑圧の代わりに様々な「管理」を通して人間を動かしており，人々は経済成長と福祉制度の恩恵を享受しながら，安楽な生活を保障してくれると思われる組織のルールに自発的に順応しようとする。こうした問題意識に立脚して，1960年代後半以降，藤田は高度成長期の日本社会における均質化の圧力と自由の空洞化を批判し，異質なものを排除しようとする大衆社会の暴力性に警鐘を鳴らした。

3 松下圭一：「抵抗」から「参加」へ

一方，松下の議論は，高度経済成長の物質的成果を積極的に認めながら，その上で日常生活に密着した市民社会の構築を目指した点で藤田と対照的である。例えば「60年安保」について松下が最も問題にしたのは，そのような抵抗運動が「街」におけるデモを中心に行われたため，政治が人々の日常生活の中に定着することができなかった点である。持続的で包括的な社会変革のためには市民の日常的な政治参加が不可欠と考えた松下は，生活空間に根を下ろした市民参加型の政治理論の構築に取り組んでいく。

国民所得が増大し，生活の質が豊かになった1960年代以後，華々しい街の政治運動は次第に退潮した。だが，公害問題や都市過密化など，各地域における高度成長のひずみを改善しようとする住民運動は粘り強く続いた。そのような新しい自発性に着目した松下は，経済的・時間的な余裕を手に入れた「市民」が政府の動きを監視し，また合理的な議論を交わしながら具体的な政策を提案することのできる制度作りに力を注いだ。革新自治体の時代と歩調を合わせたこのような試みは地域政治における様々な制度改革を促す成果を収めた。

以上で見た通り，高度成長がもたらした政治的影響に対する藤田と松下の評価は対照的だが，両者の議論の根底には共通点がある。占領期の制度改革を通して推し進められた戦後民主主義の他律性を克服するとともに，代議制民主主義の下で薄れていく自治の精神を回復しようとする試みがそれである。民主化に伴う大衆化の問題を直視し，民主主義における主権者の内実を問い続けたこの時代の議論は，今日の政治を考える際にも有意義な示唆を与えてくれる。

（趙　星銀）

▷5　藤田省三（1927-2003）
思想史家。丸山眞男の門下で日本政治思想史を修学，明治期を中心とした日本的近代性の問題から20世紀大衆消費社会の病弊に至るまで，現代文明の諸側面を批判的に論じた。著作に『天皇制国家の支配原理』（1966年），『精神史的考察』（1982年）など。

▷6　松下圭一（1929-2015）
政治学者。都市型社会の出現に現代的自治の条件を見出し，市民参加と分権化を軸とした政治理論を提唱した。著作に『現代政治の条件』（1959年），『政策型思考と政治』（1991年）など。

▷7　急速な都市化と工業化による公害問題や生活環境の悪化に伴い，工業化を推進する中央政府に対する批判の声が高まった。こうした世論を背景にして，日本共産党・日本社会党の支持を受けた革新系の人物が首長となる地方自治体が次々と登場した。1963年から1978年まで横浜市長を務めた飛鳥田一雄（1915-90），1967年から1979年まで東京都知事を務めた美濃部亮吉（1904-84）などが代表的である。

（参考文献）
市村弘正編『藤田省三セレクション』平凡社ライブラリ，2010年。松下圭一『戦後政治の歴史と思想』ちくま学芸文庫，1994年。趙星銀『「大衆」と「市民」の戦後思想』岩波書店，2017年。

日本とアメリカ

▷1　⇨Ⅵ-4「開国」

1 開国から日米開戦へ

　1853年の黒船来航以来，日本とアメリカの関係は，太平洋を挟んだ「隣国」同士として，愛憎がまるで顕教と密教のように交錯する形で展開されてきた。

　1890年代末，日清戦争によって日本が台湾を獲得し，米西戦争によってアメリカがフィリピンを植民地にすると，日米両国はアジア太平洋地域で近接することになった。1904年に日露戦争が勃発すると，アメリカ大統領 T. ルーズヴェルトは日本有利に講和会議を先導するが，ポーツマス条約以降，中国での権益をめぐり日本とアメリカは緊張関係に陥っていく。

　第一次世界大戦後の1921年，アメリカはアジア太平洋の秩序作りを目指してワシントン会議を主催。会議では英米日の海軍削減が決められたが，ワシントン体制は事実上，アメリカ主導による日本の封じ込めといってよかった。

　1931年の満州国の設立，1937年の日中戦争など日本の中国侵略が進むと，アメリカは日本を強く批判。1941年には近衛文麿と F. ルーズヴェルトとの日米首脳会談も模索されたが実現せず，日米関係は決定的に悪化していく。

　しかし，日米開戦前にあってもアメリカへの敬愛が失われたわけではない。クラーク博士が創設した札幌農学校に学んだ新渡戸稲造や，自由主義の立場から対米協調外交を主張した清沢洌など，アメリカとの関係を維持しようとした知識人の系譜も記憶されるべきだろう。

▷2　⇨Ⅴ-2「リベラリズム・ニューリベラリズム・ネオリベラリズム」

2 太平洋戦争と第二次世界大戦後の秩序

　1941年12月，日本は真珠湾を奇襲攻撃。ルーズヴェルトは国民の圧倒的支持を受けて日米開戦を宣言する。

　戦争において，通常，参戦国はそれぞれ戦争目的を内外に公表する。アメリカによる戦争目的形成の端緒は，1941年のルーズヴェルト「四つの自由」であり，ここでは表現の自由，信仰の自由，欠乏からの自由，恐怖からの自由の擁護が唱えられた。これらは，同年の大西洋憲章，1942年の連合国共同宣言に継承され，連合国26カ国の戦争目的へと発展していく。

　他方，日本はその戦争を正当化するイデオロギーにおいて貧弱であった。1942年，東條内閣は，日本の伝統的秩序観をアジアに拡大した「大東亜共栄圏」を発表し，自主独立，領土保全，人種差別の撤廃を謳ったが，それらは朝

鮮や台湾の植民地化と矛盾するものでもあった。

他方，アメリカはファシズムや軍国主義との闘いにおいて普遍的イデロオギー▸13
ーを掲げたものの，その軍事的勝利は，1945年8月の広島・長崎への原爆投下
をもたらすものであった。自由民主主義のための戦争が一般市民への無差別大
量殺戮によって幕を閉じたという矛盾もまた留意されるべきであろう。

③ 冷戦下の日米関係

第二次大戦が終わると，**世界覇権**▸14は決定的にイギリスからアメリカに移行し，
「アメリカの世紀」を迎える。

第二次大戦後のアメリカは，資本主義，圧倒的軍事力，そして自由民主主義
といったイデオロギーを独占し，世界政府の機能を遂行した。その覇権を象徴
したのがマーシャル・プランと日本の民主化であった。アメリカは経済援助に
よって西ヨーロッパと日本を自由世界の「ショー・ケース」に作り上げた。

第二次大戦後の日本は▸15，一転，アメリカの最も緊密な同盟国となる。1951年，
日本はアメリカと日米安保条約（旧条約）を結んで米軍基地の日本駐留を認め，
1960年には日米安全保障条約（新条約）を締結して，アメリカの防衛力，いわ
ゆる「核の傘」に入ることになった。

その後，日米安保体制は自民党長期政権の不動の前提となり，1972年，佐藤
栄作はその長期政権の安定感をもって沖縄返還をなしとげた。1983年には中曽
根康弘がレーガンとの親密な個人的関係を演出し，日本はアメリカと共同でソ
連の脅威に対処する「不沈空母」であると発言した。

④ ポスト冷戦のアメリカ

ポスト冷戦期におけるアメリカの相貌は，まず何より新自由主義グローバリ
ズム▸16の震源地としてのそれである。アメリカは1980年代から規制緩和や民営化
を通じて新自由主義的統治を進め，1990年代以降の日本もまた，アメリカから
の「外圧」を受ける形で産業保護の撤廃や市場開放を進めていった。

ポスト冷戦期のアメリカはまた，唯一の超大国として自由と民主主義を世界
に拡散しようとする「デモクラシーの帝国」（藤原帰一）でもあった。ソ連崩壊
直後の1991年，アメリカは多国籍軍を主導し，イラクのサダム・フセイン政権
に対して湾岸戦争を遂行。2001年9月11日の同時多発テロ以降，中東の独裁政
権の転覆を唱える「**ネオコン**」▸17勢力に支えられ，ブッシュ政権はアフガニスタ
ン戦争，イラク戦争と中東への介入を続けた。

しかし，2016年のトランプ大統領登場は一つの転換点となっている。トラン
プ政権は，内政では製造業の保護を，外交では一国主義を主張してきた。

中国の台頭やロシアの地域覇権など，多極化の兆しをみせる世界の中で，日
本がアメリカとどのような関係を構築できるかが問われている。（大井赤亥）

▸3 ⇨Ⅴ-18「ファシズム・全体主義」

▸4 **世界覇権**（world hegemony）
ある国家が主権国家間システムに対して，軍事的統治とイデオロギー上のリーダーシップとの双方を果たす際の権力である。覇権国家は，その世界統治を，実力（暴力）で行うのみならず，自らの統治が普遍的な利益のためにも役に立つと世界各国に納得させるイデオロギーを伴っている。

▸5 ⇨Ⅵ-7「『戦後』」

▸6 ⇨Ⅴ-2「リベラリズム・ニューリベラリズム・ネオリベラリズム」

▸7 **ネオコン**
「新保守主義（Neo-Conservatism）」の訳語であり，アメリカにおける自由や民主主義の理念を重視して，それを共有しない体制への武力介入を積極的に行う思想。1990年代に共和党の外交政策に大きな影響を与えた。

（参考文献）
増田弘・土山實男編『日米関係キーワード』有斐閣，2001年。古矢旬・遠藤泰生編『アメリカ学入門』南雲堂，2004年。簑原俊洋『『戦争』で読む日米関係100年』朝日新聞出版，2012年。

人 名 索 引

事 項 索 引

198

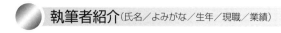

相原耕作（あいはら・こうさく／1970年生まれ）

明治大学政治経済学部専任講師
『政治概念の歴史的展開　第10巻──「まつりごと」から「市民」まで』（共著，晃洋書房，2017年）
「文字・文法・文明──江戸時代の言語をめぐる構想と闘争」（『政治思想研究』第13号，2013年）

秋元真吾（あきもと・しんご／1989年生まれ）

日本学術振興会海外特別研究員
Une philosophie pour le Parlement à la Renaissance. La Methodus *de Bodin et ses racines humanistes : Budé et Connan*（単著，Classiques Garnier，近刊）
"La juridicisation de la politique chez Bodin, héritier de Machiavel"（*Revue des sciences philosophiques et théologiques* 102(2), 2018）

網谷壮介（あみたに・そうすけ／1987年生まれ）

獨協大学法学部専任講師
『カントの政治哲学入門──政治における理念とは何か』（単著，白澤社，2018年）
『共和制の理念──イマヌエル・カントと一八世紀末プロイセンの「理論と実践」論争』（単著，法政大学出版局，2018年）

安藤裕介（あんどう・ゆうすけ／1979年生まれ）

立教大学法学部准教授
『商業・専制・世論──フランス啓蒙の「政治経済学」と統治原理の転換』（単著，創文社，2014年）
The Foundations of Political Economy and Social Reform : Economy and Society in Eighteenth Century France（共編著，Routledge, 2018）

石川敬史（いしかわ・たかふみ／1971年生まれ）

帝京大学文学部教授
『アメリカ連邦政府の思想的基礎──ジョン・アダムズの中央政府論』（単著，渓水社，2007年）
「ジョン・アダムズの混合政体論における近世と近代」（『アメリカ研究』第53号，2019年）

石川涼子（いしかわ・りょうこ／1976年生まれ）

立命館大学国際教育推進機構准教授
「芸術文化政策をめぐる政府の中立性の考察」（『立命館言語文化研究』第26号3巻，2015年）
「リベラルではない文化への介入──カナダにおけるムスリム女性をめぐる事例の政治理論からの考察」（『ジェンダー研究』第15号，2012年）

稲村一隆（いなむら・かずたか／1979年生まれ）

早稲田大学政治経済学術院准教授
Justice and Reciprocity in Aristotle's Political Philosophy（単著，Cambridge University Press, 2015）
『世界哲学史1──古代I　知恵から愛知へ』（共著，筑摩書房，2020年）

井上弘貴（いのうえ・ひろたか／1973年生まれ）

神戸大学大学院国際文化学研究科教授
『ジョン・デューイとアメリカの責任』（単著，木鐸社，2008年）
『アメリカ保守主義の思想史』（単著，青土社，2020年）

井柳美紀（いやなぎ・みき／1972年生まれ）

静岡大学人文社会科学部教授
『熟議の効用，熟慮の効果──政治哲学を実証する』（共著，勁草書房，2018年）
『政治リテラシーを考える──市民教育の政治思想』（共著，風行社，2019年）

上原賢司（うえはら・けんじ／1980年生まれ）

藤女子大学文学部准教授
『グローバルな正義──国境を越えた分配的正義』（単著，風行社，2017年）

遠藤泰弘（えんどう・やすひろ／1976年生まれ）

松山大学法学部教授
『ドイツ連邦主義の崩壊と再建──ヴァイマル共和国から戦後ドイツへ』（共著，岩波書店，2015年）
Verfassungsdenker : Deutschland und Österreich 1870 -1970（共著，Metropol Verlag, 2017）

大井赤亥（おおい・あかい／1980年生まれ）

元東京大学・法政大学・昭和女子大学ほか非常勤講師
『ハロルド・ラスキの政治学──公共的知識人の政治参加とリベラリズムの再定義』（単著，東京大学出版会，2019年）
『武器としての政治思想──リベラル・左派ポピュリズム・公正なグローバリズム』（単著，青土社，2020年）

大久保健晴（おおくぼ・たけはる／1973年生まれ）

慶應義塾大学法学部教授
『近代日本の政治構想とオランダ』（単著，東京大学出版会，2010年）
The Oxford Handbook of Comparative Political Theory（共著，Oxford University Press, 2020）

大河内泰樹（おおこうち・たいじゅ／1973年生まれ）

京都大学大学院文学研究科教授
Ontologie und Reflexionsbestimmungen : Zur Genealogie der Wesenslogik Hegels（単著，Königshausen und Neumann, 2008）
『政治において正しいとはどういうことか──ポスト基礎付け主義と規範の行方』（共著，勁草書房，2019年）

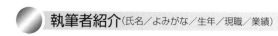
大竹弘二（おおたけ・こうじ／1974年生まれ）

南山大学国際教養学部准教授

『正戦と内戦——カール・シュミットの国際秩序思想』（単著，以文社，2009年）

『公開性の根源——秘密政治の系譜学』（単著，太田出版，2018年）

岡田拓也（おかだ・たくや）

大東文化大学法学部専任講師

「宗教的自由と権威(1)～(6)——ホッブズ『リヴァイアサン』の聖書解釈とイングランド内戦」（『国家学会雑誌』第130巻7・8号～第131巻9・10号，2017～2018年）

隠岐−須賀　麻衣（おき−すが・まい／1985年生まれ）

日本学術振興会特別研究員

「プラトン『ポリテイア』における詩と物語」（『年報政治学』2014-I号，2014年）

Paths of Knowledge（共著，Edition Topoi, 2018）

越智秀明（おち・ひであき／1990年生まれ）

東京大学大学院法学政治学研究科博士課程

「『寛容論』の戦略——ヴォルテールの共和国再考（一七六〇-一七七四）」（『国家学会雑誌』第132巻1・2号，2019年）

乙部延剛（おとべ・のぶたか／1976年生まれ）

大阪大学大学院法学研究科准教授

Stupidity in Politics : Its Unavoidability and Potential（単著，Routledge, 2020）

『ここから始める政治理論』（共著，有斐閣，2017年）

小畑俊太郎（おばた・しゅんたろう／1975年生まれ）

甲南大学法学部教授

『ベンサムとイングランド国制——国家・教会・世論』（単著，慶應義塾大学出版会，2013年）

『岩波講座政治哲学3　近代の変容』（共著，岩波書店，2014年）

尾原宏之（おはら・ひろゆき／1973年生まれ）

甲南大学法学部准教授

『軍事と公論——明治元老院の政治思想』（単著，慶應義塾大学出版会，2013年）

『娯楽番組を創った男——丸山鐵雄と〈サラリーマン表現者〉の誕生』（単著，白水社，2016年）

重田園江（おもだ・そのえ／1968年生まれ）

明治大学政治経済学部教授

『統治の抗争史——フーコー講義1978-79』（単著，勁草書房，2018年）

『フーコーの風向き——近代国家の系譜学』（単著，青土社，2020年）

鹿子生浩輝（かこお・ひろき／1971年生まれ）

東北大学大学院法学研究科教授

『征服と自由——マキァヴェッリの政治思想とルネサンス・フィレンツェ』（単著，風行社，2013年）

『マキァヴェッリ——『君主論』をよむ』（単著，岩波新書，2019年）

金山　準（かねやま・じゅん／1977年生まれ）

北海道大学大学院メディア・コミュニケーション研究院准教授

『岩波講座政治哲学4　国家と社会』（共著，岩波書店，2014年）

"De l'antinomie à la série; la notion de l'équilibre chez Proudhon"（*Cahiers critiques de philosophie* 17, 2016）

川上洋平（かわかみ・ようへい／1979年生まれ）

専修大学法学部准教授

『ジョゼフ・ド・メーストルの思想世界——革命・戦争・主権に対するメタポリティークの実践の軌跡』（単著，創文社，2013年）

『共和国か宗教か，それとも——十九世紀フランスの光と闇』（共著，白水社，2015年）

川本　愛（かわもと・あい／1986年生まれ）

北海道大学外国語教育センター非常勤講師

『コスモポリタニズムの起源——初期ストア派の政治哲学』（単著，京都大学学術出版会，2019年）

『西洋中世の正義論——哲学史的意味と現代的意義』（共著，晃洋書房，2020年）

金　慧（きむ・へい／1980年生まれ）

千葉大学教育学部准教授

『カントの政治哲学——自律・言論・移行』（単著，勁草書房，2017年）

『アーレント読本』（共著，法政大学出版局，2020年）

熊谷英人（くまがい・ひでと／1984年生まれ）

明治学院大学法学部准教授

『フランス革命という鏡——十九世紀ドイツ歴史主義の時代』（単著，白水社，2015年）

『フィヒテ「二十二世紀」の共和国』（単著，岩波書店，2019年）

河野有理（こうの・ゆうり／1979年生まれ）

東京都立大学法学部教授

『明六雑誌の政治思想——阪谷素と「道理」の挑戦』（単著，東京大学出版会，2011年）

『偽史の政治学——新日本政治思想史』（単著，白水社，2016年）

古城　毅（こじょう・たけし／1975年生まれ）

学習院大学法学部教授

「商業社会と代表制，多神教とデモクラシー――バンジャマン・コンスタンの近代世界論とフランス革命論(1)～(5)」（『国家学会雑誌』第127巻3／4号～11／12号，2014年）

「代表制と理性に基づく統治――フランス革命期の，シスモンディ，スタール，ならびにコンスタンの代表制論」（『政治思想研究』第16号，2016年）

近藤和貴（こんどう・かずたか／1978年生まれ）

拓殖大学政経学部准教授

『レオ・シュトラウスの政治哲学――『自然権と歴史』を読み解く』（共著，ミネルヴァ書房，2019年）

"Reputation and Virtue: The Rhetorical Achievement of Socrates in Xenophon's *Apology*"（*Interpretation : A Journal of Political Philosophy* 42, 2015）

斎藤幸平（さいとう・こうへい／1987年生まれ）

大阪市立大学経済学部准教授

『大洪水の前に――マルクスと惑星の物質代謝』（単著，堀之内出版，2019年）

『人新世の「資本論」』（単著，集英社，2020年）

定森　亮（さだもり・りょう／1977年生まれ）

慶應義塾大学ほか非常勤講師

『共和主義者モンテスキュー――古代ローマをめぐるマキャヴェッリとの交錯』（単著，慶應義塾大学出版会，2021年）

「『法の精神』における商業社会と自由――「独立性」の概念を中心に」（『経済学史研究』第47巻1号，2005年）

佐藤一進（さとう・たかみち／1978年生まれ）

神戸学院大学法学部准教授

『保守のアポリアを超えて――共和主義の精神とその変奏』（単著，NTT出版，2014年）

『ヨーロッパ複合国家論の可能性――歴史学と思想史の対話』（共著，ミネルヴァ書房，2021年）

島田英明（しまだ・ひであき／1987年生まれ）

九州大学法学部准教授

『歴史と永遠――江戸後期の思想水脈』（単著，岩波書店，2018年）

白川俊介（しらかわ・しゅんすけ／1983年生まれ）

関西学院大学総合政策学部准教授

『ナショナリズムの力――多文化共生世界の構想』（単著，勁草書房，2012年）

『領土の政治理論』（単訳，法政大学出版局，2020年）

菅原　光（すがわら・ひかる／1975年生まれ）

専修大学法学部教授

『西周の政治思想――規律・功利・信』（単著，ぺりかん社，2009年）

『岩波講座日本の思想4　自然と人為――「自然」観の変容』（共著，岩波書店，2013年）

壽里　竜（すさと・りゅう／1973年生まれ）

慶應義塾大学経済学部教授

Hume's Sceptical Enlightenment（単著，Edinburgh University Press, 2015）

"An 'Ingenious Moralist': Bernard Mandeville as a Precursor of Bentham"（*Utilitas* 32 (3), 2020）

関口佐紀（せきぐち・さき／1990年生まれ）

早稲田大学政治経済学術院助手

『レオ・シュトラウスの政治哲学――『自然権と歴史』を読み解く』（共著，ミネルヴァ書房，2019年）

「ルソーの政治思想における狂信批判」（『社会思想史研究』第44号，2020年）

高山大毅（たかやま・だいき／1981年生まれ）

東京大学大学院総合文化研究科准教授

『近世日本の「礼楽」と「修辞」――荻生徂徠以後の「接人」の制度構想』（単著，東京大学出版会，2016年）

『徂徠集　序類』1・2（共著，平凡社，2016・2017年）

＊髙山裕二（たかやま・ゆうじ／1979年生まれ）

編著者紹介参照

田中将人（たなか・まさと／1982年生まれ）

高崎経済大学・拓殖大学・早稲田大学非常勤講師

『ロールズの政治哲学――差異の神義論＝正義論』（単著，風行社，2017年）

『ジョン・ロールズ――社会正義の探究者』（共著，中央公論新社，2021年）

田上雅徳（たのうえ・まさなる／1963年生まれ）

慶應義塾大学法学部教授

『入門講義　キリスト教と政治』（単著，慶應義塾大学出版会，2015年）

『岩波講座政治哲学1　主権と自由』（共著，岩波書店，2014年）

田畑真一（たばた・しんいち／1982年生まれ）

日本学術振興会特別研究員

『政治において正しいとはどういうことか――ポスト基礎付け主義と規範の行方』（共編著，勁草書房，2019年）

「ハーバーマスにおける公共」（『思想』第1139号，2019年）

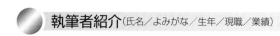

趙　星銀（ちょ・さんうん／1983年生まれ）
　明治学院大学国際学部准教授
　『「大衆」と「市民」の戦後思想——藤田省三と松下圭一』（単著，岩波書店，2017年）
　「清水幾太郎と「危機」の20世紀——「流言蜚語」から「電子計算機」まで」（『思想』第1153号，2020年）

遠山隆淑（とおやま・たかよし／1974年生まれ）
　熊本高等専門学校リベラルアーツ系准教授
　『「ビジネス・ジェントルマン」の政治学—— W・バジョットとヴィクトリア時代の代議政治』（単著，風行社，2011年）
　『妥協の政治学——イギリス議会政治の思想空間』（単著，風行社，2017年）

永見瑞木（ながみ・みずき／1980年生まれ）
　大阪府立大学高等教育推進機構准教授
　『コンドルセと〈光〉の世紀——科学から政治へ』（単著，白水社，2018年）

＊野口雅弘（のぐち・まさひろ／1969年生まれ）
　編著者紹介参照

野原慎司（のはら・しんじ／1980年生まれ）
　東京大学大学院経済学研究科准教授
　Commerce and strangers in Adam Smith（単著，Springer, 2018)
　『戦後経済学史の群像——日本資本主義はいかに捉えられたか』（白水社，2020年）

早川　誠（はやかわ・まこと／1968年生まれ）
　立正大学法学部教授
　『多文化主義の政治学』（共著，法政大学出版局，2020年）
　Political Science and Digitalization : Global Perspectives（共著，Verlag Barbara Budrich, 2019）

平石　耕（ひらいし・こう／1972年生まれ）
　成蹊大学法学部教授
　『グレアム・ウォーラスの思想世界——来たるべき共同体論の構想』（単著，未來社，2013年）
　『政治リテラシーを考える——市民教育の政治思想』（共著，風行社，2019年）

福原明雄（ふくはら・あきお／1985年生まれ）
　九州大学法学部准教授
　『リバタリアニズムを問い直す——右派／左派対立の先へ』（単著，ナカニシヤ出版，2017年）
　『ナッジ!?——自由でおせっかいなリバタリアン・パターナリズム』（共著，勁草書房，2020年）

松井陽征（まつい・たかゆき／1978年生まれ）
　明治大学政治経済学部助教
　「非政治的保守主義——半澤孝麿とオークショットにみられる保守主義政治思想の比較考察」（『年報政治学』2019-Ⅰ号，2019年）

松尾隆佑（まつお・りゅうすけ／1983年生まれ）
　宮崎大学テニュアトラック推進室講師
　『ポスト政治の政治理論——ステークホルダー・デモクラシーを編む』（単著，法政大学出版局，2019年）
　「エゴイズムの思想的定位——シュティルナー像の再検討」（『情況　第三期』第11巻2号，2010年）

松本卓也（まつもと・たくや／1983年生まれ）
　京都大学大学院人間・環境学研究科准教授
　『人はみな妄想する——ジャック・ラカンと鑑別診断の思想』（単著，青土社，2015年）
　『創造と狂気の歴史——プラトンからドゥルーズまで』（単著，講談社メチエ，2019年）

松元雅和（まつもと・まさかず／1978年生まれ）
　日本大学法学部教授
　『人口問題の正義論』（共編著，世界思想社，2019年）
　『正義論——ベーシックスからフロンティアまで』（共著，法律文化社，2019年）

松森奈津子（まつもり・なつこ／1973年生まれ）
　静岡県立大学国際関係学部准教授
　The School of Salamanca in the Affairs of the Indies : Barbarism and Political Order（単著，Routledge, 2019)
　The Transatlantic Bartolomé de de Las Casas : Las Casian Heritage, Indigenous Cultures, Scholastic Thought, and Historical Reception（共著，Brill, in press)

百木　漠（ももき・ばく／1982年生まれ）
　関西大学法学部准教授
　『アーレントのマルクス——労働と全体主義』（単著，人文書院，2018年）
　『漂泊のアーレント　戦場のヨナス——ふたりの二〇世紀　ふたつの旅路』（共著，慶應義塾大学出版局，2020年）

森　達也（もり・たつや／1974年生まれ）
　神戸学院大学法学部准教授
　『思想の政治学——アイザィア・バーリン研究』（単著，早稲田大学出版部，2018年）
　『多元主義と多文化主義の間——現代イギリス政治思想史研究』（共著，早稲田大学出版部，2013年）

執筆者紹介（氏名／よみがな／生年／現職／業績）　　　　　　　　50音順，＊は編著者，執筆担当は本文末

山岡龍一（やまおか・りゅういち／1963年生まれ）

　　放送大学教養学部教授
　　『西洋政治理論の伝統』（単著，放送大学教育振興会，
　　2009年）
　　『西洋政治思想史──視座と論点』（共著，岩波書店，
　　2012年）

＊山本　圭（やまもと・けい／1981年生まれ）

　　編著者紹介参照

吉田量彦（よしだ・かずひこ／1971年生まれ）

　　東京国際大学商学部教授
　　*Vernunft und Affektivität. Untersuchungen zu Spinozas
　　Theorie der Politik*（単著，Königshausen & Neumann,
　　2004）
　　「非政治的ロマン主義の源か，政治的決断主義の内なる
　　敵か──戦間期カール・シュミットのスピノザ理解とそ
　　の空白」（『モルフォロギア』第41号，2019年）

《編著者紹介》

野口雅弘（のぐち・まさひろ／1969年生まれ）

　成蹊大学法学部教授

　Kampf und Kultur : Max Webers Theorie der Politik aus der Sicht seiner Kultursoziologie（単著, Duncker & Humblot, 2005＝『闘争と文化――マックス・ウェーバーの文化社会学と政治理論』みすず書房, 2006年）

　『マックス・ウェーバー――近代と格闘した思想家』（単著, 中公新書, 2020年）

山本　圭（やまもと・けい／1981年生まれ）

　立命館大学法学部准教授

　『不審者のデモクラシー――ラクラウの政治思想』（単著, 岩波書店, 2016年）

　『アンタゴニズムス――ポピュリズム〈以後〉の民主主義』（単著, 共和国, 2020年）

　『現代民主主義――指導者論から熟議, ポピュリズムまで』（単著, 中公新書, 2021年）

髙山裕二（たかやま・ゆうじ／1979年生まれ）

　明治大学政治経済学部准教授

　『トクヴィルの憂鬱――フランス・ロマン主義と〈世代〉の誕生』（単著, 白水社, 2012年）

　『岩波講座政治哲学3　近代の変容』（共著, 岩波書店, 2014年）

やわらかアカデミズム・〈わかる〉シリーズ

よくわかる政治思想

| 2021年4月30日　初版第1刷発行 | （検印省略） |
| 2022年2月25日　初版第3刷発行 | |

定価はカバーに表示しています

	野　口　雅　弘
編著者	山　本　　　圭
	髙　山　裕　二
発行者	杉　田　啓　三
印刷者	江　戸　孝　典

発行所　株式会社　ミネルヴァ書房

607-8494 京都市山科区日ノ岡堤谷町1

電話代表　（075）581-5191

振替口座　01020-0-8076

©野口ほか, 2021　　　　　共同印刷工業・新生製本

ISBN978-4-623-09099-0

Printed in Japan

やわらかアカデミズム・〈わかる〉シリーズ

よくわかる哲学・思想	納富信留・檜垣立哉・柏端達也編著
よくわかる法哲学・法思想［第2版］	深田三徳・濱真一郎編著
よくわかる中国思想	湯浅邦弘編著
よくわかるイギリス近現代史	君塚直隆編著
よくわかるフランス近現代史	剣持久木編著
よくわかる国際政治	広瀬佳一・小笠原高雪・小尾美千代編著
よくわかるEU政治	坂井一成・八十田博人編著
よくわかる現代中国政治	川島　真・小嶋華津子編著
よくわかる政治過程論	松田憲忠・岡田　浩編著
よくわかる行政学［第2版］	村上　弘・佐藤　満編著
よくわかる憲法［第2版］	工藤達朗編
よくわかる地方自治法	橋本基弘・吉野夏己ほか著
よくわかるメディア法［第2版］	鈴木秀美・山田健太編著
よくわかる社会政策［第3版］	石畑良太郎・牧野富夫・伍賀一道編著
よくわかる産業社会学	上林千恵子編著
よくわかる社会情報学	西垣　通・伊藤　守編著
よくわかるコミュニケーション学	板場良久・池田理知子編著
よくわかる異文化コミュニケーション	池田理知子編著
よくわかるメディア・スタディーズ［第2版］	伊藤　守編著
よくわかるジェンダー・スタディーズ	木村涼子・伊田久美子ほか編著
よくわかる学びの技法［第3版］	田中共子編
よくわかる卒論の書き方［第2版］	白井利明・高橋一郎著

ミネルヴァ書房

https://www.minervashobo.co.jp/